Geist und Psyche

Hertha Orgler

Alfred Adler

Triumph über den Minderwertigkeitskomplex

Mit einem Vorwort von Kurt Seelmann
und Oskar Spiel

Kindler
Taschenbücher

Ungekürzte Ausgabe
(Erstausgabe des Buches im
Verlag Urban & Schwarzenberg, München)
Gesamtherstellung: Friedrich Pustet, Regensburg
Printed in Germany 1974
ISBN 3 463 18131 2

Kindler
Taschenbücher

10 Jahre
Reihe Geist
und Psyche

VORWORT ZUR ZWEITEN AUFLAGE

Als zur Jahrhundertwende die schwedische Schriftstellerin *Ellen Key* der Welt verkündete, das beginnende Jahrhundert würde später als *das Jahrhundert des Kindes* bezeichnet werden, fand das nur wenig Zustimmung. Die Alten lachten über diesen „dummen Scherz“, weil sie sahen, daß keinem ein Amt oder eine Würde von irgendwelcher Bedeutung übertragen wurde, „der nicht alt und dick war“ (siehe *Stefan Zweig*: „Die Welt von gestern“). Aber auch die, die gerade der Kindheit entwachsen waren, und sogar die 40- und 50jährigen blieben ungläubig; sahen sie doch keinerlei Anzeichen für einen Wandel.

Und doch hatte *Ellen Key* recht. Wenn man heute so schöne Kindergärten und Schulhäuser baut (daß am liebsten die Eltern nochmal in die Schule gehen möchten), wenn die Lehrmethoden so viel kindertümlicher und menschlicher geworden sind, wenn man heutigen Kindern so viel Zuwendungen und Aufmerksamkeit entgegenbringt, nur noch selten straft und viele Kinderfehler als Entwicklungsstufen wertet (die durchlebt werden müssen), so liegt dieser tiefgreifende Wandel vor allem an den psychologischen und tiefenpsychologischen Forschungen, die unwiderleglich nachwiesen, wie wichtig „eine schöne Kindheit und Jugendzeit“ für den späteren Erwachsenen ist. Der überall aufgenommene *Kampf gegen die autoritäre Erziehung* ist ohne die Forschungsergebnisse von *Freud* und *Jung*, und ganz besonders von *Adler*, nicht denkbar. Wenn man heute täglich zunehmend „mit lockerem Zügel“ erzieht, den eigenen Kindern die Zuwendung fühlbar zeigt, so viel mehr Freiheit und sogar Mitbestimmung im Familien- und Schulrahmen gewährt, so tut man das, weil man in Zukunft keine „politischen Mitläufer“ und keine „Neurotiker“ heranziehen möchte.

Frau *Hertha Orgler* studierte ursprünglich Pädagogik und unterrichtete für ihr Diplom an einer Mädchenschule in Berlin. Natürlich hatte sie — wie alle Lehrkräfte — in ihren Klassen auch Schülerinnen, die unbegabt schienen, ängstlich oder kontaktlos waren, für den Unterricht kein Interesse aufbrachten, den Unterricht störten oder wenigstens zu stören versuchten. Weil sie sich aber für alle diese Mädchen auch verantwortlich fühlte und ihnen ebenfalls einen guten Start ins Leben möglich machen wollte, war sie schon früh auf Bücher von *Alfred Adler* und *Fritz Künkel* gestoßen und hatte bei *Künkel* — er war in Berlin der prominenteste Vertreter der Individualpsychologie — mit der psychotherapeutischen Ausbildung begonnen. Als ein Vortrag von *Adler* in Berlin angezeigt war, nahm sie selbstverständlich die Gelegenheit wahr, hörte ihn sprechen, war begeistert, beschloß, ihre Ausbildung zu intensivieren, und kam mit *Adler* nach dem Vortrag ins Gespräch. Aus diesem ersten menschlichen Kontakt erwuchs eine so herzliche Verbundenheit, daß später *Adler* seinen Mitarbeitern und Freunden die fertige Psychotherapeutin *Orgler* als *Bannerträgerin der Individualpsychologie* vorstellte. Neben ihrer psychotherapeutischen Praxis war sie als Erziehungsberaterin an verschiedenen städtischen Schulen von Berlin, beim Hauptwohlfahrtsamt und beim Jugendheim Charlottenburg (in dem Fürsorgerinnen ausgebildet wurden) tätig. In ihrer unkonventionellen Art, mit scharfem Verstand und besonders durch die Güte ihres Herzens, gewann sie bei den Beratungen und in Vorträgen die Aufmerksamkeit und Zuneigung ihrer Hörer, ganz gleich, ob es sich um Eltern, Lehrer, Ärzte, um Kinder oder Jugendliche handelte. Wie sie den „richtigen Ton" traf, zeigte sich jedesmal in den anschließenden Diskussionen. Ihre raschen Erfolge waren unbestritten. Sie stellte *Adler* und sein Werk so dar, wie sie ihn *als Frau* erlebt hat. Sie war und ist sicher eine seiner begeistertsten und befähigtsten Schülerinnen, wurde eine seiner engsten Mitarbeiterinnen, die hinter dem Forscher und dem berühmten Gelehrten vor allem den Menschen *Adler* sah und kannte, dem — wie uns allen — Leid und Sorgen nicht erspart blieben. Aber all das konnte ihm seinen optimistischen Glauben an die konstruktive Lebensform (in die er schon die Kinder einbezogen haben wollte) nicht rauben und zerstören. Er arbeitete weiter bis zu seinem plötzlichen Tod.

Frau *Orgler* wurde wirklich die Bannerträgerin der Individualpsychologie, wie *Adler* intuitiv erahnt hatte. Sie machte überall auf die Bücher *Adler*s (und *Künkel*s) aufmerksam, erzählte vom Wiener und vom Münchner Kreis, organisierte Vorträge für *Adler* im In- und Ausland und hielt die freundschaftlichen, wissenschaftlichen Beziehungen zu ihm bis zu seinem Ableben aufrecht. Zum 100. Geburtstag *Adler*s (1970) hielt sie in England, Schottland, Australien und natürlich auch Deutschland Vorträge über ihn und sein Werk, steht noch mit *Adler*s Kindern in lebendiger Verbindung und ist bis heute seine treue Bannerträgerin geblieben.

Als Schülerin, als Mitarbeiterin und aus ihren freundschaftlichen Beziehungen zu *Adler*s Familie heraus hat sie das vorliegende Buch — gewissermaßen als seine Testamentsvollstreckerin — veröffentlicht. Schade, daß man beim Lesen ihre freundliche, ermutigende Stimme nicht hören kann. Trotzdem, das Lesen lohnt sich.

München, Oktober 1971 *Kurt Seelmann*

NACH DEM VORWORT ZUR ERSTEN AUFLAGE VON PROF. OSKAR SPIEL

Professor Dr. *Alfred Adler* war intuitiv Menschenkenner und dazu Menschenfreund. Er fand auch zu schwierigen Leuten leicht Kontakt, weil er — in sensibler Einfühlung — das Verstricktsein in tragische Irrtümer rasch erkannte, sie aus der *selbstgewählten* Isolierung in dumpfen „Ich-Käfigen“ herauszulocken und jedem — als erste Freundlichkeit und Hilfe — die *richtige* Ermutigung zum *richtigen* Anlaß zu geben verstand.

Nun, es gab zu allen Seiten intuitive Menschenkenner. *Adler*s Bedeutung aber beruht darauf, daß er das, was sich in ihm intuitiv vollzog, in seiner, von ihm begründeten „Individualpsychologie“ lehrbar machte, allerdings nur für die, die sich durch selbst erarbeitete *Gemeinschaftsfähigkeit* eigenes Einfühlungsvermögen erworben und im nötigen Ausmaß entwickelt haben.

Das *Grundkonzept* seiner tiefenpsychologischen Schule war: Der einzelne kann als Persönlichkeit nur in seiner „Ganzheit“ verstanden und diagnostiziert werden, die zwar in der Natur (z. B. auch den Trieben) wurzelt, aber doch in die „Welt der Werte“ hineinragt, in denen alle körperlich-seelisch-geistigen Fakten ihren Stellenwert haben. Schon in seiner biologischen Natur zeichnen sich zwei Funktionskreise ab:

1. *der generelle*, der bei allen Menschen annähernd gleich funktioniert und den biologischen Normal-Ablauf betreut, und
2. *der individuelle*, der subjektiv wirkt und die geistig-seelische (eventuell neurotische) Sicherung im Rahmen eines Wertsystems sicherstellt, nämlich dem der *sozialen Existenz*. In der Neurose kann sich der einzelne jedes Organs bedienen (freilich nicht willentlich und bewußt), wenn es der neurotischen Sicherung subjektiv nötig erscheint, und das funktioniert dann genauso gut wie die generelle.

1907 veröffentlichte *Adler* „die Studie über die Minderwertigkeit von Organen“ und in ihr das „Gesetz der psychischen Kompensation“. Diese 70 Seiten waren der erste Grundstein der „Psychosomatik“. Kurze Zeit danach bemerkte er, daß dieses Gesetz der Kompensation den psychischen Bereich ebenso beherrscht, wie den organisch-körperlichen. *Zweites tragen-*

des Prinzip seiner Lehre war damit: Der Mensch in seiner Ganzheit schuf und schafft sich eine „Welt der Werte", die in verschiedenen Zeiten und Kulturen „Verhaltensnormen" darstellen. Das angeborene „Gemeinschaftsgefühl" veranlaßt ihn, nach dem Ziel der Gemeinschaft als Idee, der Gemeinschaft sub specie aeternitatis zu streben. Er bemüht sich, gemeinschaftsfähig zu werden, oder als Neurotiker, Entschuldigungsgründe zu finden, die ihm dies leider sozusagen unmöglich machen. Damit war *Adler* zum Schöpfer einer *dynamischen* Betrachtungsweise geworden, die ermöglichte, seelisch-geistiges Leben in Bewegung und als zielgerichtete Bewegung zu erfassen.

Adlers schöpferische Leistung wird sichtbar, wenn man das *dritte Prinzip seiner Lehre* betrachtet: Erfasse den Menschen nicht von irgendeinem Standpunkt aus, sondern von *seinem* Zentrum und von der Perspektive aus, wie er *sein* Leben nach *seinem* „Leitbild" gestaltet, sich *seinen* „Verhaltensaspekt", *seine* „Leitlinie" schafft und (wirklich oder angeblich) auf „Leitwerte" zielt. Aus diesem Grund waren für *Adler* die „bewirkenden Ursachen" viel weniger wichtig als für *Freud*. *Adler* sucht — das ist das Entscheidende — den Menschen aus der Bewegung psychischen Geschehens heraus zu verstehen. Fehlhandlungen und Fehlhaltungen sind nicht kausal verursacht. Sie können nur als irrtümliche Stellungnahmen (im Sinn von Verführung, Verlockung, Seduktionen) verstanden werden. Sicher fordern oft (mißverstandene) Anlässe und Erlebnisse eine falsche Stellungnahme des einzelnen. Vielfach wird sie ihm nahegelegt. Aber immer ist es der „ganze Mensch", der letztlich eine persönliche Stellung bezieht und sich für einen *„von ihm gewählten Lebensstil"* entscheidet.

Wenn es nun so ist, daß jeder von uns *nach seiner eigenen Meinung* seinen Lebensstil mit allen dazu passenden Ausdrucksformen und Symptomen entwickelt, sozusagen selbst produziert, wenn wir den einzelnen als Täter seiner Taten auffassen, der die negativ zu bewertenden Taten nur setzt, weil seine Meinung und sein ganzes Bezugssystem falsch sind, folgt logischerweise, daß es für den Psychotherapeuten (sogar für den Pädagogen) unzulänglich ist, an Symptomen herumzudoktern, die Neurose, die Sucht, die Perversion heilen, die Faulheit austreiben, die Angst überwinden, die Aggression unterdrücken zu wollen, statt sein Ich dazu zu bringen, seine Irrtümer zu erkennen und sein ganzes falsches Bezugssystem zu ändern. Freilich, wir können nur Zusammenhänge aufdecken, ermutigen und zu Versuchen verlocken, und nach ersten Erfolgen in dieser Richtung ihm Wege zu erfolgreichem Training aufzeigen. Ob er allerdings unsere Enthüllungen und Hilfen annimmt, hängt von ihm (und bestimmt auch von seinem „Leidensdruck") ab. Aus diesem psychotherapeutischen Gesamtprogramm sind wesentliche Segmente auch den Heilpädagogen und Normalpädagogen durchaus für ihre Berufsarbeit zugänglich und verwertbar.

*Adler*s Lehre muß als Ganzes genommen werden, als eine Methode des Denkens und Handelns. Es gilt, in seinem Geist seine Methode anzuwenden. „Worte zu melken" (*Adler*) und Buchstabenklauberei helfen nicht.

*Adler*s Lehre kann nicht in andere psychotherapeutische Systeme eingeordnet werden; dagegen könnten andere psychotherapeutische, auch pädagogische und erziehliche Schulen innerhalb der Individualpsychologie durchaus ihren „logischen Ort" finden (wie das der Neo-Psychoanalitiker *Schulz-Henke* propagierte).

Normale Stationen einer individualpsychologischen Therapie und Beratung

1. Wie für jede Art von Psychotherapie (auch für jede Art von Pädagogik und Erziehung), ist auch für eine individualpsychologische Behandlung unabdingbar Voraussetzung ein „guter, mitmenschlicher Kontakt" zwischen Therapeut und Patient (zwischen Erzieher und Zögling, zwischen Lehrer und Schüler), ganz besonders in der „Einleitungs-Phase".

2. Durch diesen Kontakt (niemand wird beschuldigt!) kommt es gewöhnlich schnell zur „Phase der Entlastung", in der der Patient das Bedürfnis zum „Herz-Ausschütten" hat und ungehemmt aus seinem Leben erzählt.

3. Der Individualpsychologe notiert sich das, aber sucht nicht nach „bewirkenden Ursachen" der neurotischen Abwegigkeit. Ihm geht es um die „Erhellung eines Sinn-Zusammenhangs". Wohin zielt der Patient mit seinen Fehlhandlungen und seiner eigenartigen Charakterentwicklung? Wie sind seine Früherinnerungen, seine Leitbilder, seine Leitlinie, für die er sich — im Hinblick auf seine Zukunft — entschieden hat. Sein „neurotischer Lebensstil wird entlarvt". Der Patient sieht ein, daß er durch persönliche Irrtümer zu einer falschen Entscheidung gekommen ist.

4. Nach diesen „Enthüllungen" folgt als Synthese das „positive Training". Mit einem realeren Blick erarbeitet er sich richtigere Lösungen bei der Bewältigung seiner „Lebensaufgaben" und versucht, in einen *neuen* Lebensstil hineinzufinden.

5. Über das Training hinaus vollzieht sich eine neue Verselbständigung des Patienten, und gleichzeitig lockert sich die Bindung an den Therapeuten. Der Kontakt wird mehr und mehr abgebaut.

INHALT

EINLEITUNG

Selbstmordversuch eines 16jährigen Schülers

Bei seiner Rückkehr nach Hause fand Herr L., daß aus der Wohnung seines Nachbarn C. ein schwacher Gasgeruch hervordrang. Da bei mehrmaligem Läuten sich in der Wohnung nichts rührte, rief Herr L. die Feuerwehr herbei, die die Eingangstür aufbrach. In der Küche fanden sie den 16jährigen Sohn des Hauses bewußtlos auf. Dem schnell herbeigeholten Arzt gelang es, ihn wieder zum Bewußtsein zurückzurufen.

Als Ursache seines Selbstmordversuches gibt M. an, daß man ihn von der Schule hat verweisen wollen, da er schon mehrmals sitzengeblieben war. Die Eltern berichten, daß die Schule den Jungen für schwachsinnig hielt.

Jugendlicher Verbrecher aus Fürsorgeheim entsprungen

Die Polizei sucht nach dem jugendlichen Verbrecher Walter S., dem es gelang, aus dem Fürsorgeheim in W. zu entfliehen. Walter S. war wegen Diebereien in das Heim zur Besserung geschickt worden.

Scheidungsurteil gegen Schriftsteller

In dem von Frau Maria O. gegen ihren Ehemann, den Schriftsteller Richard O., wegen Grausamkeit angestrengten Scheidungsprozeß erlangte die Klägerin heute ein obsiegendes Urteil. Der Beklagte erhob keine Einwendungen. Frau O. erklärte, daß sie während ihres ganzen Ehelebens Streitigkeiten mit ihrem Mann infolge seiner Eifersucht gehabt hätte.

* *
*

Geschehnisse gleicher Art ereignen sich täglich. Die Zeitungen sind voll von ihnen, und dem Leser sind diese Ereignisse schon so zur Gewohnheit geworden, daß er, falls sie nicht spannend geschrieben sind, gleichgültig über sie hinwegliest. Das soll nicht besagen, daß die meisten Leser diesen Dingen gefühllos gegenüberstehen, nein, nur gedankenlos. Gedankenlos in dem Sinne, daß sie keine Zeit haben, sich mit dem Fall zu beschäftigen, denn ihre Interessen liegen auf anderem Gebiete.

Aber ein Mensch las nicht ruhig über diese Fälle hinweg. Dieser Mensch war *Alfred Adler*. Er fragte sich: „Ist M. C. wirklich schwachsinnig oder hat er vielleicht nur alle Hoffnung verloren? Sind Walter L.s Diebereien durch schlechte Umgebung bedingt? Ist dieser Ehemann nur ein Spielball seiner Instinkte und Triebe? Sind dies nur Einzelfälle?“ Ganze Ketten anderer unglücklicher Menschen passierten vor seinem geistigen Auge: schwererziehbare Kinder, Neurotiker, Selbstmörder, Verbrecher, Süchtige. Sie alle hatten etwas Gemeinsames, etwas Verbindendes. Sie alle scheiterten an den Problemen, die das Leben ihnen stellte. All die Tausende und aber Tausende fragten ihn: „Muß das sein? Muß unser namenloses Unglück sein?“ Und *Adler*s Antwort war: „Nein, das muß nicht sein!“ Wir Menschen sind keinem Fatum unterworfen. Wir sind nicht ein einfaches Produkt von Vererbung und Umgebung. Es ist wesentlich, was für Anlagen ein Kind mit auf die Welt bringt; wichtiger ist, welchen Gebrauch es mit seiner schöpferischen Kraft davon macht. All diese „Fehlschläge“ sind für die Lösung der Lebensprobleme nicht richtig vorbereitet. In ihrem vertieften Minderwertigkeitsgefühl trauen sie sich nicht zu, die Schwierigkeiten des Lebens zu bewältigen. Sie haben eine irrtümliche Meinung vom

Leben und können sich ändern, wenn sie diesen Irrtum einmal erkannt haben. Von diesen Erkenntnissen ausgehend, entwickelte er voller Mut und Optimismus seine neue Lehre: die Individualpsychologie. Das Wort „Individual"-Psychologie wählte er, weil es ihm vor allem darauf ankam, die Eigenart des einzelnen Menschen als eines Unteilbaren (lateinisch „individuum") zu erforschen. Das Wort Individualpsychologie hat oft eine falsche Auslegung gefunden. Allgemein verstand man darunter die Betrachtung des Individuums losgelöst von der Gesamtheit. Gerade im Gegensatz zu anderen Psychologien sieht die Individualpsychologie das Individuum nie isoliert, sondern legt den Schwerpunkt darauf, herauszufinden, wie sich das Individuum zur Welt bezieht. *Adler* hebt immer wieder hervor, daß ein Individuum ohne Gemeinschaft gar nicht denkbar sei, daß alle Probleme des Lebens soziale Probleme seien. Nur die Menschen, deren Interesse für andere in frühester Kindheit entwickelt wurde, sind gut vorbereitet, die Fragen des Lebens richtig zu beantworten.

Adler lehrte nicht nur Mitmenschlichkeit, sondern lebte sie. Eine kleine Episode möge das illustrieren. *Adler* hatte sich, wie er es gerne tat, einige Freunde zum Lunch in sein New-Yorker Hotel eingeladen. Wir alle waren in vorzüglicher Stimmung, und *Adler* erzählte gerade eine heitere Anekdote. Plötzlich sehe ich, wie sich sein Gesicht verfinstert. Er springt auf und räumt einige Stühle aus dem Weg. Von uns allen unbemerkt war eine blinde Frau eingetreten, die *Adler* sofort gesehen hatte. Nachdem sie uns passiert hatte, setzte sich *Adler* wieder und murmelte: „Ist das nicht fürchterlich?"

Wie alle großen Menschen, deren Ideen ihrer Zeit weit voraus sind, wurde er zuerst heftig von allen Seiten angefehdet. Man machte den Einwand, daß eine Psychologie, die ohne Tests und ohne lange Analyse die Eigenart eines Menschen erkennt, oberflächlich sein müßte. Solche Überlegungen können nur von Menschen angestellt werden, die stückhaft denken. Ein guter Pflanzenkenner kann schon von einem kleinen Teil auf die ganze Pflanze und daher auch auf die Wurzel schließen; er braucht nicht erst die Wurzel der Pflanze herauszugraben. Wenige Takte genügen, um einen Musikexperten mit Bestimmtheit sagen zu lassen: „Das ist Mozart!" Im selben Maße war *Adler* imstande, aus wenigen Einzelheiten die Lebensmelodie eines Menschen herauszufinden. Oft wird hier der Einwand erhoben: „Ist diese Art der Menschenkenntnis lehrbar? Beruht sie nicht einzig auf der Persönlichkeit *Adler*s, auf seiner Intuition?" Natürlich ist es nicht jedem gegeben, *Adler*s Vollendung in der Seelenkunde zu erlangen. Doch kann man die Individualpsychologie erlernen. Welch neue Wege der Menschenkenntnis und Menschenbehandlung *Adler* wies, will ich in diesem Buch aufzeigen. Vor allem will ich die Bedeutung dieses Mannes würdigen, dessen Lehre nicht allein reine Theorie bringt, sondern sich in jahrzehntelanger Praxis bewährt hat. *Adler*s Ideen waren so einleuchtend, daß sie schon zu seinen Lebzeiten derart zum Allgemeingut wurden, daß man sie überall in Büchern und Vorträgen wiederfindet, ohne daß sein Name erwähnt wird. Wer von den Millionen Menschen, die das Wort „Minderwertigkeitskomplex" gebrauchen, weiß, daß *Adler* den Minderwertigkeitskomplex gefunden hat — und, was viel wichtiger ist, gezeigt hat, wie man ihn überwinden kann?

Unbekümmert um Lob und Tadel streute er den Reichtum seiner Gedanken aus. Ihm war es nicht um persönlichen Erfolg zu tun. Immer stellte er sein Werk seiner Person voran. Mensch und Werk sind bei ihm so innig verknüpft, daß ich diese Einheit nicht trennen will. Deshalb werde ich hier den Zusammenhang seiner Persönlichkeit und seines Werkes schildern und nicht etwa eine Inhaltsangabe seiner Bücher geben, die man ja besser im Original liest. Seine Bücher für Laien sind in einem so einfachen Stil geschrieben, daß jeder sie verstehen kann. Da er der Überzeugung war: „Wenn man will, daß die Leute einem zuhören, muß man so sprechen, daß jeder es verstehen kann", so bemühte er sich, die schwierigsten Fragen in Wort und Schrift in so einfacher Form zu behandeln, daß sie jedem Menschen verständlich sind. Genau wie er in seinen Büchern strikter Systematik abhold war, lehnte er es ab, seine Lehre systematisch zu verbreiten. Er meinte, eine gute Idee verbreite sich von selbst. Der Schöpfer einer Lehre könne seine Gedanken nur durch Wort und Schrift verbreiten; für die praktische Verwirklichung der Idee müßten andere sorgen! Mir als „Bannerträger der Individualpsychologie" stehe nichts im Wege, systematisch zur Verbreitung seiner Idee beizutragen.

In verschiedenen Ländern versicherten Ärzte, Lehrer, Richter, Seelsorger und Sozialbeamte mir, welchen praktischen Wert die Individualpsychologie für ihren Beruf hätte. Auch die immer wieder auftauchende Frage in allen Diskussionen, die *Adlers* Vorträgen folgten: „Wo können wir mehr von Individualpsychologie hören?" überzeugte mich immer mehr von der Notwendigkeit, seine bahnbrechende Lehre in weite Kreise hineinzutragen. Wer einmal eine Unterhaltung *Adlers* mit einem Kinde in einer Beratungsstelle mit angehört hat, wird unvergeßlich davon beeindruckt bleiben. Immer wird mir der glückliche Ausdruck im Gesichte des Kindes gegenwärtig sein, das, erst scheu oder trotzig vor *Adler* geführt, plötzlich seine ganze Haltung änderte. Dieser Wandel wurde durch *Adlers* weiche, gütige und verständnisvolle Art, mit dem Kind zu sprechen, bewirkt.

Ein Geheimnis seines Erfolges war, daß er mit den Augen des anderen sah, mit den Ohren des anderen hörte, mit dem Herzen des anderen fühlte.

I. TEIL

Adlers Entwicklung bis zu seiner Schöpfung der Individualpsychologie

Kapitel 1

KINDHEIT UND SCHULZEIT

„Das Kind ist Vater des Mannes“
"The Child is Father of the Man"
Wordsworth

Das Wien um 1870 war eins der bedeutendsten Geisteszentren Europas. Nicht nur durch seine Musik war es bekannt, sondern auch die Pflege der andern Künste und der Wissenschaften trug zu seinem Ruhme bei. Seine glanzvolle historische Vergangenheit und seine hohe Kultur traten jedem entgegen, der einen Gang durch die schöne Stadt an der blauen Donau machte.

In dieser Stadt, die damals eine Mischung von Gemütlichkeit, Frohsinn, Sorglosigkeit und ernstem Streben war, wurde *Alfred Adler* am 7. Februar 1870 im letzten Hause in Penzing, einer Vorstadt Wiens, geboren. Die Familie seines Vaters stammte aus dem Burgenlande. Der Vater, *Leopold Adler,* war ein kleiner Kaufmann in Wien. Er und seine Frau hatten sechs Kinder, von denen *Alfred* das zweite war von drei Brüdern und zwei Schwestern.

In seiner frühesten Kindheit war er sehr kränklich. Er litt an Rachitis, die ihn plump und ungeschickt machte, und an Stimmritzenkrampf. Daher bekam er häufig beim Schreien oder Weinen Erstickungsanfälle, die ihn, wie seine Eltern und der Arzt zu sagen pflegten, oft in Lebensgefahr brachten. Diese Erstickungsanfälle waren ihm so schrecklich, daß er sich im Alter von drei Jahren vornahm, das Ärgerlichsein aufzugeben, und nach kurzer Zeit war er von diesen Anfällen befreit. Auch bei andern Anlässen machte er mit dem Todesproblem Bekanntschaft. Als er drei Jahre alt war, starb sein jüngerer Bruder neben ihm im Bett. Man kann sich vorstellen, welch einen tiefen unauslöschlichen Eindruck dieses Ereignis auf das empfindsame Kind machte. Ein Jahr später erkrankte er selber an einer schweren Lungenentzündung. Von dieser Krankheit her stammt sein Wunsch, Arzt zu werden. Er erinnert sich, wie der Arzt vor ihm zu seinem Vater sagte: „Der Bub ist verloren!“ „Wenn die Angelegenheit mit dem Leben so zweifelhaft ist“, dachte er sich, „will ich doch lieber selbst Arzt werden und sehen, was es damit auf sich hat.“ Von diesem Entschluß ließ er sich durch nichts abbringen. Als ihn der Vater eines Freundes, ein Laternenfabrikant, fragte, was er später werden wollte, antwortete der Junge: „Arzt.“ „Da sollte man dich gleich an der nächsten Laterne aufhängen.“ Diese Antwort versetzte den Jungen in größtes Erstaunen. Er dachte: Der Mann meinte wohl einen schlechten Arzt. Ich aber will ein guter Arzt werden. Hier zeigte er schon seine große Kombinationsfähigkeit. Da er den Ausdruck, jemanden an die Laterne hängen, nicht kannte, fragte er sich, wie kommt der Mann auf Laterne. Da erinnerte er sich, daß der Vater seines Freundes Laternenfabrikant war, und glaubte so die Lösung gefunden zu haben.

In diesen jungen Jahren wurde er zweimal auf der Straße überfahren, Ereignisse, die ihn nur noch mehr in seiner Todesfurcht bestärkten. Wie diese Unfälle zustande gekommen waren, dessen entsann er sich nicht mehr. Er wußte nur, daß er zu Hause auf dem Sofa wieder zur Besinnung kam.

Da er sehr kränklich war, wurde er von beiden Eltern sehr verzärtelt. Über seine Mutter schrieb er mir: „Meine Mutter war eine einfache frauliche Frau, voll Interesse für ihre sechs Kinder, arbeitsam, nicht vergnügungssüchtig, meist gut gelaunt, wahrheitsliebend, gütig, ohne besondere Bildung, geistig meinem Vater gleichstehend, an Zärtlichkeit nicht ganz an ihn heranreichend, an Aufopferungsfähigkeit ihn übertreffend.“ Er zog aber seinen Vater seiner Mutter vor. Immer stand er als Kind seiner Mutter kritisch gegenüber. Diese kritische Haltung, die er seiner Mutter gegenüber einnahm, erklärte sich *Adler* später folgendermaßen: Während der beiden ersten Lebensjahre verzärtelte ihn seine Mutter sehr; doch als der jüngere Bruder geboren wurde, zog dieser ganz natürlich ihre Aufmerksamkeit auf sich, so daß er sich entthront fühlte und sich mehr dem Vater anschloß, dessen Liebling er war. Der Vater erwartete von diesem Sohn Großes und versuchte ihn auf jede Weise zu fördern. Einmal sagte er zu ihm: „Alfred, glaube gar nichts“, womit er seinem Sohn den Rat geben wollte: „Nimm nichts als gegeben an, sondern finde alles selbst heraus." Nach diesem Grundsatz hat *Adler* auch sein Leben lang gehandelt.

Schon in frühem Alter nahmen ihn seine Eltern zu musikalischen Aufführungen mit; im Alter von zwei Jahren wohnte er einem Volkssängerfeste bei. Mit vier oder fünf Jahren kannte er schon viele Operetten auswendig. Außer seiner Liebe zur Musik, die er sein ganzes Leben lang behielt, entwickelte sich auch seine intensive Vorliebe für Blumen; ja sie nahm solche Ausmaße an, daß man ihm als kleinen dreijährigen Knirps den Zutritt zu dem kaiserlichen Park Schönbrunn polizeilich verbot. Dieses Verbot war nicht ganz unberechtigt; nur zu oft fanden ihn die Aufseher auf den Blumenbeeten hockend, die Faust voller Blumen. All ihre ernsten Verweisungen und Hinweise auf die Polizeivorschrift, daß das Blumenpflücken strengstens untersagt sei, halfen nichts. Immer wieder entrann er der Obhut seines Kindermädchens und sündigte wider die Obrigkeit, so daß den Hütern des Gesetzes nichts anderes übrigblieb, als ihm den Zutritt zu dem Park zu untersagen. (Wer aber kann von einem dreijährigen Knirps verlangen, daß er in diesem Alter schon Polizeivorschriften lesen kann.)

In Penzing gab es noch viele Wiesen und Gärten, in denen der Junge schon frühzeitig spielte, da er wegen seiner Rachitis sehr viel an der frischen Luft sein sollte. Hier im Spiel mit seinen Kameraden lernte er Mut und Kameradschaftlichkeit und bildete seine Kontaktfähigkeit aus. „Diese Vorliebe für die Gesellschaft anderer ist mir bis zum heutigen Tag geblieben!" schrieb er am Ende seines Lebens. Als er einmal im Alter von zehn Jahren einen seiner Kameraden unabsichtlich im Spiel verletzte, machte dieses Ereignis einen solchen Eindruck auf ihn, daß er von dieser Zeit an kaum mehr draußen spielte, sondern zu Hause blieb, las und arbeitete. Schon mit fünf Jahren ging er in die Volksschule in der Diesterweggasse in Penzing. Wegen seiner durch Rachitis verursachten Plumpheit war er ein schlechter Turner. Auch zeichnen konnte er nicht gut; im ganzen war er ein mittelmäßiger Schüler. Unter seinen Mitschülern hatte er in der Volksschule wenig Freunde, da er sich für häßlich hielt und sich deshalb zurückzog. Auf dem Gymnasium war er in Mathematik so schlecht, daß er die unterste Klasse wiederholen mußte. Der Lehrer bat seinen Vater zu sich und gab ihm den Rat, den Jungen von der Schule fortzunehmen und ihn Schuster werden zu lassen, da er zu nichts anderm tauge, ein Rat, der manchem Vater später berühmter Leute gegeben worden ist. „Hätte mein Vater diesen Rat befolgt und mich Schuster werden lassen", sagt *Adler*, „so wäre ich vielleicht ein guter Schuster geworden, aber ich hätte immer in der Überzeugung gelebt, daß es eine Unbegabung für Mathematik gibt!" Sein Vater ließ ihn ruhig auf der Schule. Der Junge riß sich zusammen und arbeitete zu Hause fleißig an mathematischen Problemen, bis er sie meistern konnte. Einmal schrieb der Lehrer Aufgaben an die Tafel, die keiner von den Schülern lösen konnte. Auch der Lehrer war seiner Sache gar nicht sicher; die besten Mathematiker der Klasse versagten, als sich *Adler* plötzlich meldete, aufstand und sagte: „Ich kann die Aufgabe lösen." Unbekümmert um die spöttische Antwort des Lehrers, „wenn es die ganze Klasse nicht kann, dann wird es natürlich *Adler* können" und um das darauffolgende Gelächter seiner Mitschüler schritt er an die Tafel und löste die Aufgabe. Von der Zeit an war er der Beste in Mathematik. Auch bei seiner Reifeprüfung half ihm seine Kaltblütigkeit, die sich in schwierigen Situationen stets bei ihm einstellte, so daß er sein Examen erfolgreich bestand, wie er mir zur Ermutigung vor meinem individualpsychologischen Examen erzählte. Er war so aufgeregt, daß er im mündlichen Examen im Griechischen die Fragen nicht beantworten konnte. Schließlich sagte der Examinator zu ihm: „Ich gebe Ihnen die letzte Chance; noch eine Frage. Wenn Sie die nicht beantworten können, sind Sie endgültig durchgefallen." „Siehst du denn nicht", dachte *Adler*, „daß ich nur zu aufgeregt war, um die Fragen beantworten zu können?" Damit legte sich seine Aufregung, er beantwortete diese und die folgenden Fragen und bestand sein Examen.

Kapitel 2

ADLER SUCHT DEN TOD SIEGREICH ZU ÜBERWINDEN

Schon während seiner Gymnasialzeit hatte sich *Adler* mit Psychologie, Philosophie, Nationalökonomie und Soziologie beschäftigt. Nach bestandener Reifeprüfung studierte er an der Wiener Universität vor allem Medizin — seine Absicht, Arzt zu werden, stammte ja aus frühester Kindheit. Daneben hörte er eifrig Psychologie und Philosophie. Besonders interessierte ihn bei seinen medizinischen Studien die pathologische Anatomie. Außerdem beschäftigte er sich mit den aktuellen Problemen, besonders mit den sozialen; denn die sozialen Verhältnisse fesselten ihn in hohem Maße. Sein großes soziales Interesse hat auf den Aufbau seiner Lehre einen bedeutenden Einfluß gehabt.

1895 bestand er sein Examen und arbeitete dann am Wiener Krankenhaus und der Poliklinik. 1898 ließ sich der junge Arzt als Augenarzt nieder; aus dieser Zeit stammt eine Reihe wertvoller Beobachtungen, die er für seine Studie über die Organminderwertigkeit später verwendete. Doch bald sattelte er um und wurde allgemeiner praktischer Arzt. Schon damals interessierte ihn der Patient nicht als „Fall", sondern als Mensch; nie betrachtete er die Krankheit allein, sondern suchte stets die kranke Gesamtpersönlichkeit und die innige Verbundenheit von seelischem und körperlichem Geschehen zu erfassen. Er wurde immer von dem heißen Wunsch vorwärts getrieben, zu helfen und zu heilen. Wegen seiner guten Diagnose und seiner großen ärztlichen Kunst wurde er bald ein sehr gesuchter Arzt; seinen großen Optimismus teilte er auch seinen Patienten mit, so daß sie Leiden und Beschwerden leichter ertrugen und dadurch bei der innigen Verbundenheit von Leib und Seele rascher gesund wurden. Sein besonderes Interesse galt den unheilbaren Krankheiten; er wollte den frühzeitigen, durch Krankheit verursachten Tod bekämpfen; so hatte er die Idee, Krebs durch Anwendung von Schwermetallen zu behandeln, ein Gedanke, der in neuerer Zeit wieder aufgegriffen worden ist. Einen sehr tiefen Eindruck machte es auf ihn, als er erlebte, daß er jugendlichen Zuckerkranken nicht helfen konnte — das Insulin war damals noch nicht erfunden — und machtlos zusehen mußte, wie sie starben. Das Gefühl der Ohnmacht dem Tode gegenüber war ihm so unerträglich, daß er sich entschloß, ein anderes ärztliches Gebiet zu wählen, auf dem er mehr helfen konnte. Er gab seine allgemeine Praxis auf und wurde, besonders angeregt durch *Krafft-Ebing*, Nervenarzt.

Trotz seiner großen Praxis vernachlässigte er nicht seine anderen Interessen. Er studierte weiter Psychologie und Philosophie und beschäftigte sich vor allem mit der Sozialwissenschaft; er wollte den Menschen in seiner Ganzheit kennenlernen, wollte sein körperliches und seelisches Geschehen und seine soziale Bezogenheit erfassen. Diese Kenntnis der Gesamtpersönlichkeit war ihm eine überaus wertvolle Hilfe für das Verstehen der seelischen Vorgänge im Menschen. Als Nervenarzt und Psychiater erwarb er sich einen internationalen Ruf, so daß aus aller Welt Kranke zu ihm strömten, um sich von ihm helfen zu lassen. Von seiner Persönlichkeit ging ein so großer beruhigender Zauber aus, man fühlte seine innere Wärme und Anteilnahme so stark, daß sich sofort ein inniger Kontakt zwischen ihm und den Kranken entwickelte. Selbst tobende Geisteskranke beruhigten sich unter seinen Worten und wurden durch seine Behandlung geheilt.

Neben aller Arbeit hatte *Adler* immer noch viel Zeit für Geselligkeit. Er liebte Geselligkeit über alles, im Kreise seiner Freunde fühlte er sich wohl. In jenen Jahren war er Mitglied vieler Vereine und hatte viele Freunde. Besonders innig war sein Verhältnis zu seiner Familie; mit seinen Geschwistern stand er sehr gut. Seine Freunde waren sehr erstaunt darüber, welch eine bevorzugte Stellung seine Mutter einnahm; die ganze Familie konzentrierte sich auf die Mutter; sie durfte nie allein ausgehen; wenn niemand im Hause war, wurde ein Familienmitglied benachrichtigt, daß die Mutter auszugehen wünschte, und einer eilte hin, um die Mutter zu begleiten. Als *Adler* einst von Freunden gefragt wurde, warum er, nur um die Mutter zu begleiten, seine Arbeit unterbreche, antwortete er ernsthaft:, „Na hören S', man kann doch nicht die Mutter allein herumlaufen lassen, sie ist das nicht gewöhnt."

Gegen Ende des Jahrhunderts fallen zwei wichtige Ereignisse in

Adlers Leben, seine Heirat mit *Reissa Epstein,* einem sehr intelligenten Mädchen, und seine Bekanntschaft mit *Freud.*

Über die Zusammenarbeit von *Adler* und *Freud* und ihr Zerwürfnis gibt es verschiedene Darstellungen. *Adler* hörte *Freud* zum ersten Male bei einem Vortrag im Wiener Ärzteverein. Dieser Vortrag wurde sehr abfällig aufgenommen; *Adler* trat für *Freud,* der aus Ärger schon vor der Diskussion fortgegangen war, sehr energisch ein und schrieb in einem Referat, daß man sich sachlich mit den *Freud*schen Ideen auseinandersetzen müßte. Später trat er im Jahre 1902 auf Bitten *Freuds* in dessen Diskussionszirkel ein. Über das Verhältnis dieser beiden bedeutenden Männer scheint mir folgende Darstellung am aufschlußreichsten zu sein, die ich von *Adler* selbst gehört habe: *Adler* war nie ein Schüler *Freuds*, wie meistens behauptet wurde; er hat nie bei *Freud* Kolleg gehört und ist auch niemals psychoanalysiert worden (was eine Vorbedingung ist, um sich als Psychoanalytiker bezeichnen zu dürfen). Da er sich aber für die *Freud*sche Lehre interessierte, trat er dem *Freud*schen Diskussionszirkel über neurologische Probleme bei. Auch wurde er Redaktionsmitglied der psychoanalytischen Zeitschrift. Von Anfang an stimmte er in vielen Punkten mit *Freud* nicht überein und brachte, auch als Vorsitzender, seinen abweichenden Standpunkt gegenüber vielen Anschauungen *Freuds* stets zur Geltung. Vor allen Dingen wies er auf die Bedeutung der Organminderwertigkeit hin. So enthält seine im Jahre 1907 erschienene Studie „Über die Minderwertigkeit von Organen“ viele eigene neue Gedanken, wenn sie auch in vielen Punkten noch stark unter dem Einfluß *Freud*scher Ideen stand.

Als *Freud* aber verlangte, daß sich der Zirkel zu seiner Sexualtheorie bekennen sollte, verließ *Adler* unter Protest im Jahre 1911 mit sieben andern Mitgliedern diesen Kreis, nachdem er in vier Vorträgen unter dem Titel „Zur Kritik der *Freud*schen Sexualtheorie des Seelenlebens“ seinen abweichenden Standpunkt den Mitgliedern gegenüber klargelegt hatte.

Zwei dieser Vorträge sind in „Heilen und Bilden“ (1922) zu finden. — *Adler* wandte sich vor allen Dinge dagegen, die Sexualregungen des Neurotikers oder Kulturmenschen, „in welcher Anschauungsform immer, als den grundlegenden Faktor des gesunden oder kranken Seelenlebens weiterhin auszugeben. Sie sind niemals Ursachen, sondern bearbeitetes Material und Mittel des persönlichen

Strebens.“ Die Störungen, welche die Neurotiker in ihrer Sexualität haben, führte *Adler*, wie auch all ihre anderen Störungen, auf die falsche Einstellung des Individuums zu den Lebensproblemen zurück.

Gleichzeitig erklärte er seinen Austritt aus der Redaktion des Zentralblattes für Psychoanalyse folgendermaßen:

„ERKLÄRUNG.

Hiermit bringe ich den Lesern dieser Zeitschrift zur Kenntnis, daß ich mit dem heutigen Tage aus der Redaktion dieser Zeitschrift ausscheide. Der Herausgeber der Zeitschrift, Herr Professor *Freud*, war der Ansicht, daß zwischen ihm und mir derartige Gegensätze bestehen, die eine gemeinsame Herausgabe dieser Zeitschrift in seinen Augen inopportun erscheinen ließen. Ich habe mich deshalb entschlossen, freiwillig aus der Redaktion der Zeitschrift auszutreten.“

(Zentralblatt für Psychoanalyse, herausgegeben von Prof. *S. Freud*, Verlag J. F. Bergmann, Wiesbaden. I. Jahrgang, Heft 10—11, August 1911.)

Mit den sieben gleichgesinnten Ärzten gründete er in demselben Jahr den „Verein für freie Psychoanalyse“, den er im Jahre 1912 in den „Verein für Individualpsychologie“ umwandelte.

Bedauerlicherweise entspann sich nach dem Bruch eine Zeitlang eine heftige Fehde zwischen beiden Schulen. *Freud* führte *Adlers* Bruch mit der Psychoanalyse einzig auf dessen Ehrgeiz zurück. *Adler* wehrte sich dagegen und griff seinerseits *Freud* an.

Wie objektiv *Adler* sich über seine Trennung von *Freud* in späteren Jahren äußerte, geht aus folgendem hervor: Ich selber war zugegen, als *Adler* in einem Vortrag vor einem Berliner Ärzteverein seinen Bruch mit *Freud* schilderte. Seine rein sachlichen Ausführungen, in denen er *Freuds* Verdienste voll würdigte, veranlaßten die anwesenden Psychoanalytiker, die vor dem Vortrag sich zur Diskussion gemeldet hatten, ihre Diskussionsmeldungen zurückzuziehen.

Ich will hier nicht *Freud* und *Adler* miteinander vergleichen, da *Freud* nur richtig von seinen Anhängern gewürdigt werden kann. Ich weiß, daß ich *Freud* und *Adler* nur mit meinen Augen, also nicht objektiv sehen kann. Die Tatsache, daß auch der berühmte Schweizer

Psychologe *Jung* aus *Freuds* Kreis ausschied und eine neue Schule gründete, spricht schon dafür, daß *Adlers* Trennung von *Freud* nicht einfach auf *Adlers* Ehrgeiz zurückgeführt werden kann. Sie ist vielmehr begründet in der ganz verschiedenen Persönlichkeit der beiden Forscher. Wer beide Lehren gut kennt, der weiß, daß es sich nicht nur um zwei verschiedene psychologische Schulen handelt, sondern daß eine tiefe Kluft zwischen *Freuds* und *Adlers* Weltanschauung besteht — man denke nur an *Freuds* feindliche und *Adlers* freundliche Stellung zur Religion. Die *Freud*sche Fragestellung: „Warum soll ich meinen Nächsten lieben wie mich selbst?" hat *Adler* tief erschüttert. Ich selber erlebte, wie *Adler* nach dem Erscheinen des *Freud*schen Buches „Über das Unbehagen in der Kultur" ganz fassungslos diese Worte leise immer vor sich hinsprach.

Merkwürdigerweise ist *Adler* oft vorgeworfen worden, er hätte die Liebe entthront. Niemand hat wohl die Liebe höher gestellt als *Adler*. „Es kann nicht zuviel Liebe geben." In einem Vortrage, den er 1934 in New York hielt, sprach er so ergreifend über die Liebe, daß der Vorsitzende uns Zuhörer bat, uns zum Dank von den Plätzen zu erheben. *Adler* sah in der Liebe viel mehr als Sexualität. Er entthronte die Sexualität und das Lustprinzip von ihrer Alleinherrschaft, um Platz zu machen für Liebe, Mitmenschlichkeit und Glück.

Unleugbar hat *Adler* dem Bahnbrecher *Freud* viel zu verdanken. Aber umgekehrt ist auch die Psychoanalyse durch *Adlers* Gedanken in hohem Maße befruchtet worden. Selbstverständlich hat *Adler* auch von andern großen toten und lebenden Psychologen, Philosophen, bedeutenden Gelehrten und Ärzten, deren Namen er in seinen Büchern öfters erwähnt, zahlreiche Anregungen erhalten. Wenn ich im folgenden *Adlers* Individualpsychologie entwickle, ohne nach der Urheberschaft von manchen Gedanken zu forschen, so beschränke ich mich darin ganz bewußt. *Adler* selbst antwortete, wenn man darauf hinwies, daß manche Tatsachen schon vor ihm beobachtet waren: es sei nicht so wichtig, daß man eine Tatsache sieht, sondern wichtig sei es, wie man sie deutet und in einen sinnvollen Zusammenhang hineinstellt. Ich will also nicht das Verdienst irgendeines Forschers, auch nicht die Leistung der zahlreichen Mitarbeiter *Adlers* schmälern, wenn ich nur über *Adler* schreibe. Auch wird man meiner Ansicht nach weder *Freuds* noch *Adlers* Bedeutung gerecht, wenn man den einen auf Kosten des andern erhöht. Am besten wendet man auf beide den Ausspruch *Goethe*s an, der einmal zu *Eckermann* sagte: „Nun streitet sich das Publikum seit zwanzig Jahren, wer größer sei: *Schiller* oder ich, und sie sollten sich freuen, daß überall ein paar Kerle da sind, w o r ü b e r sie streiten können.“

II. TEIL

Individualpsychologie

Kapitel 1

ADLERS NEUE WEGE ZUR ERFORSCHUNG DER PERSÖNLICHKEIT

Innerlich hatte sich *Adler* schon lange von den *Freud*schen Anschauungen gelöst. Der äußere Bruch wurde für ihn der Anlaß, seinen eignen Standpunkt darzulegen. Diese neuen Ideen entwickelte er in seinem zweiten Hauptwerk „Über den nervösen Charakter", das im Jahre 1912 erschien. „Mit diesem Buch begründete ich die Schule der Individualpschologie", schrieb *Adler* mir gelegentlich. Unter dem Wort „Individualpsychologie" verstand *Adler* die Psychologie des einzelnen unteilbaren Menschen, des I n d i v i d u u m s. In der Prägung dieses Namens liegt die neuartige Betrachtungsweise *Adlers*, den Menschen als eine Ganzheit und Einheit zu sehen. Nach seiner Auffassung kann keine Lebensäußerung isoliert angesehen werden, sondern muß stets auf die Gesamtpersönlichkeit bezogen werden.

Kam zum Beispiel zu *Adler* ein Mann und klagte über Schlaflosigkeit, so verschrieb ihm *Adler* kein Schlafmittel, sondern, von der Erkenntnis ausgehend, daß diese Schlaflosigkeit, falls nicht organisch bedingt, eine sinnvolle Lebensäußerung dieses Menschen ist, erforschte er die Gesamtpersönlichkeit. Erst als es *Adler* gelang, dem Patienten den Zusammenhang zwischen Schlaflosigkeit und seiner Persönlichkeit aufzudecken, konnte diese Störung für immer beseitigt werden.

Bei der Erforschung der Gesamtpersönlichkeit ging *Adler* von der Auffassung aus, daß jeder Mensch einem Ziel zustrebt. In seinem Buch „Menschenkenntnis" sagt er darüber:

„Was wir aus den seelischen Bewegungen zuerst erfassen können, ist selbst wieder Bewegung, die auf ein Ziel gerichtet ist. Deshalb müssen wir feststellen, daß es ein Trugschluß wäre, sich die menschliche Seele so vorzustellen, als ob sie ein ruhendes Ganzes wäre, sondern wir können sie uns nur vorstellen in der Form von sich bewegenden Kräften, die allerdings aus einem einheitlichen Grunde hervorgegangen sind und einem einheitlichen Ziel zustreben. Schon im Begriff der Anpassung liegt dieses Zielstrebige. Wir können uns ein Seelenleben nicht vorstellen ohne ein Ziel, zu dem hin die Bewegung, die Dynamik, die im Seelenleben enthalten ist, abrollt. Das menschliche Seelenleben ist also durch ein Ziel bestimmt. Kein Mensch kann denken, fühlen, wollen, sogar träumen, ohne daß all dies bestimmt, bedingt, eingeschränkt, gerichtet wäre durch ein ihm vorschwebendes Ziel."

Die Erkenntnis der Zielstrebigkeit des Menschen hat *Adler* einen Schlüssel zum Seelenleben gegeben. Sobald das Ziel, das ein Mensch sich gesetzt hat, erkannt ist, kann man sich seine Bewegungen erklären. Sieht man zum Beispiel, wie ein Kind einen Schrank hochklettert, so wird einem diese Bewegung unverständlich sein. Erblickt man aber eine Puppe auf dem Schrank, sieht also das Ziel, so ist die Erklärung für die Bewegung gegeben. Im allgemeinen ist es leicht, einen Menschen aus der Kenntnis seiner Zielsetzung zu verstehen. Die Betrachtungsweise, die nach dem Ziel fragt, nennt man die „finale". Sie steht im Gegensatz zu der Betrachtungsweise, die nach dem Grund fragt, der „kausalen". —

Ein junges Mädchen, das sich nie für Sport interessierte, fängt plötzlich zu rudern an. Nach dem Grund befragt, gibt sie an, daß der Arzt ihr Bewegung und frische Luft verordnet habe. Bei kausaler Betrachtungsweise würde man sich mit dieser Erklärung zufriedengeben. Nun ist es aber auffallend, daß sie immer an derselben Stelle rudert und sich bemüht, so früh wie möglich von zu Hause fortzugehen. Der Sinn ihres Benehmens wird erst verständlich, wenn man hört, daß dort ein junger Mann am Ufer wohnt, für den sie sich interessiert. Ihr Ziel ist also, diesen jungen Mann zu treffen.

Als in einer Diskussion über Individualpsychologie die Wichtigkeit der Finalität betont wurde, erhob sich ein junger Hörer und bemerkte, das hieße offene Türen einrennen. Es muß aber hier hervorgehoben werden, daß *Adler* diese Türen geöffnet hat und als einer der ersten die Bedeutung der Finalität für alles seelische Geschehen erkannt hat. Er fand, daß es das Ziel jedes Menschen sei, von unten nach oben, von einer Minus-Situation zu einer Plus-Situation zu gelangen.

In dem Streben nach dem Ziel entwickeln sich auch die Charakterzüge des Menschen und sind nicht — wie bisher angenommen wurde — vererbt. Diese Ausführungen *Adlers* entfachten einen Sturm der Entrüstung unter den Anhängern der Vererbungstheorie. Ihr Vorwurf, *Adler* lehne die Vererbung völlig ab, war vollkommen grundlos, da *Adler* in seiner „Studie über die Minderwertigkeit von Organen“ bereits im Jahre 1907 die Bedeutung der Vererbung von gewissen körperlichen Eigenschaften ausdrücklich hervorgehoben hatte. Dagegen vertrat er den Standpunkt, daß auf dem seelischen Gebiete nur Anlagen vererbt werden und nicht fertige Charakterzüge. Ebenso lehnte *Adler* die ausschlaggebende Bedeutung des Milieus für die menschliche Entwicklung ab. Unleugbar hat die Umgebung einen wichtigen, aber keinen entscheidenden Einfluß. Der Mensch ist kein Produkt von Vererbung und Umgebung. Er benutzt die durch Vererbung gegebenen Anlagen und die durch Umgebung erworbenen Eindrücke als Bausteine, um mit seiner eignen schöpferischen Kraft seinen Lebensstil aufzubauen, seine Einheit zu formen.

Dieser „Lebensstil“ ist das Einmalige, Einzigartige eines Menschen, das, was diesen Menschen von allen andern unterscheidet.

Adlers Bruch mit der alten Auffassung, daß die Heredität bei der Charakterbildung eine ausschlaggebende Rolle spielt, rief heftigen Widerspruch hervor. Oft wurde der Einwand erhoben, daß die Vererbung doch von ausschlaggebender Bedeutung sein müsse, da identische Zwillinge sich in körperlicher und geistiger Beziehung völlig gleichmäßig entwickeln, selbst wenn sie getrennt in verschiedener Umgebung aufwachsen. Neuere Zwillingsforschungen haben aber gezeigt, daß dieser Einwand unberechtigt war.

Aus den interessanten Beobachtungen der bekannten Vererbungsforscher *H. J. Muller* und *H. H. Newman* (Universität in Chicago) über identische Zwillinge, die, in frühester Kindheit getrennt, sich ganz verschieden entwickeln, greife ich die folgende heraus *):

Newman berichtet von den identischen Zwillingen Mary und Mabel, die im Alter von 5 Monaten getrennt wurden und zur Zeit der Untersuchung 29 Jahre alt waren. Beide wurden von nahen, sehr religiösen Verwandten aufgenommen, die in sehr guten wirtschaftlichen Verhältnissen lebten. Marys Pflegeeltern hatten Kinder, die

---

*) *H. H. Newman:* Mental and Physical Traits of Identical Twins reared apart. The Journal of Heredity, Bd. 23, 1932.

mindestens zehn Jahre älter waren und die Mary nicht als Geschwister betrachtete. Mabel dagegen hatte Pflegegeschwister, von denen ein Bruder acht Jahre, der andere 20 Monate älter war, und fühlte sich im Gegensatz zu Mary ganz zur Familie gehörig. Bis zum 6. Lebensjahr blieben beide auf einer Farm. Dann gingen die Eltern mit Mary in eine kleine Stadt, während Mabel ihr ganzes Leben auf der Farm verbrachte. Mary besuchte dort erst die Grundschule, dann die höhere Schule, zuletzt in einer Großstadt, war stets unter den Besten und liebte besonders Englisch, Arithmetik und Latein. Außerdem lernte sie vom 10. Jahr ab Klavierspiel und übte eifrig. Mabel besuchte erst die Landschule, kam dann auf eine höhere Schule in einer Großstadt, wo sie nur sechs Wochen blieb, da sie zur Pflege eines eben angekommenen Babys zu ihren Pflegeeltern zurückkehren mußte. Sie wurde ein begeistertes „Farmgirl". Nichts könnte sie veranlassen, die Farm zu verlassen, erklärte sie. Mary wurde nach Beendigung der höheren Schule Sekretärin in einem Geschäft und gab abends Klavierunterricht. Ihr besonderes Interesse gilt der Musik. Diesem verschiedenen Entwicklungsgang entsprechen die Resultate bei den Testprüfungen auf Intelligenz. Selbstverständlich ist Mary in sämtlichen Intelligenztests weit überlegen. Der Unterschied zwischen beiden ist im Unterschied zur Durchschnittsdifferenz von 50 Paar zusammen aufgewachsener identischer Zwillinge in verschiedenen Tests 5,6 bzw. 4,3mal so groß, gegenüber zusammen aufgezogenen nicht identischen Zwillingen fast zweimal so groß. Auch in Temperamenttests sind beide ganz verschieden. Dabei zeigt sich, daß Mabel die viel stabilere und weniger erregbare ist. Bei einer Testprüfung sind die Unterschiede so groß wie bei zwei zufällig gewählten Personen. Ferner reagiert Mary viel empfindlicher auf unangenehme Ideen als Mabel. Auch äußerlich haben sie sich verschieden entwickelt. Mary, die wenig im Freien war, macht langsame Bewegungen, sitzt gerne still, hat einen damenhaften Gang. Sie hat häufig schwere Infektionskrankheiten gehabt, ihr Körpergewicht ist unterhalb der Norm. Mabel dagegen hat schnelle, sichere Bewegungen, männlichen Gang, stärker entwickelte Muskeln und ist viel robuster. Beide sind weitsichtig, eine für ihr Alter bemerkenswerte Übereinstimmung. Der Eindruck ihrer Persönlichkeiten auf *Newman* und seine Mitarbeiterin Dr. *Lillie* ist aber anders, als er sich nach den Tests ergibt. Mabel, die nach den Intelligenztests dem Durchschnitt gegenüber etwas „zurück“ und Mary weit unterlegen war, schien die befähigtere zu sein. Sie war mitteilsamer, nahm größeren Anteil an der Unterhaltung, schien Mary zu beherrschen, war immer die Führende, Pläneschmiedende und machte den Eindruck der stärkeren Persönlichkeit, obwohl sie nach den Tests sich als schwache Persönlichkeit erwies, so daß *Newman* meiner Meinung nach mit Recht meint, daß die Tests zur Prüfung der Intelligenz im wesentlichen das Training prüfen.

Diese eineiigen Zwillinge haben sich also in verschiedener Umgebung in Intelligenz und Temperament wie auch physisch ganz verschieden entwickelt. Dies ist um so auffallender, als beide einander häufig gesehen haben, wenn auch ein innerer Zusammenhang erst seit den letzten neun Jahren bestand. Daß Mary, die mehr Bildung hatte, Mabel in den Intelligenztests weit überlegen ist, kann uns ebensowenig wundern, wie die Tatsache, daß Mabel sich physisch besser entwickelte. Wie kommt es aber, daß Mabel, die auf dem Lande lebte, die stärkere Persönlichkeit wurde? Hier scheint die Geschwisterkonstellation eine große Rolle zu spielen. Mary scheint ganz für sich selbst gelebt zu haben, während Mabel sich in der Geschwistergemeinschaft heimisch fühlte und durch die Pflege des Babys ihr Interesse für andere entwickeln konnte. Aber diese Geschwisterkonstellation allein ist nicht ausreichend, um Mabels Entwicklung zu erklären. Sie hätte sich, als man sie zur Pflege des Babys zurückrief und sie auf jede geistige Bildung verzichten mußte, ihrer gebildeten Zwillingsschwester gegenüber zurückgesetzt fühlen können. Daß sie aber freudig mitmacht, das Farmleben als ihr Ideal bezeichnet, Buttern, Melken usw. als ihre Lieblingsbeschäftigung angibt und eine Aktivität entwickelt, die in schroffem Gegensatz zu Marys Passivität steht, muß man als den Ausdruck der selbstschöpferischen Kraft der Persönlichkeit ansehen.

Hier zeigt sich die Tatsache, daß Zwillinge, die in frühestem Alter getrennt werden, sich ganz verschieden entwickeln können. Aus andern Zwillingsbeobachtungen geht hervor, daß identische Zwillinge, die in späteren Jahren getrennt wurden, sich sehr ähnlich entwickeln. Dies ist ein Beweis für eine weitere Erkenntnis *Adlers*. *Adler* hat den wichtigen Grundsatz aufgestellt, daß sich der Lebensstil des Menschen in den ersten vier bis fünf Lebensjahren formt und sich danach nicht mehr wesentlich ändert, außer durch psychologische

Einsicht. Wachsen eineiige Zwillinge zusammen in den ersten vier bis fünf Jahren auf, also in der Zeit, in der sich ihr Lebensstil formt, so ist es nicht verwunderlich, daß sie später eine sehr ähnliche Entwicklung aufweisen. Daß sie sich in diesen vier Jahren so gleich entwickeln, braucht nicht auf Vererbung zu beruhen. Wie Professor *Heinrich Poll,* der Berliner Vererbungsforscher, gezeigt hat, trainieren eineiige Zwillinge von frühester Jugend an darauf, möglichst gleich zu sein. Dieses Training auf Gleichheit erklärt es, daß sie sich später so ähnlich entwickeln.

Der Lebensstil beeinflußt alle Lebensäußerungen eines Menschen. Daher wird man immer wieder aus ihnen dieselbe Lebensmelodie hervorklingen hören. Mag sie in Dur, mag sie in Moll, mag sie in Variationen ertönen, immer erkennt der Expert das Grundmotiv, das allem zugrundeliegt. Wie eine Melodie eine harmonische Einheit ist, so ist auch der Lebensstil des Menschen eine untrennbare Einheit. Nun wird aber häufig die Ansicht vertreten, daß Menschen ein „double vie", ein Doppelleben, zeigen. Die Individualpsychologie lehnt diese Ansicht ab. Für sie ist ein Mensch erst richtig erkannt, wenn hinter dieser scheinbaren Spaltung der Persönlichkeit der einheitliche Lebensstil zum Vorschein kommt.

Oft hört man, daß eine Ehefrau sich mit Recht über die Sparsamkeit, ja den Geiz ihres Mannes beklagt. Ihre Bekannten stehen dieser Klage ganz verständnislos gegenüber, da sie den Gatten eher als einen Verschwender bezeichnen würden. Er macht große Geschenke, gibt viel für seine Kleidung aus, veranstaltet große Gesellschaften mit verschwenderischem Essen und besten, teuersten Weinen und kann im Restaurant nicht genug Geld ausgeben. Hier liegt anscheinend ein Zwiespalt „Geiz — Verschwendung" vor. Aber wenn man tiefer sieht, findet man, daß sein Ziel ist, ein Grandseigneur zu sein. Die scheinbare Ambivalenz erklärt sich so: Er geizt zu Hause, damit diese übertriebene Sparsamkeit es ihm ermöglicht, unter seinen Freunden den Grandseigneur zu spielen.

Hier zeigt sich deutlich, wie die Einheit des Lebensstils sich in Bezogenheit auf sein Ziel formt. Bemühungen von seiten seiner Frau, ihrem Ehemann den Geiz abzugewöhnen, werden immer ergebnislos bleiben. Überall findet man Menschen, die immer wieder denselben Fehler begehen. Alle guten Ratschläge von Freunden und Verwandten und ihre eignen besten Vorsätze sind vergebens. Manchmal ist man sogar imstande, die Situation vorauszusagen, in der sie wieder in denselben Fehler verfallen werden. Es scheint so, als ob sie einem Zwang unterlägen, diesen Fehler von neuem zu begehen. Doch nach Ansicht der Individualpsychologie besteht hier kein Zwang, kein Muß. Ein Fehler kann nicht ausgemerzt werden dadurch, daß man gegen ihn kämpft. Da er ja zur Einheit der Persönlichkeit gehört, aus dem Lebensstil stammt, darf man ihn nicht isoliert herausgreifen, sondern muß den ganzen Lebensstil ändern. Aus der Erkenntnis heraus, daß der Lebensstil sich in den ersten vier bis fünf Jahren formt, hat man die Fehlerquelle in der frühesten Kindheit zu suchen. Da stellt es sich nun heraus, daß solche Menschen sich in frühester Kindheit eine irrtümliche Meinung vom Leben gebildet haben. Sie geben sich dadurch ein falsches „Bewegungsgesetz" und gehen in falscher Richtung vorwärts. Die Fehler also entspringen nur einer irrtümlichen Meinung, die man sich in frühester Kindheit gebildet hat. Es ist demnach kein Mensch gezwungen, in einer einmal eingeschlagenen Richtung, sei sie auch falsch, weiterzugehen. Sobald er seinen Irrtum erkennt, kann er seinen Lebensstil ändern und dadurch seine Fehler zum Verschwinden bringen.

Dies wird am besten aus Folgendem klar:

Es kam zu mir ein Jüngling, der so stark stotterte, daß die Lehrer keine Fragen mehr an ihn stellten. Er vermied jede Verantwortung und erwartete stets die Hilfe eines andern. Wir müssen forschen, woher dieser Mangel an Selbstvertrauen gekommen ist. Wir nehmen an, daß er schon mit vier Jahren dasselbe Bild gezeigt hat: ein Kind, das immer wartete, bis ein anderer es zur Aktivität anregte. Wir Individualpsychologen sehen hinter ihm den Schatten einer andern Person, die ihn dazu trainierte. Tatsächlich erfahren wir, daß er als Kind eine alte Erzieherin hatte, die alles für ihn tat, ihn bis in die Schulzeit an- und auszog, mit ihm arbeitete, so daß er nie zu selbständigem Handeln kam. So glaubte er, nicht selbständig handeln zu *können* und entwickelte eine „zögernde Attitüde". In dieser falschen Richtung, in die seine Erzieherin ihn gebracht hatte, lief er nun später weiter. Hier lag aber kein Zwang vor, keine innere Notwendigkeit. Von Kindheit an hatte er gedacht: „Ich bin allein nicht stark genug, ich brauche immer jemand, der mir hilft!" Und so baute er sein Leben darauf auf, sein Ziel durch Schwäche zu erreichen. Durch sein Stottern schuf er eine Distanz zwischen sich und andern sogar in der Sprache. Als er herausgefunden hatte, daß seine falsche Erziehung keine Ursache dafür war, weiter auf die Hilfe von andern zu warten, sah er ein, daß seine Indolenz aus der irrtümlichen Meinung stammte, die er sich in früher Kindheit gebildet hatte, also seine eigne Schöpfung war. So war mein Ziel erreicht. Er verbesserte seine irrtümliche Meinung, setzte sich ein neues Ziel, änderte seinen Lebensstil und hörte auf zu stottern. Die Beseitigung des Stotterns war die Folge der Änderung seines Lebensstils; er verlor aber nicht nur das Symptom des Stotterns, sondern entwickelte Fähigkeiten, die vorher in ihm verkümmert waren, da er sich aus seiner falschen Meinung heraus selbst beschränkt hatte.

Auch bei den Tieren findet man solch falsche „Meinung". Dies beweist drastisch ein Hühnerversuch von Professor *Schjelderup*, den *Adler* öfters zitierte.

Henne A hackt Henne B, die davonrennt. Henne A ist also stärker als Henne B. Henne B hackt Henne C, die ihrerseits davonfliegt. Henne B ist also stärker als Henne C. Und nun kommt das Merkwürdige! Henne C hackt Henne A, die die Flucht ergreift. — Logischerweise sollte Henne A Henne C in die Flucht schlagen, denn objektiv gesehen ist Henne A stärker als B, also auch stärker als C. Henne A hat jedoch die falsche Meinung, daß sie schwächer ist als C und läuft deshalb davon.

Ähnlich wie diese Hühner verhalten sich oft Menschen. Unbekümmert um die Tatsachen folgen sie ihrer Meinung. Wie Menschen sich durch eine falsche Meinung ihr Leben erschweren können, zeigt folgende Begebenheit:

Eine schöne Frau ging höchst ungern in größere Gesellschaft. Sie sprach dort kaum und war so abweisend, daß man sie als kalt und hochmütig bezeichnete. Es stellte sich heraus, daß sie ein sehr häßliches Kind gewesen war, das stets fühlte, daß ihre Mutter sie zurücksetzte und daß sie auch sonst wegen ihrer äußeren Erscheinung unbeliebt war. Sie wurde dadurch scheu und zurückhaltend und behielt diese Haltung als Erwachsene. Obwohl viele Maler sie ihrer Schönheit wegen malen wollten, obwohl ihr Spiegel ihr täglich zeigte, daß sie ein „schöner Schwan" geworden war, hielt sie doch zäh an ihrer falschen Meinung fest, sie sei ein häßliches Entlein.

Hier zeigt es sich deutlich, daß nicht die Tatsachen die Entwicklung eines Menschen beeinflussen, sondern die Meinung, die er von ihnen hat. — „In jedem Falle ist es klar, daß die ‚Meinung' dem Weltbild eines Menschen zugrunde liegt und sein Denken, Fühlen, Wollen und Handeln bestimmt", schreibt *Adler* im „Sinn des Lebens". Den Menschen, die eine irrtümliche Meinung haben, zur Einsicht und somit zur Änderung ihres Lebensstils zu verhelfen, ist eine der wichtigsten Aufgaben der Individualpsychologie.

Kapitel 2

DIE DREI EINGANGSPFORTEN ZUM SEELENLEBEN

Position in der Geschwisterreihe — Erste Erinnerungen — Träume

Position in der Geschwisterreihe

Der Mensch ist eine Einheit. All seine Lebensäußerungen sind zielgerichtet. Sie bewegen sich auf ein Ziel hin, sein Lebensziel. Diese Axiome der Individualpsychologie, die im vorangehenden Kapitel ausführlich dargelegt worden sind, können nicht oft genug wiederholt werden, sie gehören zu den Grundpfeilern des individualpsychologischen Lehrgebäudes. Immer wieder werden wir auf diese Erkenntnisse zurückkommen.

Um einen Menschen zu erforschen, beschreitet der Individualpsychologe verschiedene Wege. Es ist nicht von Wichtigkeit, welchen Pfad er zuerst einschlägt, denn sie alle führen ja zur Erkenntnis des Lebensstils. Als die „drei Eingangspforten zum Seelenleben" bezeichnet *Adler* die Deutung der Stellung in der Geschwisterreihe, der ersten Kindheitserinnerungen, des Traumes.

Immer wieder taucht bei den Eltern die Frage auf: „Wie kommt es eigentlich, daß unsere Kinder sich so verschieden entwickeln? Sie stammen doch von den gleichen Eltern und wachsen in derselben Situation auf. Ist nicht Vererbung die Ursache dieser Verschiedenheit?"

Eine Antwort auf diese Frage gibt folgende Beobachtung: In meine Beratung kam ein Vater mit seinem Ältesten, weil der Junge stahl. Wie der Vater mir auseinandersetzte, hatte der Älteste seine schlechten Eigenschaften wie Trotz, Eigensinn, Streitsucht, Unliebenswürdigkeit von der Familie der Mutter geerbt, während der Zweite — und dabei strahlte der Vater — die Erbeigenschaften seiner eigenen Familie besäße, sonnig, vergnügt und angenehm im Wesen sei. Nachdem ich den Ältesten einige Zeit beraten, kam der Vater eines Tages erstaunt zu mir. Sein Ältester hatte zu stehlen aufgehört, sei heiter und liebenswürdig geworden. Dagegen habe der Zweite sich geändert und sei trotzig, mürrisch und streitsüchtig geworden. Die Kinder hätten ihre Eigenschaften vertauscht.

Wenn Charaktereigenschaften bei Geschwistern so verschwinden und auftauchen, können sie nicht durch Vererbung bedingt sein, sondern es muß hierfür eine andere Ursache vorliegen. Da erhebt sich die Frage: Wachsen Geschwister wirklich in der gleichen Situation auf? — Ich machte dem Vater klar, daß der Älteste so unangenehme Züge gezeigt hätte, weil er sich durch die Geburt des Bruders „entthront“ gefühlt hätte. Der Zweite, der diese Tragödie nicht erlebt hatte, hätte es leicht gehabt, sonnig zu sein. Da der Zweite sah, wie sein Bruder durch sein mürrisches Wesen die Eltern abstieß, trainierte er nun besonders auf Liebenswürdigkeit. Als sich aber der Älteste besserte und die Aufmerksamkeit der Familie auf sich zog, sah sich der Zweite im Kampf um die Vormachtstellung genötigt, zu andern Mitteln wie Eigensinn, Streitsucht zu greifen, um wieder mehr von seinen Eltern beachtet zu werden. — Da nun die Eltern ihre Kinder verstanden, änderten sie ihre Erziehungsmethode, und nach kurzer Zeit verschwanden auch die Schwierigkeiten des Zweiten.

Die Situation dieser Geschwister war also verschieden. *Adler* wies nachdrücklich darauf hin, daß alle Geschwister in ganz verschiedenen Situationen aufwachsen, und daß die Stellung in der Geschwisterreihe von größter Bedeutung für die Charakterentwicklung ist. Drei Positionen sind von besonderem Interesse, die des Ältesten, die des Zweiten und die des Jüngsten.

Der Älteste befindet sich in einer ganz besonderen Situation. Seine Geburt wird meist mit größter Freude begrüßt. Er wird nicht nur von den glücklichen Eltern, sondern auch von den Großeltern und der weiteren Familie bewundert und verwöhnt. Er ist gewöhnt, daß jede seiner Äußerungen mit Beifall begrüßt wird, und so setzt sich in ihm der Eindruck fest: Ich bin der Mittelpunkt! In dieser so angenehmen verzärtelnden Situation bleibt er meist mehrere Jahre bis zur Geburt des zweiten Kindes. Und nun erlebt das älteste Kind eine Tragödie. Während er bisher der Mittelpunkt war, fühlt er, wie das Interesse der Familie sich von ihm ab auf das Baby zuwendet. Die Liebe, die er bis dahin alleine empfangen hat, muß er mit einem andern teilen. Wenn er beim Spielen ein freudiges Indianergeheul ausstößt, wird ihm gesagt, daß er ruhig sein müsse, weil das Baby schläft. Wenn er dringend von der Mutter oder Nurse etwas will, muß er warten, bis die Mutter oder Nurse das Baby besorgt hat. So merkt er, daß er nicht mehr der unumschränkte Herrscher ist, daß er abgesetzt, „entthront" ist, wie *Adler* so schön beschreibt. Kein Mensch, der jemals die Macht gekostet hat, läßt sie sich ohne Kampf nehmen. Also beginnt der Älteste zu kämpfen. Je mehr er vorher verzärtelt wurde, desto mehr wird er den Zusammenbruch seiner Herrschaft fühlen und um so mehr mit allen Mitteln die Wiedererlangung seiner Vormachtstellung zu erkämpfen versuchen. Jetzt beginnt er zu stören und sich gegen alle andern zu wenden, wird ungezogen, eigenwillig, will nicht essen, nicht schlafengehen, zerbricht seine Spielsachen. Meistens verstehen die Eltern das Verhalten des Kindes nicht und verfallen in den Fehler, gegen seine Unart anzukämpfen. Beginnt man es für seine Unart zu strafen, so wird das Kind nur noch tiefer in seiner Ansicht bestärkt, daß sich seine Situation seit der Ankunft des Babys sehr verschlechtert hat. Der Kampf kann solche Formen annehmen, daß Haßgefühle gegen das zweite Kind entstehen. Diese Haßgefühl hält *Adler* nicht für Triebe, sondern sieht in ihnen Kunstprodukte falscher Erziehung.

So habe ich folgende Situation beobachtet:

In einer Familie wurde ein zweites Kind geboren, als das älteste zwei Jahre alt war. Während bis dahin die Mutter den Ältesten versorgt hatte, übernahm sie natürlich jetzt die Pflege des Babys, und der Älteste wurde der Obhut einer Tante, die im Hause wohnte, anvertraut. Nun änderte sich der Älteste in seinem Wesen. Das bis dahin liebenswürdige Kind wurde ungezogen, schlief schlecht, zeigte große Abneigung gegen die Schwester, verlangte immer wieder zur Mutter. Als der Neuankömmling ungefähr fünf Monate alt war, beobachtete die Mutter, wie der Älteste sich zum Baby heranschlich und es auf die Hände schlug. Diese Einstellung des Ältesten besserte sich erst, als er selbst an einer Mittelohrentzündung erkrankte, die Mutter ihn pflegte und die Tante das Baby übernahm. Von dem Moment ab war er wieder das alte liebenswürdige Kind, ja noch mehr, er fing an, seine Schwester zärtlich zu lieben und zu beschützen, eine Haltung, die er auch in seinen späteren Jahren beibehielt. Mit der Einsicht, daß er die Liebe seiner Mutter nicht verloren hatte, verschwand auch seine Kampfeinstellung.

Oft wendet sich ein Ältestes, wenn es einen gütigen Vater hat, diesem zu und versucht seine Liebe zu erwerben. Findet man, daß ein Kind den Vater vorzieht, so ist das eine zweite Phase in der Beziehung des Kindes zu seinen Eltern. Nach *Adler*s Meinung zieht jedes Kind erst seine Mutter vor und wendet sich dem Vater erst dann zu, wenn es eine Enttäuschung bei der Mutter erlitten hat. Manchmal treten beim Ältesten auch feindliche Gefühle gegen die Mutter auf. Abneigungen im späteren Leben gegen ein Elternteil oder gegen jüngere Geschwister können in dieser geschilderten Tragödie ihre Erklärung finden.

Zu allen Zeiten versuchen die Ältesten, die alte Situation wieder herbeizuführen und das verlorene Paradies wiederzugewinnen. Ihr Blick ist rückwärts gerichtet. Sie sind Bewunderer der Vergangenheit und oft große Pessimisten für die Zukunft. Da sie einst die Macht gekostet haben, sind sie Verehrer der Macht. — Als *Adler* nach der Urform des Ältesten forschte, fand er in den Erinnerungen des deutschen Schriftstellers *Fontane,* daß sein Vater, ein französischer Emigrant, während des Krieges zwischen Polen und Rußland in den fünfziger Jahren ganz auf Seiten der Polen stand. Er war immer überaus erfreut, wenn er in den Kriegsberichten lesen konnte, daß 20.000 Russen von 10.000 Polen in die Flucht geschlagen worden waren. *Fontane* bemerkte dazu: „Ich konnte das eigentlich nie verstehen, wie man sich über so etwas freuen kann. Ich hatte immer die Empfindung, daß 20.000 Russen mehr sind und stärker sein müssen als 10.000 Polen. Ich weiß schon, daß sich das nicht ganz mit der Moral deckt, aber ich gäbe etwas darum, wenn ich wüßte, woher es mir gekommen ist, daß ich immer auf dem Standpunkt stehe: ‚Macht muß Macht bleiben!‘ “ Als *Adler* das las, sagte er sich: „Das kann nur ein Erstgeborener sein, so kann ein anderer gar nicht denken.“ In der Tat ist *Fontane* ein Ältester.

Älteste schalten und walten meist über ihre Geschwister und lernen auf diese Weise den Vorteil der Autorität kennen. Sie entwickeln daher ein Interesse für Autorität und Gesetz und achten stets darauf, daß die Autorität gewahrt wird. Sie beugen sich der Autorität des Vaters. Oft findet man sie als Vertrauenspersonen der Lehrer, da sie ihn in seinen Bemühungen, die Ordnung aufrecht zu erhalten, unterstützen. Älteste werden oft hervorragende Beamte und achten auf genaueste Befolgung der Gesetze. Auch findet man sie an den Spitzen großer Betriebe, da sie frühzeitig gelernt haben zu organisieren.

Manchmal ist die Stellung des Ältesten besonders günstig, wenn er in der Gewißheit aufwächst, später Titel, Gut, Fabrik oder Geschäft zu erben. Dieses Wissen erhöht noch sein Verantwortungsgefühl und seine Würde. Je würdiger er aber unter seinen Geschwistern auftritt und je mehr er sie seine Autorität fühlen läßt, desto stärker beginnen die jüngeren zu rebellieren, an ihrer Spitze der Zweite.

Das Zweite wächst in einer ganz andern Situation auf. Es war niemals alleine, konnte also niemals das Zentrum der Aufmerksamkeit sein. Daher erlebt es auch nicht die Geburt eines Babys so stark wie der Älteste. Es hat immer einen Schrittmacher vor sich. Sein Streben wird angestachelt, den Ältesten zu überholen. So ist es nicht verwunderlich, wenn der Zweite oft begabter erscheint als der Älteste, da er bei geringem Altersunterschied mit dem Ältesten mitlernt und von klein auf darauf trainiert, den Ältesten einzuholen, ja zu überholen. Der Zweite gleicht einem Rennpferd, das in dauerndem Rennen liegt. So stürmt er mit großem Schwung vorwärts und entfaltet eine besondere Aktivität. Sein Blick ist in die Zukunft gerichtet. *Adler* selbst wies solch charakteristische Züge eines erfolgreichen Zweiten auf. Meines Erachtens ist ein Teil der Gegensätzlichkeit von *Freuds* und *Adlers* Anschauung darauf zurückzuführen, daß *Freud* als Ältester und *Adler* als Zweiter die Welt mit völlig andern Augen betrachteten.

Aus diesem Rennen können die verschiedensten Situationen für die beiden Geschwister entstehen. Wenn der Älteste fest in der Gunst seiner Eltern steht, nimmt er den Wettkampf auf. Behauptet sich der Älteste siegreich, so gibt der Zweite das Rennen auf, und man kann ihm im späteren Leben diese Niederlage oft anmerken. Er zeigt dann oft Schwierigkeiten.

Ein Schriftsteller erzählte mir z. B., daß sein ältester Bruder ein Musterknabe war und von beiden Eltern ihm, dem Zweiten, vorgezogen wurde. Da er annahm, daß er seinen Bruder in Leistungen nicht schlagen konnte, zeichnete er sich in der Schule durch Unfug aus und entwickelte später viele neurotische Symptome. Er fühlte sich unfähig, viele Probleme des Lebens zu lösen und ergab sich dem Trunk.

Wächst ein Zweiter unter dem Druck des Ältesten auf, so kann er sein Leben lang Verachtung der Autorität und Widerstreben gegen die Obrigkeit zeigen. Er ist ein Feind jeglicher Regel und kann alles auch anders denken.

Gewinnt der Zweite das Rennen, so macht der Älteste Schwierigkeiten. Besonders häufig treten sie auf, wenn der Älteste eine Schwester als Zweite hat. Hier ist das Wettrennen ungleich, da Mädchen sich in den ersten 16 Jahren schneller entwickeln. Das Überrennen ihrer Brüder fällt ihnen leicht, da die Natur ihnen dabei zu Hilfe kommt. Der Bruder empfindet die Niederlage besonders schwer, da er in dem Glauben aufwächst, daß ein Junge dem Mädchen überlegen sein müßte. So erklärt sich die auffallende Tatsache, daß älteste Brüder, die eine etwas jüngere Schwester haben, oft neurotische Züge zeigen. Die Ansicht, daß neurotische Erscheinungen des Ältesten durch die Schwierigkeiten einer ersten Geburt verursacht sind, teilte *Adler* nicht. Er wies darauf hin, daß bei schwachsinnigen Ältesten das Zweite die Züge eines Ältesten zeigt, und daß in Familien, wo nach langem Intervall ein drittes Kind geboren wird, dem dann noch andere Geschwister folgen, dieses Dritte sich wie ein Ältestes entwickelt. Meiner Ansicht nach ist eine weitere Bestätigung von *Adler*s Theorie die Tatsache, daß Kinder, die an zweiter oder dritter Stelle nach dem Tode ihrer Geschwister geboren wurden, die Charakteristika der Ältesten zeigen.

Besonders bedeutsam ist die Situation des Jüngsten. Günstig ist für ihn, daß er den Rücken frei hat. Er erlebt nie die Tragödie der Entthronung. Während der Zweite oft zurückschaut, ob jemand ihn überholt, kann der Jüngste seine ganze Aufmerksamkeit nach vorne richten, da er nie das Gefühl kennenlernt, jemanden hinter sich zu haben. So schnellt er mit gewaltigem Schwung vorwärts, stets mit dem Ziel, seine Geschwister einzuholen, ja sogar zu überholen. Daher findet man häufig, daß die Jüngsten große Taten vollbringen. Die Tatsache, daß Jüngste Hervorragendes leisten, ist altbekannt. Man braucht nur an die wundervolle Schilderung in der Bibel von Josef und seinen Brüdern zu denken oder die zahllosen Märchen und Geschichten, die immer von den Heldentaten des Jüngsten berichten. Es muß doch etwas Wahres daran sein. Schließlich kann man doch nicht annehmen, daß alle Märchen von Jüngsten oder für Jüngste geschrieben worden sind. Wie herrlich schildert Shakespeare, der große Menschenkenner, Cordelia, die jüngste Tochter des Königs Lear. Sie ist völlig anders, als ihre Schwestern sind. Häufig findet man, daß Jüngste sich ganz verschieden von ihren Geschwistern entwickeln. Wenn die Geschwister Kaufleute sind, wird der Jüngste ein Dichter, wenn die Geschwister Wissenschaftler sind, wählt er den Beruf eines Kaufmanns. Dies kann dadurch verursacht sein, daß der Jüngste sich nicht zutraut, auf dem Gebiete seiner Geschwister gleich gute Leistungen zu vollbringen und daher eine andere Aufstiegsmöglichkeit wählt, bei der er nicht die Konkurrenz der Geschwister zu fürchten hat. *Charles Darwin* ist ein gutes Beispiel für einen erfolgreichen Jüngsten.

Wie der Jüngste sich im Extrem auf der nützlichen Seite des Lebens entwickelt und Höchstleistungen vollbringt, so entwickelt er sich auch im Extrem auf der unnützlichen Seite und ist unter den schwersten Versagern zu finden. Nur zu häufig wird er von Eltern und Geschwistern im Übermaß verzärtelt, so daß seine Aktivität untergraben wird. Er ist ja das Kleinste und Schwächste und ihm muß geholfen werden, denkt die Familie. Das Kind gewöhnt sich so an die Rolle des Hilflosen, daß es sie als Erwachsener beibehält. Da es gewohnt ist von den andern verwöhnt und gestützt zu werden, wird es im Leben dauernd versagen, bis es seinen Irrtum einsieht.

Außer diesen drei hervorstehenden Positionen, der des Ältesten, der des Zweiten und der des Jüngsten, sind noch andere Positionen auffallend. In seinem „Sinn des Lebens“ erwähnt *Adler,* daß Doktor *Crichton-Miller* ihn darauf aufmerksam gemacht hatte, daß die dritte Schwester in einer Familie von drei Kindern meist männliche Züge entwickle. *Adler* fand diese Beobachtung immer wieder bestätigt und erklärt sie dahin, daß das Mädchen, die Enttäuschung der Eltern fühlt oder zu hören bekommt, es hätte ein Junge sein sollen. Dadurch wird sie mit ihrer weiblichen Rolle unzufrieden und entwickelt einen „männlichen Protest“. Ein einziges Mädchen unter vielen Brüdern verfällt oft in Extreme, entweder gleicht sie sich den Knaben an oder betont ihre Weiblichkeit und Schwäche zu sehr. Ein einziger Knabe unter vielen Schwestern hat oft einen schweren Stand. Wenn die Schwestern sehen, daß er höher eingeschätzt wird als sie, schließen sie einen Bund gegen ihn, bekämpfen ihn oder verspotten ihn. Die Reaktion des Jungen kann darin bestehen, daß er unsicher wird, sich nichts zutraut und die Mädchen imitiert. Auf der andern Seite aber kann er seine Männlichkeit besonders betonen und sein Leben lang voll Verachtung auf das weibliche Geschlecht herabsehen.

Körperliche Schönheit oder Klugheit von einem der Geschwister lassen diesen in den Vordergrund treten und behindern oft die Entwicklung der andern. *Adler* verglich die Entwicklung der Geschwister oft mit Bäumen. Entfaltet sich einer besonders stattlich und nimmt viel Platz in Anspruch, so verkümmert der Nebenbaum, der in seinem Schatten steht.

In einer besonderen Lage ist das Kind, das keine Geschwister hat, das einzige Kind. Es lernt nie die Tragödie des Entthrontseins kennen. Es hat aber auch nicht wie die andern Kinder den Vorteil, in einer Kindergemeinschaft aufzuwachsen. Wird es nicht frühzeitig in die Gesellschaft anderer Kinder gebracht, so lernt es nicht zu kooperieren. Von den Eltern sorgsam behütet und verzärtelt, wächst es meist als Mittelpunkt der Familie auf. Als einziges Kind unter lauter Erwachsenen läuft es Gefahr, frühreif und altklug zu werden. Es wächst in der Meinung heran, auch von andern als den Eltern ungeteiltes Interesse zu empfangen und ist daher vielen Enttäuschungen ausgesetzt. Bei geeigneter Erziehung kann sich ein einziges Kind ausgezeichnet entwickeln. *Adler* wies darauf hin, daß man bei Betrachtung der Situation des einzigen Kindes die Eltern mit einbeziehen müßte. Falls nicht der Arzt weitere Kinder untersagt oder große finanzielle Not herrscht, könnten die Eltern ja mehrere Kinder aufziehen. Begnügen sie sich mit einem Kind, so zeigt dies eine besondere Einstellung beider Eltern oder eines Elternteils. Diese Einstellung wirkt sich natürlich auch bei der Erziehung des Kindes aus und muß bei der Erforschung seines Lebensstils berücksichtigt werden.

Aus dem Vorangehenden sieht man die Möglichkeiten, die sich für die Entwicklung des Charakters aus der Position in der Geschwisterreihe ergeben. Diese Möglichkeiten sind so vielfach, daß sich keine Regeln aufstellen lassen. Der Individualpsychologie wird oft vorgeworfen, daß sie kein festes Schema gibt, wie sich der Mensch infolge der Geschwisterkonstellation entwickeln muß. Im Seelenleben aber gibt es kein Muß. Es muß z. B. nicht jeder Zweite ein Rebell werden, wenn der Älteste ihn seine Autorität fühlen läßt.

Für die Individualpsychologie gibt es keinen „Ältesten“ oder „Jüngsten“ isoliert. Sie weist nach, wie gewisse Charakterzüge sich im Gegenspiel zu den Geschwistern entwickeln. Überhaupt betrachtet die Individualpsychologie den Menschen nie an sich, sondern nur in seiner Bezogenheit zur Welt. Wenn die Individualpsychologie auch keine Regel aufstellt, daß jeder Älteste ein Verehrer der Macht sein muß, so schließt sie jedoch umgekehrt darauf, daß ein Machtanbeter wahrscheinlich ein Ältester ist. Wenn man bei grundverschiedenen Menschen aller Altersklassen je nach ihrer Stellung in der Geschwisterreihe gewisse Charakterzüge immer wieder findet, so daß man daran erkennen kann, ob man einen Ältesten oder Jüngsten vor sich hat, so ist das ein stichhaltiger Beweis dafür, daß der Charakter nicht vererbt sein kann.

Diese Erkenntnis ist nicht nur wichtig für Erzieher, sondern auch für alle Menschen, die sich selbst ändern wollen. Vieles, das einem das Leben vergällt, wie Neid oder Eifersucht, kann man beseitigen, wenn man erkennt, daß die ganze falsche Einstellung auf einer falschen Meinung beruht, die man sich als Kind gebildet, teilweise bedingt durch die Position in der Geschwisterreihe.

Erste Erinnerungen

Jede Äußerung eines Menschen ist von Bedeutung für den Individualpsychologen. Schon die Art, wie ein Mensch sich bewegt, wie er die Hand gibt, wie er einen ansieht, wie er lacht, wie er spricht, ist aufschlußreich. Wir suchen sein charakteristisches Einmaliges in seinem Denken, Fühlen, Handeln, in seinen Bewegungen, in seiner Haltung, in seinem Verhalten, in seinen Taten und Worten. Nun gibt es aber viele Menschen, die mit ihren Worten mehr verbergen als entschleiern. Hier braucht gar kein beabsichtigtes Versteckspiel vorzuliegen, denn viele sind sich über ihren Charakter gar nicht klar und geben sich so, wie sie sein möchten. Wir müssen daher einen Weg finden, der uns einen Einblick in ihren Lebensstil gibt, ohne daß sie es bemerken. Die ersten Erinnerungen dienen hierfür am besten. Sie werden völlig unbefangen erzählt, da ihre tiefere Bedeutung dem Erzählenden nicht verständlich ist.

Die Erkenntnis, daß die Deutung der ersten Erinnerung einen

tiefen Einblick in die menschliche Seele gewährt, ist eine der größten Entdeckungen *Adlers*. In Übereinstimmung mit *Freud* wies er auf die Bedeutung der Kindheit hin, aber er gab den seelischen Vorgängen eine verschiedene Deutung. Von der Anschauung ausgehend, daß die ersten fünf Jahre des Kindes entscheidend für dessen weitere Entwicklung sind, interessierte er sich für die ersten Erinnerungen, da sie meistens aus der Zeit des Aufbaus des Lebensstils stammen, und so wertvolle Aufschlüsse geben. Es ist unwesentlich, ob die Erinnerungen eine korrekte Wiedergabe der Tatsachen sind; selbst wenn sie die Erlebnisse verändern oder nur phantasiert sind, enthüllen sie des Menschen charakteristische Stellungnahme.

Wenn ein Mensch gerade eine Begebenheit unter den tausenden, die er erlebt hat, sich vergegenwärtigt, muß auf diese Situation sein Hauptinteresse konzentriert sein. Um seine Theorie zu prüfen, fragte *Adler* über hundert Ärzte nach ihren ersten Kindheitserinnerungen. Die meisten berichteten über eigene schwere Krankheit oder Krankheit und Tod von Familienangehörigen. Er fragte dann Kinder, die einen Todesfall in ihrer Familie hatten, was sie später werden wollten. Die Mädchen antworteten meistens „Pflegerinnen", die Knaben „Doktor", „Apotheker" oder „Chemiker". Ein Knabe, dessen Schwesterchen gestorben war, antwortete: „Totengräber, ich will derjenige sein, der die anderen eingräbt!" Hier sieht man einen bemerkenswerten Unterschied zwischen diesem fünfjährigen Knaben und den anderen Kindern. Kinder, die den Arztberuf wählen, wollen den Tod bekämpfen, indem sie nicht nur sich, sondern auch anderen helfen. Dieser Junge hatte kein Interesse für andere, er dachte nur an sich.

Was uns als erste Erinnerung berichtet wird, ist aber nur eine leere Hülle, die den meisten unverständlich ist. Jetzt beginnt erst die Kunst der Individualpsychologie. Wir müssen den tiefen Sinn erraten, der hinter dieser Erinnerung steckt. Wir müssen nicht nur einen vollkommen genügenden Gedankengang in diese Hülle hineinbringen, sondern wir müssen auch die Gefühle erraten und die Handlung, die aus dem Gedankengang entspringt, ergänzen. Dann erst haben wir verstanden, wie das Leben dieses Menschen sich abgespielt hat, welche Meinung er von sich und der Welt hat. Was durch die Deutung der ersten Kindheitserinnerungen herausgefunden werden kann, zeigen am besten *Adlers* eigene Worte:

„Wir sind nun imstande, natürlich mit allergrößter Vorsicht und der größten Erfahrung ausgestattet, die fehlerhafte Richtung des Lebensweges, den Mangel an Gemeinschaftsgefühl oder auch das Gegenteil zumeist aus den ältesten Erinnerungen herauszufinden. Uns leitet da besonders unsere Kenntnis vom Mangel an Gemeinschaftsgefühl, von dessen Ursachen und dessen Folgen. Vieles leuchtet hervor aus der Darstellung in einer Wir- oder Ich-Situation. Vieles auch aus der Erwähnung der Mutter. Die Mitteilung von Gefahren oder Unfällen, auch von Züchtigungen und Strafen, deckt die übergroße Neigung auf, das Feindliche des Lebens besonders im Auge zu behalten. Die Erinnerung an die Geburt eines Geschwisters deckt die Situation der Entthronung auf, die an den ersten Besuch im Kindergarten, oder in der Schule, den großen Eindruck anläßlich neuer Situationen. Die Erinnerung an Krankheit und Tod ist oft mit der Furcht davor, öfters mit Versuchen verknüpft, etwa als Arzt oder als Pflegeperson oder ähnlich diesen Gefahren besser gewappnet entgegenzutreten. Erinnerungen an Landaufenthalt mit der Mutter zeigen oft, ebenso wie Erwähnung bestimmter Personen wie Mutter, Vater, Großeltern in einer freundlichen Atmosphäre, nicht nur den Vorzug dieser, offenbar verwöhnenden Personen, sondern auch den Ausschluß anderer. Erinnerungen an begangene Untaten, Diebstähle, sexuelle Vorkommnisse weisen gewöhnlich auf die große Anstrengung hin, sie weiterhin aus dem Erleben auszuschalten. Gelegentlich erfährt man auch andere Neigungen, die, wie eine visuelle, akustische, motorische Neigung, recht gut zur Aufdeckung von Schulmißerfolgen und fehlerhafter Berufswahl sowie zur Anweisung eines Berufes Anlaß geben können, der der besseren Vorbereitung fürs Leben besser entspricht.“ („Sinn des Lebens.“)*)

Einige Beispiele werden am besten die Deutung der ersten Erinnerungen erläutern.

Ein 39jähriges Mädchen, einziges Kind, ist öfters wegen Diebstahls bestraft. Ihre Mutter starb, als sie zwei Jahre alt war. Ihr Vater heiratete eine Freundin der Mutter, als das Kind vier Jahre alt war. Mit ihrer Stiefmutter stand sie schlecht. Sie erinnert sich:

„Ich stand in einem weißen Kleid auf einem Stuhl voll froher Erwartung. Mein Vater hatte mir gesagt: Heute bringe ich die

*) Verlag Rolf Passer, Wien.

Mama! Als der Vater mit der Stiefmutter hereinkam, war ich maßlos enttäuscht und sagte: ‚Aber das ist ja Tante Else.'"

Adler deutete: „Sie sagt sich ‚Man hat mich belügen wollen! Ich erwartete meine Mutter, man hat mich betrogen!' Mit solcher Ansicht kann sie sich der Wirklichkeit nicht anpassen. Es ist selbstverständlich, daß sie große Feindseligkeit in der Welt sieht. Ich glaube, ich treffe den Kernpunkt, wenn ich sage, es ist ein Mensch, der ununterbrochen nach seiner Mutter sucht und sie nicht findet, ununterbrochen ein Gefühl der Verkürzung, der Beraubung hat, über das er nicht hinwegkommt."

Nach einem Vortrag *Adlers* suchte ihn ein Mann auf, der ihn um seinen Rat bat. Er war ein erfolgreicher Geschäftsmann, klagte jedoch, daß er Leuten, mit denen er ein Geschäft abschließen wollte, stets etwas vorweinte. *Adler,* in Eile, fragte ihn nach seiner ersten Kindheitserinnerung, und der Mann erzählte ihm:

„Wir waren so arm, daß ich oft von Nachbarn Essen bekam. Wenn meine Mutter weggehen wollte, um Geld zu verdienen, sagte ich ‚Geh nur', aber die Tränen liefen mir herunter. Dann blieb sie bei mir. Ich hatte einen Sprachfehler, sagte aber vor den Leuten im Haus Gedichte auf und weinte, daß mir die Tränen in den Mund liefen. Dann lachten die Leute, und ich ging mit dem Hut in der Hand Geld einsammeln."

Adler sagte: „In Ihrer Erinnerung zeigt sich eine Bettlerattitude. Wie Sie mit dem Hut sammeln gehen, wie Sie durch Tränen Ihr Ziel erreichen, das ist die Haltung eines Bettlers." Ganz betroffen antwortete der Ratsuchende, daran hätte er noch gar nicht gedacht; doch habe er sich stets für Bettler interessiert. Kurze Zeit danach erhielt *Adler* einen Brief von ihm, mit der Mitteilung, daß die Störung beseitigt sei. Dem Brief war ein Zeitungsartikel beigefügt, den er vor zehn Jahren geschrieben hatte, betitelt: „Über eine Organisation von Bettlern." Darin hatte er vorgeschlagen, die Bettler zu organisieren.

Adler konnte schon aus dieser einen Erinnerung den Lebensstil dieses Mannes erkennen und ihm klarmachen. Selbstverständlich ist das nur einem erfahrenen Individualpsychologen möglich, und man soll im allgemeinen eine Erinnerung nie isoliert deuten. Genau wie man eine geometrische Linie nicht von einem Punkt aus bestimmen kann, läßt sich die Lebenslinie auch nicht von einem Punkt aus deuten. Nur um seine Studenten in der Kunst des Erratens zu üben, deutete *Adler* Erinnerungen von Leuten, deren Geschichte er nicht kannte. Er hob jedoch hervor, daß seine Schlußfolgerungen durch weitere Forschungen erhärtet werden müßten. In seinen Vorlesungen suchte er nach weiteren Beweisen für die Richtigkeit seiner Deutung der ersten Kindheitserinnerungen. In folgendem Fall, den ihm ein Lehrer bei einem Kurs am Pädagogischen Institut der Stadt Wien vorlegte, bediente *Adler* sich weiterer Erinnerungen. Es handelte sich um ein neunjähriges Mädchen, das *Adler* nicht kannte. Die Erinnerung lautete:

„Als ich drei Jahre alt war, habe ich vor meiner Mutter eine Angst gehabt, weil sie einen schwarzen Hut aufgehabt und damit wie ein Krampus ausgeschaut hat. Da bin ich zu meiner Schwester gegangen. Sie habe ich lieber gehabt."

— „Wir sehen, mit drei Jahren hat sie sich von der Mutter entfernt. Da muß offenbar etwas vorgegangen sein und wir können erraten, daß die Mutter nicht imstande war, sich die Zuneigung dieses Kindes zu erhalten. Es liegt etwas wie eine Anklage in dieser Äußerung. Es liegt Kritik darin. Warum trägt sie keinen schöneren Hut? Wir können daraus schließen, daß sich dieses Kind in dieser kritischen Stellung zur Mutter außerordentlich geübt hat. Da kommt die zweite Phase, in der sich das Kind an den Vater wendet, wenn er ihr diese Wärme geben kann, welche sie bei der Mutter nicht findet. Warum ist das Kind in diese kritische Stellung gekommen? Hier liegt wahrscheinlich wieder die Geburt eines jüngeren Bruders oder einer jüngeren Schwester vor, hier ist vielleicht der Ausgangspunkt der Tragödie, welche dieses Kind erlebt. Sie empfindet, daß die Mutter sie betrogen hat, sich von ihr abwendet, und fängt an, ihr gegenüber kritisch zu sein. Es kann auch eine nörgelnde Mutter sein, so daß im Laufe der Entwicklung dieses Kindes die nörgelnde Haltung der Mutter schärfer zum Ausdruck kommt. Solange ein Kind in der Wiege liegt, ist mit nörgelnden Bemerkungen nicht viel geschadet, aber wenn das Kind schon verstehen kann, dann ist dieses Verhalten der Mutter imstande, das Kind abwendig zu machen. Es könnte vielleicht auch eine Zeit sein, in der die Mutter erkrankte und sich um das Kind nicht kümmern konnte, so daß seine Obsorge, Pflege usw. einer Tante, Großmutter, Hausgehilfin, Schwester usw. zufiel. Es kann auch eine erschreckende Krankheit der Mutter die Ursache sein (z. B. Wahnsinn, Epilepsie), wodurch das Kind abgeschreckt wird. Wir werden auch untersuchen, ob das Kind in anderer Hinsicht sich kritisch verhält.

Eine andere Erinnerung dieses Kindes:

„Als mein Bruder auf die Welt gekommen ist, da hat er so geschrien und ich habe gesagt: ‚Gib ihn zurück, ich brauche den Bubi nicht, weil er soviel schreit!'"

— „Es klingt so, wie die Fortsetzung eines Romans, die wir schon erraten. Wir können nicht mehr erwarten als diese Bestätigungen."

Eine dritte Erinnerung desselben Kindes:

„Einmal sagte meine Schwester zu mir: ‚Schau, ein Strohwagen fährt da, wenn du schlimm bist, dann nimmt der Fuhrmann dich unter das Stroh.' Ich habe eine Angst gehabt."

— „Wir können die Erinnerungen vergleichen, um zu sehen, ob sich hier ein Prozeß abspielt, der dem widerspricht, was wir bisher gefunden haben.

Auch die Schwester war imstande, dem Kinde Angst einzujagen. Hier zeigt sich, daß dieses Kind auch schon der Schwester Vorwürfe zu machen hat. Wenn wir nur diese eine Erinnerung vor uns hätten, dann würde man vielleicht nicht mit einer solchen Klarheit sehen können, daß dieses Kind die Empfindung hat, daß man sich ihm gegenüber nicht gut benimmt. Es klingt wie eine Anklage. Hier lautet die Anklage gegen die Schwester. Das ist ein Kind, dem man es nicht leicht recht machen kann, das sich sehr gern beklagt und mit einiger Schärfe die Fehler anderer herausfindet."

Eine vierte Erinnerung:

„Einmal hat sich meine Schwester als ein feines Fräulein angezogen, ich glaubte wirklich, daß sie ein feines Fräulein sei — aber dann nahm sie ihren Hut herunter, ich habe sie gleich erkannt."

„Hier haben Sie wieder diese kritische Haltung: Man soll den Leuten nichts glauben, sie ziehen sich da an wie ein feines Fräulein, und zum Schluß sind sie es gar nicht. Hier finden wir diese kritische Hal-

:ung und den Pessimismus bezüglich des Wertes anderer Menschen wieder. Sie beginnt bei der Mutter. Wir können aus ihrem Verhalten deutlich sehen, wie stark die ersten Eindrücke, die durch die Mutter vermittelt werden, auf ein Kind wirken. Nebenbei vermuten wir einen visuellen Typus." („Individualpsychologie in der Schule")

Adlers tiefe Menschenkenntnis, seine große Erfahrung ermöglichten es ihm, ohne weitere Anhaltspunkte den Lebensstil aus einer ersten Kindheitserinnerung zu erkennen. Einst deutete er Erinnerungen von Studenten, die Mitglieder des Psychologischen Institutes der Berliner Universität waren. Ihre ersten Erinnerungen, die sie auf Zettel ohne Namensnennung geschrieben hatten, lagen schon vor Eintritt *Adlers* zusammengehäuft auf seinem Pult. Wahllos griff er einige heraus und deutete sie. Die Hörer waren ganz betroffen über die Genauigkeit seiner Auslegungen. Nach der Vorlesung hörte ich die Studenten über seine Deutung diskutieren und sich gegenseitig eingestehen, daß er ihren Lebensstil genau dargelegt hätte. Als Anhänger einer anderen psychologischen Richtung waren sie natürlich sehr kritisch zu den Vorlesungen gekommen; je mehr sie aber von *Adlers* Psychologie hörten, desto tiefer waren sie davon beeindruckt.

Selbstverständlich sind manche erste Kindheitserinnerungen so charakteristisch für den Lebensstil des Menschen, daß man ohne weiteres aus ihnen weitgehende Schlüsse ziehen kann, wie die folgenden, von denen die erste aus einer Selbstbiographie entnommen ist.

„Meine früheste Jugenderinnerung ist eine kleine Heldentat, die sich vielleicht deswegen meinem Gedächtnisse so fest einprägte, weil sie einen bleibenden Einfluß auf die Entwicklung meines Charakters ausgeübt hat. Meine Eltern lebten bis zu meinem achten Lebensjahre in meinem Geburtsorte Lenthe bei Hannover, wo mein Vater das einem Herrn von Lenthe gehörige „Obergut" gepachtet hatte. Ich muß etwa fünf Jahre alt gewesen sein und spielte eines Tages im Zimmer meines Vaters, als meine drei Jahre ältere Schwester Mathilde laut weinend von der Mutter ins Zimmer geführt wurde. Sie sollte ins Pfarrhaus zu ihrer Strickstunde gehen, klagte aber, daß ein gefährlicher Gänserich ihr immer den Eintritt in den Pfarrhof wehre und sie schon wiederholt gebissen habe, sie weigerte sich daher entschieden, trotz allem Zureden der Mutter, ohne Begleitung in die Unterrichtsstunde zu gehen. Auch meinem Vater gelang es nicht, ihren Sinn zu ändern; da gab er mir seinen Stock, der ansehnlich größer war als ich selbst, und sagte: ,Dann soll dich Werner hinbringen, der hoffentlich mehr Courage hat wie du.' Mir hat das wohl zuerst etwas bedenklich erschienen, denn mein Vater gab mir die Lehre mit auf den Weg: ,Wenn der Ganter kommt, so geh ihm nur mutig entgegen und haue ihn tüchtig mit dem Stock, dann wird er schon fortlaufen!' Und so geschah es. Als wir das Hoftor öffneten, kam uns richtig der Gänserich mit hochaufgerichtetem Halse und schrecklichem Zischen entgegen. Meine Schwester kehrte schreiend um, und ich hatte die größte Lust, ihr zu folgen, doch ich traute dem väterlichen Rate und ging dem Ungeheuer, zwar mit geschlossenen Augen, aber tapfer mit dem Stock um mich schlagend entgegen. Und siehe, jetzt bekam der Gänserich Furcht und zog sich laut schnatternd in den Haufen der auch davonlaufenden Gänse zurück.

Es ist merkwürdig, welch tiefen, dauernden Eindruck dieser erste Sieg auf mein kindliches Gemüt gemacht hat. Noch jetzt, nach fast siebzig Jahren, stehen alle Personen und Umgebungen, die mit diesem wichtigen Ereignisse verknüpft waren, mir klar vor Augen. An dasselbe knüpft sich die einzige mir gebliebene Erinnerung an das Aussehen meiner Eltern in ihren jüngeren Jahren, und unzählige Male hat mich in späteren schwierigen Lebenslagen der Sieg über den Gänserich unbewußt dazu angespornt, drohenden Gefahren nicht auszuweichen, sondern sie durch mutiges Entgegentreten zu bekämpfen." —

Diese erste Kindheitserinnerung läßt auf einen mutigen Lebensstil schließen. Die Erinnerung zeigt uns ferner Vertrauen in die Worte des Vaters, Interesse für die weitere Familie, ausgeprägtes soziales Interesse — er beschützt seine ältere Schwester —, einen visuellen Typ — er sieht noch als Fünfundsiebzigjähriger alles vor Augen —. Sein Leben bestätigt diese Schlußfolgerungen. Er stellte sich nicht nur als Offizier tapfer den Feinden entgegen, sondern zeichnete sich auch in seinem Beruf durch mutiges Vorwärtsgehen aus. So können wir uns nicht wundern, daß die Erinnerung von einer großen Persönlichkeit stammt: von Werner von Siemens, dem bekannten deutschen Erfinder.

Auch recht amüsant ist die Erinnerung eines achtzehnjährigen Jünglings:

„Als ich klein war, machte ich mit meiner älteren Schwester einen

Wettlauf. Sie war mir natürlich weit voraus. Da rief ich: ‚Wer zuletzt ankommt, ist Sieger!' Nun lief sie langsam. Ich lief an ihr vorbei, kam zuerst an, lachte und sagte, ich hätte nur Spaß gemacht und hätte nun gewonnen."

Hier sieht man deutlich den Wettlauf der Geschwister und hat ein schönes Beispiel für die Richtigkeit der Auffassung der Individualpsychologie, daß der zweite meistens wie unter Dampf vorwärts eilt, um den ersten zu überholen. Dieses zweite Kind aber traut sich nicht zu, durch Kraft zum Ziel zu kommen, sondern wendet eine List an. Daß er sich an das Lachen erinnert, ist auch charakteristisch für ihn. Er lacht nicht nur selber gerne, sondern bringt auch andere Menschen zum Lachen.

Von größtem Interesse sind *Adler*s eigene erste Kindheitserinnerungen.

„Eine meiner ersten Kindheitserinnerungen ist: ‚Meine Eltern mußten verreisen und ließen mich und meinen etwas älteren Bruder unter der Obhut einer Gouvernante zurück. Als der Vater zurückkam, bot sich ihm ein sonderbarer Anblick dar. Ich stand auf dem Tisch und schmetterte einen Gassenhauer. Es handelte sich darin um eine Frau, die außerordentlich schmerzlich berührt war durch den Anblick von geschlachteten Hühnern, sie hob hervor, daß ihr das Herz blute. Der Refrain lautete: »Wenn dich der Hühner Mißgeschick so rührt, warum wird dann dein armer Mann mit Töpfen bombardiert?«'" — *Adler* schließt aus seiner Erinnerung:

„Ich hatte das Interesse, nachzuforschen, ob sich alles einheitlich abspielt."

Ich möchte aber mehr aus dieser Erinnerung schließen. Außer der Suche nach der Einheit finden wir in der Erinnerung an den Refrain ein Interesse am Widerspruch zwischen Wort und Tat.

„Ich schmetterte einen Gassenhauer" — ein akustischer Typ, der sich besonders für das Singen interessiert. „Bot sich ihm ein sonderbarer Anblick dar" — auch visuelle Neigung. „Ließ mich und meinen älteren Bruder in der Obhut einer Gouvernante" — Wir-Situation, die auf ausgeprägtes soziales Interesse schließen läßt. Der Vater taucht auf, also muß er an dem Vater mehr als an der Mutter gehangen haben. „Ich stand auf dem Tisch" — hier sieht man einen Menschen, der gerne größer sein möchte, als er ist, man könnte daraus auf Ehrgeiz schließen. Die ganze Situation zeigt einen Sinn für Heiterkeit.

Auch eine Erinnerung *Adlers* an ein phantasiertes Erlebnis ist aufschlußreich für seinen Lebensstil.

„Meine Erinnerung sagte mir, daß ich auf dem Wege in die Volksschule über einen Friedhof gehen mußte. Da hatte ich nun jedesmal Furcht und sah mit großem Mißbehagen, wie die andern Kinder harmlos den Friedhofweg gingen, während ich ängstlich und voll Grauen Schritt vor Schritt setzte. Abgesehen von der Unerträglichkeit der Angst, quälte mich der Gedanke, an Mut den andern nachzustehen. Eines Tages faßte ich den Entschluß, dieser Todesangst ein Ende zu machen. Als Mittel wählte ich wieder die Abhärtung. Ich blieb eine Strecke hinter den andern Kindern zurück, legte meine Schultasche an der Friedhofsmauer auf die Erde und lief wohl ein dutzendmal über den Friedhof hin und zurück, bis ich dachte, der Furcht Herr geworden zu sein. Später glaube ich den Weg ohne Angst gegangen zu sein.

Dreißig Jahre später traf ich einen ehemaligen Schulkameraden, mit dem ich Kindheitserinnerungen aus der Volksschule austauschte. Es fiel mir dabei ein, daß derzeit jener Friedhof nicht mehr bestehe, und ich fragte, was aus dem Friedhof, der mir solche Beschwerde gemacht hatte, geworden sei. Verwundert antwortete mir mein ehemaliger Kamerad, der länger als ich in jener Gegend zugebracht hatte, daß auf dem Weg zu unserer Schule niemals ein Friedhof gewesen sei. Da erkannte ich, daß die Friedhofsgeschichte eine dichterische Einkleidung für meine Sehnsucht war, die Angst vor dem Tod zu überwinden."

Diese Erinnerung bezieht sich auf *Adlers* erstes Schuljahr, also auf eine Zeit, die seiner schweren Krankheit folgte. Hier zeigt sich außer *Adlers* Furcht vor dem Tod, daß er voll Mut daranging, Schwierigkeiten durch Training zu überwinden. Daß ihn ein Friedhof mit solchem Grauen erfüllt, läßt auf lebhafte Phantasie schließen. Das Hin- und Herlaufen zeigt Interesse an der Bewegung. „An Mut den anderen nachzustehen" — er legt großen Wert auf Mut. Wieder erinnert er sich an eine Wir-Situation. Dieselbe Einstellung, die *Adlers* erste Erinnerungen enthüllen, wird auch in seinem Lebensstil sichtbar, wie im Kapitel über seine Persönlichkeit noch besonders gezeigt werden wird.

Wie eng die Kindheitserinnerung mit dem Lebensstil verknüpft ist, geht daraus hervor, daß erfahrene Individualpsychologen nicht nur den Lebensstil aus den Kindheitserinnerungen, sondern auch umgekehrt die ersten Erinnerungen aus dem Lebensstil erraten können. So verblüffte *Adler* manchmal seine Patienten, indem er schon, ehe sie die Erinnerung berichteten, das Wort „Mutter“ schrieb, weil er wußte, daß dieser Mensch seine Mutter sicher erwähnen würde. Ich selber hatte in dieser Beziehung ein eindrucksvolles Erlebnis. Bekannte erzählten mir, daß sie in einem deutschen Magazin die älteste Kindheitserinnerung von *Galsworthy* gelesen hätten. Er berichtete, er hätte ungeduldig auf die Rückkehr seiner Eltern gewartet, und als sie endlich ankamen, sagte der Vater: „Bist du aber braun.“ — Ich sagte, die Erinnerung kann nicht richtig wiedergegeben sein. Bei *Galsworthy,* der die Frauen so wundervoll schilderte, muß in der Kindheit die Mutter eine große Rolle gespielt haben. Sie muß eine ausgezeichnete Frau gewesen sein, die sicher in seiner Erinnerung erwähnt wird. Meine Bekannten, die sich für Psychologie nicht interessierten, lachten über meine Behauptung und bestanden darauf, daß die Erinnerung genau sei. Ich bat sie, mir das Magazin zu bringen. Ihr Bericht war korrekt; der Vater war erwähnt. Aber die Erinnerung ging weiter: „Meine Sehnsucht war noch nicht gestillt. Mein Blick suchte meine Mutter, die in einem blauen Kleid lächelnd dasaß. Ich sprang hoch, umklammerte sie und drückte sie fest an mich. Ich hörte sie nach Luft schnappen, atmete ihren Duft“ usw. Ich hatte also *Galsworthys* Lebensstil aus seinen Büchern so erkannt, daß ich die Lücke in seiner Erinnerung erriet.

Er erwähnt ihr b l a u e s Kleid, h ö r t sie nach Luft schnappen, d r ü c k t sie an sich, atmet ihren D u f t — Gesicht, Gehör, Geruch und Gefühl treten deutlich hervor. Man sieht die feinentwickelten Sinne, die ja für einen Schriftsteller so wichtig sind. Auch zeigt sich die Leidenschaftlichkeit seiner Gefühle unverkennbar, die uns ebenfalls aus seinen Büchern entgegentritt. Aus der Tatsache, daß sein Vater zuerst auftaucht, könnte man schließen, daß er seinem Vater mehr zugetan war als seiner Mutter. —

Adler pflegte zu sagen: „Wir erleiden nicht Reminiszenzen, wir machen sie.“ Immer hob er hervor, daß der Lebensstil die Erinnerung formt. Nach seiner Meinung müßten Menschen, die in ihrer frühesten Kindheit dieselben Begebenheiten erlebt haben, sie je nach ihrem Lebensstil verschieden erinnern. Um die Richtigkeit seiner Auffassung zu beweisen, müßten wir experimentell Kinder derselben Situation aussetzen und nach zehn bis zwanzig Jahren prüfen, in welcher Form sie sich ihrer erinnern. Leider ist dies nicht durchführbar, denn wir wissen aus zahlreichen Beobachtungen, daß Menschen wohl dieselbe Situation erlebt haben, sie aber nicht als Kindheitserinnerung erzählen, da sie sich ja nur an das erinnern, was i h n e n wichtig erscheint. Wir sind deshalb auf zufällige Beobachtungen angewiesen, in denen sehr ähnliche Begebenheiten in früher Kindheit erlebt, aber in ganz verschiedener Weise als Kindheitserinnerungen berichtet werden. Zwei derartige Beobachtungen will ich in folgendem besprechen:

1. Erinnerung von B. T.

„Ich war mit meiner Schwester bei Bekannten. Plötzlich sprang mich dort ein großer Hund an. Ich weinte, war nicht zu beruhigen. Meine Schwester brachte mich zu meiner Mutter nach Hause. Man holte den Arzt. Ich war danach lange krank, und der Hund spielte eine große Rolle in meinem Leben. Ich war damals drei Jahre alt.“

2. Erinnerung von J. R.

„Als ich ungefähr fünf Jahre alt war, hatte ich ein Weilchen auf freundschaftlichem Fuß mit einem schwarzen Neufundländer gestanden, der damals zur Probe als Wachthund auf *Herne Hill* war; von einer unserer langen Sommerreisen zurückgekommen, war mein erster Gedanke, Lion zu sehen. Meine Mutter erlaubte mir, mit unserem einzigen männlichen Bediensteten Thomas in den Stall zu gehen, gab ihm aber den strikten Befehl, mich nicht zu nahe an den Hund heranzulassen. Thomas trug mich zur größeren Sicherheit auf dem Arm. Lion war bei seinem Mittagessen und kümmerte sich um uns beide nicht, worauf ich um Erlaubnis bat, ihn streicheln zu dürfen. Der törichte Thomas bückte sich über ihn, um mir diesen Gefallen zu tun, und der Hund fuhr augenblicklich auf mich los und biß mir auf der linken Seite ein Stück von der Lippe heraus. Man brachte mich stark blutend die Hintertreppe hinauf, aber ich war nicht ein bißchen erschreckt, außer durch den Gedanken, daß Lion weggeschickt werden könnte. Lion mußte wirklich fort, aber nicht Thomas. Meine Mutter war davon überzeugt, daß es ihm leid tat, und tadelte sich wohl selber am meisten. Die gebissene Seite meines (damals wirklich hübschen) Mundes war für immer verdorben, aber die vernähte Wunde heilte schnell; der letzte Gebrauch, den ich von meinen beweglichen Lippen machte, ehe Doktor *Aveline* sie für eine Weile zum Schweigen brachte, war: ‚Mama, obwohl ich nicht sprechen kann, kann ich Fiedel spielen.' Aber das Haus war anderer Meinung, und ich erreichte keine meines Genies würdige Meisterschaft auf diesem Instrument. Nicht die mindeste Abnahme meiner Liebe zu Hunden, noch die leiseste Nervosität im Verkehr mit ihnen wurde durch diesen Vorfall herbeigeführt." („Praeterita.")

Gehen wir nun daran, diese beiden Erinnerungen zu deuten, wobei ich nur auf das für meine Fragestellung Wichtige eingehen will, so ergibt sich bei B. T. folgendes Bild:

Hier ist ein Jüngling, der sich erinnert, welch traurige Folgen das Anspringen eines Hundes für ihn gehabt hat — er war lange danach krank. Sein Blick ist auf das Feindliche im Leben gerichtet. Für ihn bedeutet das Anspringen des Hundes eine Warnung: „Geh nicht weg von zu Hause, draußen lauern Gefahren. Sicherheit ist nur bei meiner Mutter." Dieselbe Warnung geht auch aus einer zweiten Erinnerung hervor, die kurz zusammengefaßt lautet: Er war mit anderen fortgegangen, wollte alleine nach Hause gehen, konnte den Weg nicht finden und weinte. Da kam eine Frau und zeigte ihm den Weg nach Hause. — Auch hier sehen wir dieselbe Bewegung: zurück zur Mutter! Sein Weinen zeigt: ein verzärteltes Kind, das trainierte, sein Ziel durch Schwäche zu erreichen. — Seine beiden Erinnerungen zeigen eine ängstliche, passive und negative Einstellung. —

Stimmt diese Deutung mit seinem Lebensstil überein?

Der siebzehnjährige B. T. war der jüngste Sohn einer armen Familie. Er hatte eine zwei Jahre ältere Schwester und einen sechs Jahre älteren Bruder, der ein bekannter Schriftsteller war. Er wurde mir von seinem Arzt überwiesen, weil die Schule ihn für „schwachsinnig" hielt. Mehrmals war er sitzengeblieben und sollte nun von der Schule entlassen werden, weil er geistig minderwertig erschien. Bei seinen Lehrern und Mitschülern war er äußerst unbeliebt. Sie nannten ihn „Mephisto", denn er war „der Geist, der stets verneint". Er stand auf schlechtem Fuß mit seinem Vater und seinem Bruder, war aber der Liebling seiner Mutter, die ihn verzärtelte. Am liebsten saß er zu Haus am Feuer und tat gar nichts und führte ein isoliertes Leben ohne Freunde und Freundinnen. Da er sich nicht zutraute, dasselbe zu leisten wie andere, entwertete er die anderen, um sie so auf sein Niveau herabzuziehen. So sagte er mir zu Beginn der Behandlung: „Was ist schon *Shakespeare?*" Er hatte alle Hoffnung verloren und wollte sich das Leben nehmen, falls er von der Schule fortgeschickt würde. Seine Mutter berichtete, er sei als Kind schwächlich und häufig krank gewesen, daher hätte sie stets alles für ihn getan. Schon vor dem Hundeerlebnis sei er ein scheues Kind gewesen, das stets bei der Mutter Schutz suchte. —

Es gelang, ihn durch individualpsychologische Behandlung zu heilen. Er sah ein, daß seine anscheinend angeborene Dummheit seine eigene Schöpfung war, und konnte sie nun beseitigen. Er bestand sein Abiturium mit Gut, gewann ein Stipendium für ein Lehrerseminar und ist jetzt ein ausgezeichneter Lehrer, dessen Intelligenz sehr gerühmt wird. —

So finden wir in B. T.s Lebensstil vor der Behandlung dieselbe Einstellung zum Leben wie in seinen ersten Kindheitserinnerungen.

Ein ganz anderes Bild erhalten wir bei der Deutung der Kindheitserinnerung von J. R. Auch er erinnert sich an ein Hundeerlebnis. Er sieht aber in dem unerwarteten Hundebiß keine feindliche Handlung, sondern tritt sogar noch für das Tier ein, obwohl er für immer eine Narbe an seinem „damals hübschen Mund" behielt. Kein Schmerz, kein Weinen wird erinnert, die rasche Heilung wird betont. Sein Blick ist auf das Positive gerichtet. Das zeigt auch die Bemerkung, mit der er seine Mutter tröstet: „Mama, obwohl ich nicht sprechen kann, kann ich Fiedel spielen." Die Schuld an dem Vorfall schiebt er dem „törichten" Thomas zu, der gegen den strikten Befehl der Mutter gehandelt hat. Hieraus kann man schließen, daß er großen Wert auf Vernunft legt. Der ganze Gefühlston der Erinnerung läßt auf einen Lebensstil voll Mut und Positivität schließen. Diese Deutung wird durch eine zweite Erinnerung erhärtet. Er erinnert sich, wie er als Kind, in demselben Stall allein gelassen, in ein Gefäß mit Wasser fiel, sich mit seiner Gießkanne gegen den Boden stemmte, so daß er mit der linken Hand den Rand erreichte und sich alleine herausarbeiten konnte. Hier tritt uns noch deutlicher Mut und Selbständigkeit entgegen, und wir können aus beiden Erinnerungen auf einen aktiven und positiven Lebensstil schließen. Tatsächlich handelt es sich um den berühmten Engländer *John Ruskin,* Professor der Schönen Künste in Oxford, der Bücher über Malerei, Architektur, Soziale Reform, Ethik, Erziehung, Nationalökonomie und anderes veröffentlichte. Da *John Ruskin*s Leistungen uns schon viel über seinen Lebensstil sagen, will ich nur wenig Einzelheiten aus seinem Leben geben. Aus seiner Autobiographie „Praeterita" ersehen wir, daß seine Eltern ihn zur Selbständigkeit erzogen und ihm einprägten, sich und seinen Schmerz nicht wichtig zu nehmen, sondern Interesse für andere zu haben und etwas Nützliches zu leisten. *John Ruskin* selber ist stets für Erziehung zu Mut eingetreten. So sagt er in einem seiner bekanntesten Werke „Sesam and Lilien" über die Erziehung der Mädchen, für deren Gleichwertigkeit er damals (1865) schon eintrat: „Lehrt sie auch, daß Mut und Wahrheit die Grundpfeiler ihres Wesens sind." Seine Biographien zeigen in Übereinstimmung mit seinen ersten Erinnerungen den Lebensstil eines aktiven, mutigen Mannes. Stellen wir nun die beiden ganz verschiedenen Persönlichkeiten gegenüber, die sich tatsächlich an ein ganz ähnliches Hundeerlebnis erinnern, so ergibt sich folgendes: In der Erinnerung des neurotischen B. T. finden wir Mangel an Mut und an Gemeinschaftsgefühl, Ausschaltung aller Lebewesen außer der Mutter, Tendenz, das Feindliche im Leben zu sehen, Passivität und Negativität entsprechend seinem Lebensstil. In *John Ruskin*s Erinnerung andererseits finden wir Mut, Selbständigkeit, eine aktive und positive Einstellung entsprechend seinem Lebensstil. So ergibt sich, daß eine sehr ähnliche Begebenheit von zwei Menschen ihrem Lebensstil entsprechend ganz verschieden erinnert wird. Aber noch eine andere Schlußfolgerung möchte ich aus diesen Erinnerungen ziehen. Auf das ängstliche verzärtelte Kind wirkt das Hundeerlebnis als ein Trauma, das eine Neurose auslöst. Bei *John Ruskin* liegt objektiv gesehen ein viel stärkerer Schock, ein unvorhergesehener Hundebiß, vor, und trotzdem hat der Schock für dieses Kind keine schädlichen Folgen für seine seelische Entwicklung, wirkt nicht als Trauma. Entscheidend ist also nicht die äußere Begebenheit, sondern der Lebensstil, der das Erlebnis verarbeitet. Diese Erkenntnis ist von großer Bedeutung für die Verhütung von Neurosen, wie später noch gezeigt werden wird.

Die beiden Erinnerungen an Hundeerlebnisse zeigen deutlich die überragende Bedeutung des Lebensstils und sind ein weiterer Beweis für die Richtigkeit von *Adlers* Anschauung, daß

1. der Lebensstil entscheidet, ob ein Erlebnis als psychisches Trauma empfunden wird,
2. der Lebensstil die Kindheitserinnerung formt.

All das, was bisher über erste Erinnerungen gesagt wurde, ist nicht reine Theorie, sondern ist in der Praxis von größtem Werte, da die richtige Deutung dieser Erinnerung wichtige Aufschlüsse über den Lebensstil gibt. Besonders wertvoll sind diese Erinnerungen für den Psychotherapeuten, der durch ihre Deutung den Patienten zur Selbsterkenntnis hilft. Aber man kann sie noch in viel weiterem Umfange benützen. Für alle, die den Menschen verstehen wollen, ist die Auslegung der ersten Erinnerung von größter Hilfe. Nicht nur für Einzelpersonen, sondern für ganze Gruppen kann man sie auswerten. Ein Kriminologe zum Beispiel könnte eine Gruppe von Sträflingen auffordern, ihre ersten Erinnerungen niederzuschreiben, an Hand deren er einen Schlüssel zum Verständnis eines jeden Sträflings erhalten würde. Ein Lehrer könnte diese Erinnerungen in Form eines Schulaufsatzes: „Meine erste Erinnerung“ erhalten und dadurch auch in einer großen Klasse einige Kenntnisse über den Lebensstil jedes einzelnen Kindes erwerben. Dieses Wissen würde ihm bei der Behandlung der Schüler von größtem Nutzen sein. Wir können die Deutung der ersten Erinnerungen auch für Berufsberatung benutzen. Wenn ein Jüngling sich erinnert, daß er bei dem Pfiff einer Lokomotive ohnmächtig umfiel, sind wir davon überzeugt, daß er ein akustischer Typ ist und können erraten, daß er am besten für einen Beruf geeignet wäre, in dem er seine Ohren benutzen kann, vielleicht einen musikalischen Beruf. In keinem Fall dürfte er einen Beruf als Schmied ergreifen oder einen anderen, der ihn lauten Geräuschen aussetzt. Wenn jemand sich erinnert, daß er als Kind umherlief, schließen wir daraus auf Interesse an Bewegung. Finden wir einen solchen Menschen als Büroangestellten, wo er den ganzen Tag auf einem Stuhl still sitzen muß, so können wir begreifen, warum er unzufrieden ist, und wir fürchten, daß er seine Karriere durch schlechte Leistung zerstören könnte. Wir würden ihm raten, einen Beruf zu wählen, bei dem er sich fortbewegen kann, eventuell als Geschäftsreisender. Hier fanden wir eine ungeeignete Berufswahl. Andererseits enthüllen die ersten Kindheitserinnerungen von erfolgreichen Menschen ein Interesse, das in Harmonie mit ihrem Berufe ist. Jeder kann den Beruf der Person erraten, die sich an folgendes erinnert:

1. „Ich erinnere mich, wie ich mich mit meinem Onkel als kleines Kind viel über Mathematik unterhalten habe.

2. Mein Kinderzimmer wurde neu tapeziert. Die Tapete reichte nicht, und ein Teil der Wand wurde mit Makulatur beklebt. Auf diesem Papier standen mathematische Aufgaben, die ich mir einprägte. Später in den Mathematikstunden kam mir nun schon alles bekannt vor."

Diese Erinnerungen stammen von einer berühmten Mathematikerin, der Russin *Sonja Kovalewsky,* die als erste weiblicher Professor für Mathematik war. Ganz deutlich tritt jedem ihr Interesse für Mathematik aus den beiden ersten Erinnerungen entgegen. Aber wir Individualpsychologen lesen aus der Erinnerung auch heraus, daß sie ein äußerst fleißiger Mensch gewesen sein muß. Sie erinnert sich nicht nur an Mathematik, sondern auch daran, wie sie sich die Formeln eingeprägt hat.

The Hon. *Anthony Asquith,* Sohn des verstorbenen Prime Minister von England, erzählte mir folgende erste Erinnerung:

„Meine Mutter hielt mich auf dem Arm und ich sah, wie das Mondlicht sich durch ein geripptes Glasfenster bewegte."

Bewegtes Licht — die Erinnerung eines erfolgreichen Filmdirektors. Auch finden wir visuelles Interesse und Liebe zu seiner Mutter in der Erinnerung.

Absichtlich habe ich so viele Beispiele angeführt, um zu zeigen, daß tatsächlich die erste Erinnerung eine der wichtigsten Eintrittspforten zum Seelenleben ist.

Träume

Schon seit Jahrtausenden hat die Menschheit sich bemüht, den Traum zu erklären. Welch große Bedeutung maßen alte Kulturvölker wie die der Ägypter, Griechen und Römer den Träumen zu! Im Alten Testament lassen sie sich überall mit hervorragenden Deutungen finden. Zu allen Zeiten waren die Menschen davon überzeugt, daß der Traum mit dem Leben eng verknüpft sei; doch auf welche Weise, darüber hatte jeder eine andere Meinung. Selbst die großen Dichter bemühten sich um die Deutung der Träume. Die Wissenschaft nahm aber der Traumdeutung gegenüber einen feindlichen Standpunkt ein, da die Träume sich nicht mit dem Verstand erklären ließen.

Es ist — wie *Adler* immer wieder betont hat — ein großes bleibendes Verdienst *Freuds*, erkannt zu haben, wie innig der Traum mit dem Seelenleben verknüpft ist. *Adler* wie *Freud* vertreten die Ansicht, daß jede Psychologie, die sich nicht der Traumdeutung bediene, unvollständig sei. Doch in der Traumdeutung beschreitet die Individualpsychologie andere Wege als die Psychoanalyse. Von der Einheit der Persönlichkeit ausgehend, betrachtete *Adler* den Traum nur in Zusammenhang mit der Einheit des Träumers. Auch im Traum offenbart sich der Lebensstil. Der Traum deckt also keine neuen Seiten des Seelenlebens auf, wie andere Richtungen annehmen, sondern bringt nur eine weitere Bestätigung für das, was man aus anderen Lebensäußerungen erschließen kann.

Früher konnte man sich den Sinn des Traumes nicht erklären. Man träumte die furchtbarsten und herrlichsten Dinge, doch beim Erwachen hatte man alles vergessen. Es schien, als ob nichts vom Traum zurückgeblieben wäre. — Sollte die Natur hier zwecklos walten? *Adler* fand auf diese Frage, die er sich stellte, eine Antwort: „Das Ziel des Traums ist, nicht verstanden zu werden.“ Wenn nun der Traum nicht verstanden werden soll, folgerte *Adler*, soll er vielleicht Gefühle hinterlassen? Hierfür finden sich viele Beweise. Man beobachte sich selbst beim Erwachen. Was man geträumt hat, ist meistens vergessen, aber etwas bleibt doch zurück: Gefühle, Stimmungen und eine Stellungnahme. — „Heute nacht habe ich etwas entsetzlich Grauenerregendes geträumt“, hören wir häufig Menschen sagen. Bitten wir sie aber, ihren Traum zu erzählen, so können sie sich dessen Inhalt nicht zurückrufen, doch sehen wir, wie sie bei der Erinnerung schaudern. Der Traum zerrinnt, aber die Gefühle bleiben. Es ist nach *Adlers* Erkenntnis das Ziel des Traumes, Gefühle und Emotionen zu erwecken, die den Träumer auf einen Abweg vom common sense führen sollen. Der Traum führt somit zu einem Selbstbetrug. Auch im Wachen schwächt der Mensch durch Bilder, die ihm seine Phantasie vorgaukelt, seine Vernunft ab, um sich einen größeren Antrieb zu geben. So schilderte *Adler* einen Mann, der in seinem Büro an einem heißen Sommertage sitzt. Die Luft ist schwül und drückend. Er muß einen ihm sehr widerwärtigen Brief schreiben. Doch während seines Nachdenkens geraten seine Gedanken auf eine andere Bahn. Seine Phantasie versetzt ihn plötzlich in eine wunderschöne Landschaft. Er geht durch schattige Wälder und atmet den herben Tannenduft. Nach längerem Verweilen bei diesem schönen Bilde entschließt er sich, einem ihn schon lange bedrängenden geheimen Wunsche nachzugeben und zu verreisen. — Ähnliches ereignet sich täglich. Der Mensch benutzt im Wachzustand seine Phantasie, um sich entscheidend anzutreiben. So ist es auch die Aufgabe des Traumes, dem Träumer einen Schwung zu geben, der ihn über die Grenzen der Vernunft weit hinaushebt. Dazu sind Vergleiche und Bilder am besten geeignet. Schon seit langen Zeiten hatte man beobachtet, daß in Träumen Metaphern und Symbole eine große Rolle spielen. *Adler* sah in diesen Traumbildern ein Mittel zum Selbstbetrug. Auch die Dichtung betört den Menschen mit Bildern. Als Beispiel pflegte *Adler* folgendes Bild Homers zu zitieren: „Wie ein Rudel Löwen liefen die Griechen über das Feld!“ Wohl wissend, daß solch ein Trupp Krieger in Wirklichkeit schwitzend und staubbedeckt mühselig vorwärtsgeht, wählte Homer willkürlich dieses Bild, um den Leser zu täuschen; er wandte sich mehr an sein Gefühl als an seinen Verstand, um ihn besser fortzureißen. Wie jeder Mensch es liebt, sich durch Bilder in der Dichtung „süß betören“ zu lassen, so beschwört er sie auch im Traume herauf. Es eröffnet sich dem Träumer ein herrliches Land. Den Fesseln der Logik entbunden, entfaltet sich seine Phantasie, die ihn über die größten Schwierigkeiten hinweghebt, seine Probleme vereinfacht, ihre Lösung erleichtert. Selbst im Schlafe beschäftigt sich der Mensch mit seinen Problemen. Der Schwung, den ihm der Traum gibt, soll ihm dazu verhelfen, die gerade vor ihm stehenden Probleme leichter zu lösen. Auch der Traum ist also in die Zukunft gerichtet, auch hier kann man die Richtung nach vorwärts, auf ein Ziel zu, erkennen. Die Auswahl der Traumbilder gibt uns einen Schlüssel zum Lebensstil des Träumers. Er hat die Wahl unter Tausenden von Bildern. Wählt er nun gerade dieses eine Bild, so muß dies besonders geeignet sein, ihn gemäß seinem Lebensstil zur Lösung seiner Probleme zu bringen auf eine Weise, die ihm seine Vernunft im Wachzustand verbieten würde. Wie stets benutzt die Phantasie auch im Traum Erinnerungsbilder.

Die typischsten Träume sind Fall- oder Flugträume. Da die Träume ja nur Symbole darstellen, kann man in Fallträumen die Furcht des Träumers erkennen, von seinem Wertgefühl zu verlieren. Auch im Traum findet sich das Aufwärtsstreben des Menschen: Im Falltraum fühlt sich der Träumer oben, warnt sich jedoch: „Paß auf, du könntest eine Niederlage erleiden!“ — Der Flugtraum, der von unten nach oben weist, läßt auf ehrgeizige Menschen schließen, die sich als Ziel setzen, etwas zu leisten, das sie über die andern hinaushebt.

Der Inhalt solcher Flugträume zeigt oft Leistungen, die weit über den Möglichkeiten des Träumers liegen. Häufig sind Flugträume mit Fallträumen vereint, als ob der Träumer sich warnen wollte: Sei nicht zu ehrgeizig, wer hoch steigt, fällt tief. Ein gutes Beispiel für einen Falltraum ist der Traum eines Studenten, der sehr wenig Selbstvertrauen besaß. Er träumte, er stand auf dem Gipfel eines Berges, als er plötzlich den Halt verlor und in den Abgrund stürzte. Das Ziel dieses Traumes war, seine Ängstlichkeit zu vergrößern — mit dem Erfolg, daß er am nächsten Tag der Prüfung fernblieb.

Häufig findet man Prüfungsträume bei Menschen, die ihr Examen vor langer Zeit überstanden haben. Sie sind meist mit Gefühlen des Schreckens verbunden und dienen dazu, eine Stimmung der Angst zu erzeugen. Sie können aber auch den Träumer ermutigen, seine Probleme zu lösen, unter Hinweis, daß er früher die Prüfung bestanden hätte.

Ein etwa 50jähriger Mann erzählte mir, daß er sich durch einen Traum von seinen quälenden Prüfungsträumen befreit hätte. Seit Jahren träumte er, der viele Examen bestanden hatte, immer wieder von seinem Abiturium. Wieder einmal träumte er von dieser Prüfung. Er sah sich vor den Examinatoren stehen, blaß vor Aufregung und Angst. Keine ihrer Fragen konnte er beantworten. Er war sicher, daß er durchfallen würde. Plötzlich fragte er den Prüfungsleiter: „Was geschieht, wenn ich die Fragen nicht beantworte?“ — „Sie werden dann nicht studieren können!“ — „Gut, dann verzichte ich!“ Damit wachte er auf, völlig ruhig und befreit und hatte seitdem keinen Prüfungstraum mehr.

Diesen Traum bat ich *Adler* zu deuten. Er lehnte es ab, da er den

Standpunkt vertrat, daß man nie Träume isoliert deuten könnte, sondern nur mit Kenntnis des Träumers und auch des exogenen Faktors, also der Situation, in der sich der Träumer zur Zeit des Traumes befindet. Vermutungsweise meinte *Adler*: „Der Träumer scheint sich seit langer Zeit mit einem Problem beschäftigt zu haben, über dessen Lösung er im Zweifel war. In diesem Traum nun gab er sich den Impuls, das Problem endgültig ungelöst fallen zu lassen.“ — Der Träumer bestätigte mir, daß *Adler*s Vermutung zutraf.

Sehr häufig finden wir Träume, in denen jemand von Menschen, Tieren oder Ungeheuern verfolgt wird. Diese Träumer sehen sich als schwach und die andern als stark und überlegen an. Auch folgende Träume lassen auf ein tiefes Minderwertigkeitsgefühl schließen. Die Träumer fühlen, wie ein Mörder seine Hände langsam um ihren Hals legt, um sie zu erwürgen. Sie möchten schreien und können es nicht; oder sie sehen sich plötzlich von einem Einbrecher verfolgt, wollen die Türen schließen, aber die Türen schließen nicht. — Erschrecken über mangelhafte Bekleidung läßt auf die Furcht des Träumers schließen, sich Blößen zu geben. — Die sogenannten „prophetischen“ Träume haben zu allen Zeiten großes Aufsehen erregt. Einen der berühmtesten prophetischen Träume hat *Cicero* niedergeschrieben.

Eines Tages fand der Dichter *Simonides* ganz unerwartet den Leichnam eines ihm unbekannten Mannes auf dem Wegrand liegen und sorgte dafür, daß der Mann ein anständiges Begräbnis erhielt. Lange danach erschien ihm dieser Mann in einem Traum, gerade als er vor einer Reise stand. Der dankbare Tote warnte ihn vor der Reise, da er Schiffbruch erleiden und ertrinken würde. Er folgte dieser Warnung und nahm von seiner Reise Abstand. Das Schiff aber, mit dem er fahren sollte, erlitt Schiffbruch und alle, die an Bord waren, kamen um. — Dieses Ereignis im Zusammenhang mit dem Traum hat für Jahrhunderte ungeheures Aufsehen erregt und einen tiefen Eindruck auf die Menschen hinterlassen. *Adler* erklärte das Eintreffen des Traums folgendermaßen: Zur damaligen Zeit war eine Schiffsreise immer etwas sehr Riskantes, da sehr viel Schiffe Schiffbruch erlitten. Der Reisende wußte daher nie, ob er jemals seinen Bestimmungsort erreichen würde. Auf Grund dieser beängstigenden Tatsache haben wohl damals viele Menschen geträumt, ihre Reise nicht zu unternehmen. Unter diesen vielen Träumen stellt der eine einen solchen Zusammenhang zwischen Traum und Wirklichkeit dar, daß er allein auf Grund dieser Merkwürdigkeit der Nachwelt erhalten ist. Es ist nur zu verständlich, daß Menschen, die nach geheimen Zusammenhängen suchen, diesen Erzählungen mit Freuden lauschen und sie als Beweis für ihre Ansicht weiter berichten. *Adler* sah den Traum in einem andern Lichte. *Simonides,* der um sein leibliches Wohl besorgt war, hatte keine Lust zu reisen. Als die entscheidende Stunde näherrückte, suchte er seinen Entschluß, nicht zu reisen, zu verstärken. Er ließ sich gewissermaßen im Traum den Leichnam kommen, damit dieser ihm seine Dankbarkeit beweisen könnte. Es ist nur zu verständlich, daß der Traum ihn in die Stimmung versetzte, nicht abzureisen. Wäre dies Schiff nun nicht zufällig untergegangen, so hätte die Welt nichts von diesem Traum vernommen. —

Selbstverständlich leugnet *Adler* nicht, daß Traum und zukünftiges Geschehen manchmal übereinstimmen, doch sah er darin nichts Prophetisches. Da der Traum in die Zukunft zielt, da die Menschen träumen, um Gefühle zu erwecken, die ihre zukünftigen Handlungen beeinflussen, so ist es nicht verwunderlich, wenn Träume manchmal Wirklichkeit werden.

Als Beispiel, wie *Adler* Träume deutete, führe ich folgende an:

Ein junger Mann von 32 Jahren, ohne Beruf, hat sein Leben lang abgelehnt zu arbeiten. Ein Traum zieht sich durch sein ganzes Leben:

„Die Sonne fällt herunter, oder sie schält sich wie eine Zwiebel, und die ganze Welt geht unter."

Adler: „Wir können aus dem gedanklichen Inhalt die Gefühle und Emotionen ableiten, die daraus erzeugt werden, und es ist etwa so, als ob er sagen würde: Denkt nur, die Welt geht unter! — Was erzeugt das für eine Stellungnahme? Die Stellungnahme, die daraus erfolgen muß, ist die Stellung, die er einnimmt. Es lohnt sich nicht, zu arbeiten! — Sie sehen, wie er sich im Traum die Rechtfertigung verschafft für sein Leben."

Traum eines Mädchens der 4. Klasse (Ip. in der Schule): „Mir träumte einmal ein schöner Traum von einem Engel. Ich war im Garten, da wollte ein Mann mich in ein Wasser hineinwerfen, auf einmal stand ein Engel vor mir und hielt mich in seinen Armen fest, er sagte: ‚Wenn du dieses Kind in das Wasser hineinwirfst, so mußt du sterben.' Dann fuhr der Engel mit mir in den Himmel hinauf. Auch nahm er meine Eltern mit, dort war es sehr schön. Dann wurde ich munter."

Adler: „Das ist natürlich ein Kind, das nach einer Stütze sucht. Es scheint, daß diesem Mädchen die Beziehung zum Mann als eine gefährliche Situation vorschwebt. Er will sie ins Wasser werfen. Das heißt soviel, so ein Mann führt Böses im Schilde, und man muß einen Engel zur Seite haben, der einen beschützt. Ein weiterer Beweis, daß es sich hier um ein verzärteltes Kind handelt, ist, daß sie die Eltern auch mit sich nimmt, wenn sie mit dem Engel in den Himmel fährt."

Eine junge Frau erzählt folgenden Traum:

Es schien ihr, daß ihr Ehemann den Hochzeitstag vergessen hatte und sie klagte ihn deswegen an.

Adler: Dieser Traum spricht für sich selbst und bedarf kaum der Erklärung. Wenn solche Probleme entstehen können, dann müssen gewisse Schwierigkeiten in der Ehe vorhanden sein. Sie hatte auch den Hochzeitstag vergessen, doch erinnerte sie sich schließlich daran, während sie erst ihren Mann an dieses Ereignis erinnern muß. So stellt sie sich also als bessere Hälfte hin. Auf weiteres Befragen erklärt sie, daß niemals in Wirklichkeit ein solches Geschehnis stattgefunden hätte. Ihr Gatte habe sich stets an den Hochzeitstag erinnert. Die Frau ist also besorgt, daß dieser Fall in der Zukunft eintreten könnte. Darin zeigt sich, daß sie geneigt ist, Fehler zu finden, ihren Mann deshalb anzuklagen und ihm vollkommen unbegründete Vorwürfe zu machen. Sie hat die Neigung, ihren Mann für etwas anzuklagen, was in der Zukunft geschehen könnte. Auf diese Weise nährt sie einen künstlichen Zorn gegen ihn. — Doch ist diese Auslegung noch unsicher, falls nicht noch andere Beweise erbracht werden können.

Ihre erste Kindheitserinnerung ist folgende:

Als sie drei Jahre alt war, gab ihr eine Tante als Geschenk einen geschnitzten hölzernen Löffel, mit dem sie sich sehr freute. Als sie damit spielte, fiel er in einen Fluß und schwamm davon. Ihre Trauer über diesen Verlust war so groß, daß sie ihre Familie in Staunen versetzte. —

Adler: Aus dem Traum im Zusammenhang mit dieser Erinnerung können wir schließen, daß sie auch jetzt mit der Möglichkeit rechnet, etwas könne ihr davonschwimmen — ihre Ehe. Sie hat folgenden Gedankengang: Mein Mann wird wahrscheinlich unsern Hochzeitstag vergessen.

Ein anderes Mal träumt sie:

Ihr Mann führt sie ein hohes Gebäude hinauf. Die Stufen werden immer mehr, und bei dem Gedanken, sie könnte zu hoch gestiegen sein, wird sie von einem ungeheuren Schwindel erfaßt, bekommt einen Angstanfall und stürzt zusammen.

Adler: Solch einen Zusammenbruch können Menschen auch in Wirklichkeit erleiden, wenn sie nicht schwindelfrei bei großer Höhe sind. Es ist nicht die Furcht vor der Höhe, die sie schwindlig werden läßt, sondern vor der Tiefe. Betrachtet man nun beide Träume im Zusammenhang, so bekommt man den Eindruck, es hier mit einer Frau zu tun zu haben, die sich fürchtet, von großer Höhe zu fallen, die also Unglück fürchtet. Ihr Gatte könne ihr gegenüber gleichgültig werden oder ähnliches. Was würde geschehen, wenn ihr Mann nicht richtig für die Ehe vorbereitet ist und Aufregungen verursachte? Ohne Zweifel könnten dadurch Verzweiflungsakte auf seiten der Frau hervorgerufen werden in der Form, daß sie vielleicht leblos zusammenstürzt. Tatsächlich erfolgte dies während einer häuslichen Szene. (Menschenkenntnis.)

Ein eigener Traum während des ersten Weltkrieges brachte *Adler* zur Erkenntnis, daß er sich durch den Traum selbst betrügen wollte, und veranlaßte ihn, von nun an nie mehr zu träumen. Er berichtet darüber folgendes:

„Ich war der Leiter eines großen Spitals für kriegsbeschädigte, nervenkranke Soldaten. Ich darf ohne Übertreibung sagen, daß dieser Platz sehr beliebt war, da ich nervöse Menschen nicht gern auf den Kriegsschauplatz schicken wollte. Die Patienten fühlten sich recht wohl, fürchteten sich nicht vor Ungerechtigkeit, und ich hatte gute Resultate. Es kam einmal ein junger Mann zu mir, der über schwache Nerven klagte und mich bat, ihn vom Heeresdienst zu befreien. Seine Beschwerden erwiesen sich als durchaus hinfällig, trotzdem er in gebückter Stellung umherging, als ob er verwachsen wäre. Ich mußte immer meinen Bericht über die Patienten dem Leiter des dortigen Garnisonsspitals überreichen, der die letzte Entscheidung zu fällen hatte. Als der Tag kam, an dem der junge Mann mein Spital verlassen sollte, sagte ich ihm, daß sein Zustand nicht ein solcher sei, daß ich ihn vom Heeresdienst befreien könnte. Er richtete sich aus seiner gebückten Haltung plötzlich auf und flehte mich an, ihn zu befreien, da er ein armer Student sei, der außerdem noch seine alten Eltern erhalten müsse, und erklärte, daß es den Tod der ganzen Familie bedeuten würde, wenn er nicht befreit werden konnte. Ich tröstete ihn, daß ich alles tun würde, was in meiner Macht liegt und trachten werde, daß er zum Wachdienst verwendet werde. Dann könnte er noch einer Halbtagsbeschäftigung nachgehen. Er war nicht zufrieden. Er bat mich weinend, für ihn eine weitere Erleichterung zu ermöglichen. Ich mußte aber mit den Kriegszuständen rechnen und damit, daß der Leiter des Garnisonsspitals eine unbegründete Erleichterung zunichte machen und ihn sofort an die Front schicken könnte. Ich ging abends nach Hause und dachte, es geht nicht anders, als ihn zum Wachdienst zu bestimmen.

Ich träumte in dieser Nacht, daß ich ein Mörder war. Ich wußte nicht, wen ich ermordet habe; ich ging in dunklen Gassen umher und hatte die Empfindung, es sei so wie bei *Raskolnikow,* der schuldig-unschuldig ein Mörder war. Ich erwachte zitternd und bebend in der Stimmung, einen Mord verübt zu haben.

Bald bin ich dahintergekommen, daß dieser Traum sich auf diesen jungen Mann bezieht und in übertriebener Weise darstellt, was ich eigentlich anstellen könnte, wenn ich seiner Bitte nicht nachgäbe. Logisch konnte ich nicht anders handeln, ohne ihn in Gefahr zu bringen. Ich hätte ihm dadurch nur schaden können. Ich hatte aber das Gefühl, daß ich weitergehen sollte. Ich wollte im Traum meine Logik morden, ich wollte ihm eine noch leichtere Beschäftigung verschaffen, damit seine Eltern gerettet werden. Ich bin diesem Selbstbetrug auf die Spur gekommen und blieb bei meiner logischerweise begründeten Auffassung." (Individualpsychologie in der Schule.)

Dieselbe Einstellung *Adlers*, auf Gefahren, die andere bedrohen, so überaus heftig zu reagieren, finden wir auch in seinem Bericht über eine Schlafstörung.

Das furchtbare Unglück der „Titanic" hatte ihn sehr betroffen. Immer wieder grübelte er darüber nach, wie man die Passagiere doch hätte retten können. Eines Nachts wachte er um ½3 Uhr auf und war sehr verwundert, daß er, der stets ausgezeichnet schlief, plötzlich erwachte. Im nächsten Augenblick beschäftigten sich seine Gedanken mit der Rettung der Schiffbrüchigen der „Titanic“. Bald darauf, gegen 3 Uhr, schlief er wieder ein. In der Nacht darauf wachte er um ½3 Uhr auf. Er dachte an die verschiedenen Theorien über Schlaflosigkeit. Plötzlich aber kam ihm die Erleuchtung über seine Schlafstörung. Die „Titanic“ war ja um ½3 Uhr untergegangen. Wie im Wachen, so hatte er sich auch im Schlafe mit der „Titanic“ beschäftigt. Er hatte im Schlafe die Überfahrt mitgemacht und war zweimal nachts zur Zeit des Untergangs erwacht, weil er sich in die Lage der Untergehenden so eingefühlt hatte. Der Augenblick der Gefahr, die er durch Einfühlung miterlebte, weckte ihn zum Bewußtsein auf.

Hier zeigt sich deutlich, daß die Einheit des Seelenlebens auch im Schlafe gewahrt ist. *Adler* fand, daß der Schlaf kein Bruder des Todes ist. Der Schläfer bewegt sich, er kann zu einer festgesetzten Zeit erwachen, er kann durch Licht und Lärm aufgeweckt werden. Die Ausdrucksformen im Schlaf, wie Zähneknirschen, Sprechen, sind aufschlußreich für den Individualpsychologen. Auch aus der Haltung im Schlaf können wir Schlüsse auf den Lebensstil ziehen. *Adler* nimmt an, daß ein Individuum, daß sich im Schlafe zusammenrollt wie ein Igel und die Decke ganz über den Kopf zieht, sehr ängstlich ist, Menschen, die lang ausgestreckt auf dem Rükken liegen, immer groß erscheinen möchten. Doch kann man bei der Deutung von Schlafstellungen nur Vermutungen äußern, die erst durch weitere Erforschung des Lebensstils erhärtet werden können. Sehr amüsant berichtet *Adler*, wie man sich bei isolierter Deutung täuschen kann. Er sah in einem Hospital einen Jungen, der im Schlaf die Arme kreuzte. Er versuchte herauszubekommen, ob Napoleon das Ideal dieses Knaben sei. In der Unterhaltung zeigte es sich aber, daß der Junge nichts von *Napoleon* gehört hatte. Sein Dorfschullehrer hatte diese Armhaltung immer. Der Held des Buben war also nicht *Napoleon*, sondern sein Lehrer.

Aus den Traumbeispielen ist ersichtlich, warum die Individualpsychologie kein fertiges Traumbuch herausgeben kann. Da der Traum eine Schöpfung des Lebensstils ist, kann er nie isoliert gedeutet werden, sondern nur im Zusammenhang mit dem Träumer und mit der Situation, in der er sich befindet. Trotz dieser Einschränkung ist die Traumdeutung von großem Wert für die Menschenkenntnis.

Die Deutung der Position in der Geschwisterreihe, der ersten Kindheitserinnerungen und der Träume sind die wichtigsten Wege, die uns den Zugang zum Lebensstil geben. Erst aber, wenn wir von andern Richtungen ausgehend auf dieselbe Einheit stoßen, sind wir sicher, das komplizierte Kunstwerk, den Lebensstil, richtig erkannt zu haben.

Kapitel 3

MINDERWERTIGKEITSKOMPLEX

Definition des Minderwertigkeitskomplexes — Drei Quellen des Minderwertigkeitskomplexes: Organminderwertigkeit, Verzärtelung, Vernachlässigung — Überlegenheitskomplex — Über die sogenannte Minderwertigkeit der Frau — Schlußfolgerungen

Das Wort „Minderwertigkeitskomplex" ist Allgemeingut geworden; man findet es in Zeitungen und Romanen als ganz selbstverständlichen Begriff; sehr viele Menschen gebrauchen es ständig. Aber selbst die Mehrzahl der Menschen, die das Wort immer im Munde führen, weiß gar nicht, daß dieser Begriff von *Adler* geprägt wurde. So geschah es *Adler,* daß ein Patient ihm sagte: „Sie haben sicherlich noch nie von einem Minderwertigkeitskomplex gehört." Meistens wird der Begriff falsch angewandt; man meint das Minderwertigkeits g e f ü h l, wenn man vom Minderwertigkeitskomplex spricht. *Adler* hat diesem Begriff einen viel tieferen Sinn gegeben. Er unterscheidet scharf zwischen dem Minderwertigkeitsgefühl und dem Minderwertigkeitskomplex.

„Mensch sein heißt, sich minderwertig fühlen" — das ist eine von *Adlers* wichtigsten Erkenntnissen. Alle Menschen besitzen ein Minderwertigkeitsgefühl, das ihre Handlungen beeinflußt. Es liegt allem Streben zugrunde. Jeder Fortschritt der Menschheit ist darauf zurückzuführen, daß der Mensch danach strebt, sein Minderwertigkeitsgefühl zu überwinden. Aus dem Gefühl der Unzulänglichkeit, der Unsicherheit erwächst ein Streben nach Vervollkommnung, nach Sicherheit. Den Gewalten der Natur schutzlos ausgesetzt, sah sich der Mensch gezwungen, sich zu sichern. Seit Jahrtausenden arbeitet der Mensch mit seinem erfinderischen Geist daran, seine Sicherung zu vervollkommnen. Immer wieder treibt sein Minderwertigkeitsgefühl ihn an, seine Lage zu verbessern. — „Wer kann ernstlich daran zweifeln, daß dem von der Natur so stiefmütterlich bedachten menschlichen Individuum als Segen ein starkes

Minderwertigkeitsgefühl gegeben ist, das nach einer Plussituation drängt, nach Sicherung, nach Überwindung? Und diese ungeheure, zwangsweise Auflehnung gegen ein haftendes Minderwertigkeitsgefühl als Grundlage der Menschheitsentwicklung wird in jedem Säugling und Kleinkind aufs neue erweckt und wiederholt." (Sinn des Lebens.)

Der Säugling und in geringerem Maße das Kleinkind sind auf die Hilfe der Erwachsenen angewiesen. Ihre oft sehr lebhaft geäußerten Wünsche stoßen häufig auf den Widerstand der Eltern. Nun sind die „Großen" viel mächtiger und kräftiger, und so müssen sich die „Kleinen" fügen. Das Kleinkind, dessen geistige Entwicklung viel weiter ist, als meist angenommen wird, ist sich dieser eigenartigen Situation vollkommen bewußt; es weiß, daß seine körperlichen Kräfte nicht ausreichen, um den Erwachsenen erfolgreich Widerstand zu leisten; es empfindet in dieser Situation, daß es dem Erwachsenen unterlegen ist. So ruft das Erlebnis seiner körperlichen Unzulänglichkeit in ihm ein Minderwertigkeitsgefühl hervor. Dieses Minderwertigkeitsgefühl spornt das Kind an, aufwärts zu streben. Wenn aber durch fehlerhafte Erziehung dieses normale Aufwärtsstreben verhindert wird, kann das Minderwertigkeitsgefühl sich vertiefen und zur Entwicklung eines Minderwertigkeitskomplexes führen. Man muß sich darüber ganz klar sein, daß das Minderwertigkeitsgefühl den Menschen dazu antreibt, seine Probleme erfolgreich zu lösen, im Gegensatz zum Minderwertigkeitskomplex, der ihn daran hindert. Wenn *Adler* den Lebensstil von „Fehlschlägen" aufdeckte, stieß er stets auf den Minderwertigkeitskomplex. *Adler* gab verschiedene Definitionen für den Minderwertigkeitskomplex und entschied sich schließlich für die Definition: „Unfähigkeit, die Lebensprobleme zu lösen."

Die Konzeption des Minderwertigkeitskomplexes und seine Erforschung gehören zu den großen Fortschritten, die die Psychologie *Adler* verdankt.

Adler fand, daß der Minderwertigkeitskomplex aus drei Quellen entspringen kann: Organminderwertigkeit, Verzärtelung und Vernachlässigung.

Organminderwertigkeit

Mit dem Problem der Organminderwertigkeit hat sich *Adler* eingehend in seinem ersten grundlegenden Werke, der „Studie über Minderwertigkeit von Organen", beschäftigt, das in deutsch 1907 erschien. Vorausschauend hat *Adler* in seiner Vorrede dieses Buch als „einen Anfang" bezeichnet. Und dies war es in der Tat; denn auf ihm baut sich ein großer Teil seiner Lehre auf. Seine neuartigen Anschauungen sind von solcher Bedeutung, daß ich näher darauf eingehen möchte.

Schon vor *Adler* waren viele Forscher der Meinung, daß ein Organ, das durch angeborene oder erworbene Veränderung geschädigt ist, eine Disposition für das Auftreten von Krankheiten zeigt. Aber man glaubte, solche Organschädigungen nur annehmen zu dürfen, wenn man morphologische Veränderungen nachweisen konnte. *Adler* aber ging sehr viel weiter, indem er nicht nur morphologische, sondern auch funktionelle Störungen als Ursache für das Auftreten von Krankheiten oder für deren abnormen Verlauf annahm. Für all diese Art von Schädigungen prägte er den Ausdruck „Organminderwertigkeit". Für ihn steht im Vordergrund die funktionelle Minderwertigkeit, deren Eigenart darin besteht, daß das Organ gegenüber äußeren Anforderungen eine nicht genügende Arbeitsleistung zeigt. Selbstverständlich ist sich *Adler* darüber klar, daß oft die Minderwertigkeit eines Organs gar nicht zum Vorschein kommt. Sie braucht sich das ganze Leben über nicht zu äußern, ist so geringfügig, daß man auf sie gar nicht aufmerksam wird. Bahnbrechend für eine neue Betrachtungsweise des Leib-Seele-Problems war *Adlers* Konzeption, daß ein minderwertiges Organ nicht nur den Menschen zu körperlichen Krankheiten disponiert, sondern daß es sich auch auf das psychische Erleben auswirkt. „Sicher ist es aber, daß das Ensemble der Erscheinungen der Organminderwertigkeit auf die Psyche derart abfärbt, daß deren ganze Struktur ein eigenartiges Gepräge erhält. Die so erworbene psychische Struktur wird in der Folge zur Grundlage der Neurosen und Psychosen." — Hier liegt in der Tat eine ganz neue Betrachtungsweise vor. Hatte man bis dahin seine Aufmerksamkeit nur isoliert auf das anfällige Organ gerichtet, so zeigte *Adler*, indem er schon damals den Menschen in seiner Ganzheit und Einheit betrachtete, an einer Reihe von Beispielen den innigen Zusammenhang von Organminderwertigkeit und psychischem Erleben. Es war ihm damals schon klar, daß zum Beispiel Kinderfehler nicht nur Zeichen einer Organgminderwertigkeit sind, sondern Zeichen einer nicht geglückten Kompensation, Zeichen einer falschen psychischen Einstellung. Noch ein weiterer Gedanke, der sich später in seinen sämtlichen Arbeiten immer wieder findet, ist hier schon deutlich ausgesprochen. Nach seiner Auffassung braucht sich eine Organminderwertigkeit nicht schädlich auszuwirken, sondern sie kann kompensiert werden und zu Höchstleistungen führen. Es war bekannt, daß bei Organerkrankungen Kompensationen eintreten können, so daß das Organ seine volle Leistungsfähigkeit behält. So findet man, daß bei Erkrankungen des Herzens, die eine Störung der Herzleistung hervorrufen, die Herzmuskulatur sich vermehrt und das Herz sich vergrößert, so daß es wieder seine Funktionen erfüllen kann. Wenn eine Niere erkrankt ist oder infolge einer Erkrankung operativ entfernt werden muß, tritt eine Vergrößerung der anderen Niere ein, so daß die Funktionsstörung kompensiert wird.

Neu dagegen war *Adler*s Erkenntnis, daß eine solche Kompensation von Organminderwertigkeit in der Psyche stattfinden kann. So weist er auf die Tatsache hin, daß bis zum heutigen Tage bei Rednern und Schauspielern sich oft Sprachfehler und Degenerationszeichen des Mundes finden, daß hervorragende Maler Augenanomalien besitzen und daß nach Untersuchungen in Malschulen bei den Schülern sich bis zu 70 Prozent Augenanomalien ergeben haben.

Sehr interessant ist auch die Stellungnahme *Adler*s zur Frage der Heredität beim Zustandekommen einer Organminderwertigkeit. Immer wieder betont er, daß man in jedem Falle nach der Erblichkeit forschen soll; selbst wenn man bei einem Menschen auch nur eine Andeutung einer Organminderwertigkeit findet, soll man stets danach suchen, ob nicht auch bei seinen Vorfahren eine Minderwertigkeit dieses Organs oder des ganzen Organsystems vorgelegen hat. Selbstverständlich braucht sich auch eine ererbte Organminderwertigkeit nicht schädlich auszuwirken. Im Gegenteil: „Es ist vielleicht ebenso oft der Fall, daß wir an Stelle der erwarteten Minderwertigkeit nichts Abnormales, oder geradezu eine Überwertigkeit, eine hervorragende Eigenschaft vorfinden."

Die wichtigsten Punkte dieses Werkes sind also:

1. Minderwertige Organe sind solche, die gegenüber den äußeren Anforderungen keine genügende Arbeitsleistung zeigen.

2. Eine Organminderwertigkeit kann sich körperlich und psychisch auswirken.

3. Sie kann sich psychisch schädlich auswirken und nervöse Krankheiten hervorrufen. Sie kann aber auch kompensiert werden und zu Höchstleistungen führen.

Es würde zu weit führen, ausführlich auf diese grundlegende Studie einzugehen; ich habe daher hier nur angeführt, was von allgemeinem Interesse ist. Wer sich intensiver mit diesem Problem beschäftigen will, sei auf das Buch selbst oder auf die lesenswerte Abhandlung des Wiener Individualpsychologen Dr. med. *Arthur Holub* *) hingewiesen. Auch der sehr interessante Vortrag des bekannten englischen Pathologen Dr. *Cuthbert Dukes* beschäftigt sich mit dieser Studie. Im folgenden gibt er darin eine Bestätigung für *Adler*s Ansichten: „Kürzliche Krebsforschungen haben gezeigt, daß Tiere durch Organminderwertigkeit zu bösartigen Krankheiten prädisponiert sein können. So ist es zum Beispiel möglich, durch Inzucht bei Mäusen Mäusearten zu züchten mit einer erblichen Prädisposition für Leberkrebs, und andere Arten mit einer erblichen Prädisposition für Krebs an der Brustdrüse. In einem Fall ist eine Organminderwertigkeit der Leber, im andern eine der Brustdrüse vorhanden. Diese Tatsachen hätten *Adler* interessiert, weil er schon vor 30 Jahren sich in bezug auf die Vererbung des Krebses in dem kleinen treffenden Satz ausdrückte: „Nicht der Krebs, die Minderwertigkeit des Organs vererbt sich **)."

Dr. *Dukes*, gegenwärtig der offizielle britische Delegierte bei der Internationalen Union gegen Krebs, bestätigte mir kürzlich, daß auch die neuesten Forschungen die Richtigkeit von *Adler*s Entdekkung zeigen.

Auch in seinen späteren Arbeiten führte *Adler* eine Fülle von Beispielen an, die entweder aus seinem eigenen großen Material stam-

*) Dr. *Arthur Holub:* „Die Lehre von der Organminderwertigkeit." Leipzig 1931. S. Hirzel.

**) *Cuthbert Dukes:* „Adler's Contribution to the Study of Organ Inferiority." „The Contribution of Alfred Adler", London 1938. The C. W. Daniel Com. Ltd.

men oder aus der wissenschaftlichen und schönen Literatur entnommen waren, und zeigte an ihnen, wie sich die Organminderwertigkeit auswirken kann. Immer wieder betont er dabei, daß es sich nicht um einen schicksalsmäßigen Zwang handelt, sondern daß dasselbe Leiden den einen Menschen hemmen, den andern aber vorwärts führen kann.

So haben zum Beispiel Kinder mit schwachen Augen einen schlechten Start in der Schule. Wenn sie in der Klasse hinten sitzen, können sie den Ausführungen des Lehrers vorn an der Tafel nicht folgen. Der Lehrer, der nichts von ihrem Augendefekt weiß, hält sie für zurückgeblieben, so daß sie sich minderwertig fühlen. Dieses Gefühl der Minderwertigkeit wird noch vertieft, wenn sie bei Spiel und Sport durch das schlechte Sehen behindert sind. Oft können sie den Ball nicht rechtzeitig herankommen sehen und bringen so ihre Partei um den Sieg. Die andern Kinder sind über diese Ungeschicklichkeit ungehalten und schelten sie Spielverderber. Diese Kinder fühlen sich leicht isoliert, werden tief entmutigt und sind in Gefahr, einen Minderwertigkeitskomplex zu bekommen.

In noch höherem Maße können schielende Kinder entmutigt werden; sie werden sehr oft wegen dieses Leidens gehänselt und müssen häufig schon von früher Kindheit an eine Brille tragen und Augenübungen machen.

Doch sieht man oft, daß Augenminderwertigkeit kompensiert wird und zu Höchstleistungen anspornt. So finden wir unter den großen Malern Menschen, die von Kindheit an empfindliche Augen hatten.

Folgende reizende Anekdote über den berühmten französischen Maler *Monet* erzählt *Somerset Maugham* in seinem Roman „The Gentleman in the Parlour *)“:

> "There is a story that Monet, the founder of the impressionists, being troubled with his eyes went to an oculist and trying on some spectacles cried, Good heavens, with these I see the world just like Bouguereau. It is an instructive little anecdote. It is out of their limitations that men create beauty, and the new and lovely things that have been given to the world have been very often but the result of the conflict of the artist with his shortcomings."

*) Heinemann, London.

Die Minderwertigkeit des Sehorgans kann auch anfeuernd auf die Phantasie wirken. Viele Schriftsteller, die uns das Sichtbare in herrlichen Schilderungen vor Augen führen, waren mit Augenanomalien behaftet. Die alten Barden waren häufig blind. Der „blinde Seher" — dieser Ausdruck zeigt schon die Kompensation — spielt eine sehr wichtige Rolle im Völkerleben der Vergangenheit. Solche Weisheit maß man den Blinden zu, daß man sie verehrte und zu ihnen pilgerte, um sich Rat zu holen. Homer galt für blind. Milton schuf einige seiner schönsten Werke in der Zeit seiner Erblindung. Der berühmte Engländer *Dante Gabriel Rossetti,* dessen Vater völlig erblindete, kompensierte seine eigene Augenminderwertigkeit in Dichtung wie in Malerei. *Adler* weist darauf hin, daß es kein Zufall sein kann, daß Goethe das Wort „Weltanschauung" prägte und über die Farbenlehre schrieb, sondern daß es auf die Besonderheit seiner Augen zurückzuführen sei. Der große deutsche Dichter war bekanntlich ausgesprochen visuell.

Wie sich bei Malern und Dichtern Augenanomalien nachweisen lassen, so zeigen auch große Musiker Minderwertigkeit des Gehörs. Beethoven, der die Welt mit der herrlichsten Musik beschenkte, ertaubte infolge eines Ohrenleidens (Otosklerose), das auf einer angeborenen Minderwertigkeit des Ohres beruht und sich nicht gleich in der Jugend, sondern erst in späteren Jahren als allmählich zunehmende Schwerhörigkeit geltend macht. Der bekannte tschechische Komponist *Smetana* erkrankte an einem Ohrenleiden und wurde taub, ebenso der deutsche Liederkomponist *Robert Franz.*

Auch Sprachschwierigkeiten können kompensiert werden. Das berühmteste Beispiel hierfür ist *Demosthenes.* Er war ein Stotterer und wurde für unheilbar gehalten. Er selbst aber gab die Hoffnung nicht auf. Mit Kieselsteinen in dem Mund trainierte er zu sprechen. Er stellte sich an das Meer und versuchte, das Brausen der Brandung mit seiner Stimme zu übertönen. Der Erfolg blieb nicht aus; er wurde der größte Redner Griechenlands.

Sehr interessant ist es, wie *Goethe,* der nach einer längeren Krankheit eine Überempfindlichkeit des Gehörs und ein starkes Schwindelgefühl, also eine erworbene Organminderwertigkeit, zurückbehalten hatte, durch Training sich von diesem Leiden befreit. Er schreibt darüber: „Ich befand mich in einem Gesundheitszustand, der mich bei allem, was ich unternehmen wollte und sollte, hinreichend förderte; nur war mir noch eine gewisse Reizbarkeit übrig geblieben, die mich nicht immer im Gleichgewicht ließ. Ein starker Schall war mir zuwider, krankhafte Gegenstände erregten mir Ekel und Abscheu. Besonders aber ängstigte mich ein Schwindel, der mich jedesmal befiel, wenn ich von einer Höhe herunterblickte. Allen diesen Mängeln suchte ich abzuhelfen, und zwar, weil ich keine Zeit verlieren wollte, auf eine etwas heftige Weise. Abends bei Zapfenstreich ging ich neben der Menge Trommeln her, deren gewaltsame Wirbel und Schläge das Herz im Busen hätte zersprengen mögen. Ich erstieg ganz allein den höchsten Gipfel des Münsterturmes, und saß in dem sogenannten Hals unter dem Kopf oder der Krone, wie man's nennt, wohl eine Viertelstunde lang, bis ich es wagte, wieder heraus in die freie Luft zu treten, wo man auf einer Platte, die kaum eine Elle ins Gevierte haben wird, ohne sich sonderlich anhalten zu können, stehend das unendliche Land vor sich sieht, indessen die nächsten Umgebungen und Zieraten die Kirche und alles, worauf und worüber man steht, verbergen. Es ist völlig, als wenn man sich auf einer Mongolfiere in die Luft erhoben sähe. Dergleichen Angst und Qual wiederholte sich so oft, bis der Eindruck mir ganz gleichgültig ward, und ich habe nachher bei Bergreisen und geologischen Studien, bei großen Bauten, wo ich mit den Zimmerleuten um die Wette über die freiliegenden Balken und über die Gesimse des Gebäudes herlief, von jener Vorübung großen Nutzen gezogen."

Von besonderer Bedeutung ist unter den Organminderwertigkeiten die Anfälligkeit des Magen-Darm-Traktus. Das Kind erlebt diese Minderwertigkeit besonders stark, wenn es eine besondere Diät hat und zusehen muß, wie Eltern und Geschwister die besten Dinge essen. Wir können nur zu gut seine Gefühle verstehen, wenn es bittere Medizin schluckt, während seine Geschwister in der herrlichen Nachspeise schwelgen. Es fühlt sich zurückgesetzt, und der brennende Wunsch wird in ihm wach, auch diese Speisen essen zu können. So entwickelt es ein besonderes Interesse für das Essen und beginnt dessen Wichtigkeit zu überschätzen. Solch ein Mensch behält sein Lebenlang die Meinung, als ob das Essen das Wichtigste im Leben sei. Um immer imstande zu sein, sich viel Essen zu beschaffen, müsse er also viel Geld verdienen. So kann die Minderwertigkeit des Magen-Darms oft ein Antrieb werden, große Summen zu verdienen, und *Adler* sieht keinen Zufall darin, daß weltbekannte Millionäre an einem empfindlichen Magen leiden. Es kann sich aber auch durch die Überschätzung des Essens eine solche Überschätzung des Geldes bilden, daß Menschen sich von ihrem Vermögen nicht trennen wollen und geizig werden. So erklärt *Adler* die auffällige Erscheinung, daß Geiz und Magenstörung so häufig zusammen zu finden sind. Viele Menschen mit empfindlichem Magen werden Köche; so kann diese Minderwertigkeit ein Antrieb zur Berufswahl werden.

Eine ganz neue Theorie hatte *Adler* über die oft behauptete Minderwertigkeit aller Linkshänder. Da sich nach neuerer Forschung zirka 30 Prozent aller Menschen als angeborene Linkshänder erweisen, kann man doch nicht annehmen, daß ein Drittel der Menschheit minderwertig sei. Wieder interessiert ihn weniger die Frage des „Woher" — nur kurz erwähnt er die verschiedenen Theorien, daß man zum Beispiel annahm, die Menschen hätten auf Rechtshändigkeit trainiert, weil sie mit der Linken früher den Schild hielten, um ihr Herz zu schützen —, sondern er stellt die Frage: „Wohin" führt die Linkshändigkeit? Da fand er, daß die Linkshändigkeit zu einem Minderwertigkeitskomplex führen kann, daß sie aber auch kompensiert werden und Höchstleistungen hervorbringen kann. Unter großen Malern und andern großen Menschen finden sich viele Linkshänder. Verfolgt man den Lebensstil eines entmutigten Linkshänders in seine Kindheit zurück, so findet sich regelmäßig folgendes Bild: Stets ist es von klein an besonders ungeschickt und wird deswegen verlacht und verspottet. Vom Schulbeginn an hat es Schwierigkeiten. Es schreibt mit der rechten Hand schlechter als die andern Schüler. Darüber hinaus hat es die Tendenz, statt von links nach rechts von rechts nach links zu schreiben und zu lesen. Es stellt daher die Buchstaben um und ist schlecht im Lesen und in der Rechtschreibung. Weiß der Lehrer nicht, daß er einen Linkshänder vor sich hat, so sieht er nur die Fehlleistung und gibt schlechte Noten. Schelten und bestrafen die Eltern nun dieses Kind wegen der schlechten Schulleistung, so wird es völlig entmutigt, traut sich auch in den andern Fächern, in denen es vorher gut war, nichts mehr zu und wird ein schlechter Schüler. Oft geht die Entmutigung so weit, daß es ganz versagt und in der Schule für geistig zurückgeblieben angesehen wird. Ein kleiner sechsjähriger Linkshänder, der in der Schule in Schreiben, Zeichnen und Rechtschreibung so schlecht war, daß ihn die Lehrer „Dummerchen" nannten, erklärte eines Tages seinen Eltern, er würde lieber in den Krieg gehen und sich totschießen lassen, als weiter die Schule besuchen. Als er umgeschult wurde und einen Lehrer bekam, der seine Linkshändigkeit erkannte und ihn ermutigte, wurde er ein guter Schüler. Wenn die Erzieher geduldig sind und das Kind üben lassen, von links nach rechts zu lesen, wenn das Kind besonders trainiert, mit der rechten Hand zu schreiben, so kann es ein guter Schüler werden. Es kann eine schönere Handschrift erwerben, ein guter Zeichner werden und sich im Lesen vor den andern auszeichnen. Linkshänder, die von Kindheit an gelernt haben, Schwierigkeiten zu überwinden, entwickeln sich im späteren Leben besonders gut. Die Entwicklung hängt also nicht von der Linkshändigkeit ab, sondern von der Meinung, die der Linkshänder sich von ihr gebildet hat. Sieht zum Beispiel ein Kind, das die Linkshändigkeit von Vater oder Mutter geerbt hat, daß der eine Elternteil auch ungeschickt ist, dann denkt es leicht: „Ich habe diese Ungeschicklichkeit geerbt", und bemüht sich nicht, dagegen anzukämpfen. Hier kann man nur helfen, wenn man seine falsche Meinung ändert. An einer Reihe äußerer Zeichen kann man Linkshänder leicht erkennen, wie an der Art des Händefaltens.

Ob ein Mensch eine Organminderwertigkeit besitzt oder ob er sich nur minderwertig fühlt, hat dieselbe Wirkung auf seine seelische Entwicklung. Viele Menschen, besonders Männer, empfinden zum Beispiel kleinen Wuchs als eine Minderwertigkeit und versuchen, je nach ihrem Lebensstil zu kompensieren. Manche trainieren auf Klugheit, manche auf Körpergewandtheit, manche kleiden sich auffallend. Viele kleine Menschen, denen es nicht gelingt, ihr Minderwertigkeitsgefühl zu überwinden, halten sich für verkürzt und sind in Gefahr, einen Minderwertigkeitskomplex zu bekommen.

Das beste Beispiel des Triumphes über minderwertige Organe ist *Helen Keller*. Sie ist taub und blind, und doch entwickelte sie sich wundervoll, hält Vorträge und schrieb ihre eigene Lebensgeschichte.

Selbst ererbte Organminderwertigkeiten bedeuten kein düsteres Fatum, sondern auch bei ihnen entscheidet der Lebensstil, ob sie sich schädlich auswirken oder nicht.

Dies zeigt sehr schön eine andere Beobachtung an identischen Zwillingen von Prof. *Newman:*

Die bei der Untersuchung 58jährigen identischen Zwillinge Ada und Ida verlebten ihre erste Kindheit bei ihren Eltern. Sie waren sich so ähnlich, daß die Mutter ihnen verschiedene Knöpfe zur Unterscheidung annähte. Ida erinnert sich, daß, als sie sprechen konnten, sie sagte: „Ich weiß, ich bin Ida, weil ich rosa Knöpfe habe." Eine wunderschöne Kindheitserinnerung eines 58jährigen Zwillings! Sie wuchsen unter den schlechtesten sozialen Bedingungen auf. Der Vater war schwer rheumatisch, fast blind, ein großer Trinker, und verließ seine Familie, als die Zwillinge zwei bis drei Jahre alt waren. Die Mutter konnte die Zwillinge nicht ernähren und gab sie mit zirka drei Jahren getrennt zu nahen Verwandten, die die Kinder nicht haben wollten. Daher wurden sie vernachlässigt, mißhandelt und ausgenutzt. Beide Zwillinge hatten also eine Umgebung, die so schlecht wie möglich war. Beide machten nur drei Schulklassen mit vielen Unterbrechungen durch und lernten durch eigene Anstrengung lesen. Sie lasen noch bei der Untersuchung langsam und brauchten längere Zeit zu den Tests als andere. Ada heiratete mit 17 Jahren, ließ sich aber nach 10 Jahren scheiden, nachdem sie vergeblich versucht hatte, ihren Mann zu bessern. Nach ihrer Scheidung verdiente sie den Lebensunterhalt für ihre fünf Kinder und erzog sie zu guten Mitmenschen. Ida heiratete erst mit 33 Jahren einen Mann mit gutem Charakter. Sie lebt in guter Ehe und ist eine hingebende Mutter. Beide Zwillinge sagen: „Unsere Kinder lieben uns, und so haben wir viele Ursachen, dankbar zu sein." Bis zum 16. Jahre waren sie völlig getrennt, doch dann sahen sie sich oft und lebten manchmal Monate zusammen. Sie waren sich noch in dieser Zeit so ähnlich, daß Adas Kinder ihre Mutter oft mit Ida verwechselten.

Die Resultate der Testprüfung interessieren hier nicht, nur der Eindruck, den *Newman* von ihnen gewann, ist von Bedeutung. Er bezeichnet beide als hochachtbare Frauen mit strengen Moralbegriffen. Ada ist mehr herrschend, positiver, streitbar, Ida sanfter. Ada betrachtet sich selbst als fähiger und übernimmt immer die Führung.

Die positive Einstellung Adas tritt uns nun deutlich bei der ererbten Organminderwertigkeit beider Zwillinge entgegen. Die Mutter hatte in späteren Jahren einen schweren Kropf bekommen. Ada unterrichtete sich, bevor irgendwelche Anzeichen eines Kropfes bei ihr vorhanden waren, über eine geeignete vorbeugende Diät und führt sie ihrer Kinder wegen durch. Als nun im Alter von 27 Jahren bei ihr die ersten Anzeichen eines Kropfes auftraten, begab sie sich sofort in ärztliche Behandlung, führte die Behandlung und die sachgemäße Diät streng durch, so daß der Kropf vollkommen verschwand. Ida dagegen erkrankte an Kropf, Myxödem und Hypothyreoidismus, wog bei der Untersuchung 20 Pfund mehr als Ada, ermüdete leicht und war erschöpft, wenn sie sich etwas Bewegung machte. Sie hatte nichts gegen ihr Leiden unternommen. Bei beiden identischen Zwillingen liegt also eine von der Mutter ererbtc Organminderwertigkeit, eine Anlage von Kropfbildung, vor. Die energische Ada orientiert sich schon vor Auftreten des Leidens über die notwendigen Maßnahmen zu seiner Verhütung und begibt sich sofort in ärztliche Behandlung. Die passive Ida läßt die Krankheit gewissermaßen als Fatum über sich kommen.

Hier sehen wir klar, daß es nicht so wichtig ist, was der Mensch auf die Welt mitbringt, sondern daß es von größter Bedeutung ist, was er daraus macht.

Wie können wir nun erklären, daß eine Organminderwertigkeit einmal zu einem Minderwertigkeitskomplex führen kann, oder daß sie kompensiert werden kann, wie bei großen Persönlichkeiten und Künstlern, und ein Antrieb zu Höchstleistungen sein kann? Wie sich die Organminderwertigkeit auswirkt, hängt nach *Adler* von dem Grade des sozialen Interesses ab. Nur bei einem Menschen, dessen Interesse für andere nicht von frühester Kindheit an entwickelt wurde, kann eine Organminderwertigkeit zum Minderwertigkeitskomplex führen.

Verzärtelung

Ist es verständlich, daß Menschen mit Organminderwertigkeiten einen Minderwertigkeitskomplex bekommen können, so überrascht wohl die meisten die Ansicht *Adlers*, daß Verzärtelung ebenfalls einen Minderwertigkeitskomplex hervorrufen kann. Wie *Adler* annimmt, besteht ein sehr großer Prozentsatz aller Menschen aus Verzärtelten. Aber nur wenige werden dieser Ansicht zustimmen, denn es gibt kaum Menschen, die zugeben werden, daß sie verzärtelt seien. Wenn man ihnen auf den Kopf ihre Verzärtelung zusagte, würden sie es als schwere Beleidigung auffassen. Aber wer von uns möchte sich nicht gern verzärteln lassen und immer in einer angenehmen Situation sein. Für die Entwicklung eines Menschen ist eine Verzärtelung sehr schädlich, denn sie hindert die Entwicklung des Interesses für andere und setzt an seine Stelle das Interesse für sich selbst.

Es ist die wichtigste Aufgabe der Mutter, dem Kinde den Kontakt mit der Umwelt zu vermitteln, es zum Kooperieren zu erziehen. Nur zu oft entledigt sich die Mutter dieser Aufgabe nicht auf die richtige Weise, sie verzärtelt das Kind in einem solchen Maße, daß sie das Kind fest an sich kettet und so die Entwicklung des Gemeinschaftsgefühls verhindert. Besonders unter Jüngsten und Einzigen finden wir viele Verwöhnte. Sieht man sich einmal die Situation an, in der derartige Kinder aufwachsen, so findet man als Charakteristikum die Tatsache, daß sie der Mittelpunkt der Familie sind, um den sich alles dreht. Es ist nicht zu verwundern, daß verzärtelte Kinder oft spät laufen oder sprechen lernen. Die Mutter kann es nicht mitansehen, wie das kleine Wurm auf allen vieren auf dem Boden herumkriecht, oder beim Laufen hinfällt und sich stößt und weint. So trägt sie es lieber auf dem Arm, damit ihm nichts passieren könne. Auch spätere Sprachschwierigkeiten und spätes Sprechenlernen können auf diese Weise leicht entstehen. Die Mutter, die jedem Tone des Kindes lauscht, ist häufig imstande, dem Kinde, ehe es noch den Mund öffnet, seinen Wunsch zu erfüllen. Sie nimmt dadurch dem Kinde den Antrieb weg, zu sprechen. Nur zu häufig hört man Mütter stolz erzählen, ich lese meinem Kinde jeden Wunsch von den Lippen ab. Dabei wissen sie nicht, welchen Schaden sie dem Kinde dadurch antun. Oft führt eine dauernde Sorgfalt dazu, daß das Kind vollkommen unselbständig bleibt. So gibt es zum Beispiel Kinder, die mit sieben Jahren sich noch nicht allein anziehen können. Finden wir, daß Kinder unordentlich sind, so zeigt uns das immer „den Schatten einer andern Person, die alles nachräumt“.

Das dauernde Verzärteln, das fortwährende Erfüllen jeden Wunsches lassen das Kind die Auffassung gewinnen, daß es diesen Zustand immer zu erwarten hat, und es bildet sich seinen Lebensstil nach dem Motto: Ich bin die wichtigste Person, jeder Wunsch hat mir erfüllt zu werden. Diese Auffassung behält es sein Leben lang bei; es erwartet alles von den anderen, ohne selbst etwas beizusteuern.

Die Haltung und Handlungen eines verzärtelten Kindes sind unverkennbar. Schon im Kindergarten läßt sich dies beobachten, auch hier versuchen sie immer wieder, Mittelpunkt zu sein. Aber erst die Schule ist der erste wirkliche Test für das verzärtelte Kind. Wenn es gleich von Anfang an Erfolg hat, geht es glänzend vorwärts. In dem Augenblick aber, wo der Erfolg ausbleibt, treten Schwierigkeiten auf. Das Kind will auf jeden Fall im Vordergrund stehen, und falls es nicht durch seine Leistungen die Aufmerksamkeit auf sich ziehen kann, versucht es, dieses Ziel durch Unarten, wie Störungen, Frechheit usw., zu erreichen. Beklagt sich dann die Schule bei den Eltern über das schlechte Betragen, hört man oft die erstaunte Antwort der Eltern: „Aber zu Hause ist sie so artig.“ Sie können sich diese Ungezogenheit gar nicht erklären und schieben die Schuld der Schule zu. Ein typisches Beispiel ist folgendes:

Lotte

Mit Lotte gibt es immer Schwierigkeiten in der Schule. Sie stört den Unterricht, spricht laut, neckt ihre Nachbarinnen, ärgert die Lehrerin, kann sich nicht konzentrieren. Zu Hause jedoch ist sie die Liebenswürdigkeit in Person, das brave, gute Kind. Als die Eltern wegen des schlechten Benehmens ihrer Tochter in die Schule gerufen werden, sind sie sehr entrüstet. „Aber unsere Lotte ist stets lieb und artig. Wir können uns ihr Betragen hier nicht erklären.“ Bei dem Berater beklagen sich die Eltern, daß Lottes Unart in der Schule die Schuld der Lehrerin sein muß. Wie erklärt sich nun dieses scheinbar gegensätzliche Verhalten des Kindes? Der Berater zeigt den Eltern, daß Lotte immer ihrem Ziel zustrebt, im Mittelpunkt zu stehen. Zu Hause ist sie der Mittelpunkt. Als einziges Kind wird sie von den Eltern verwöhnt und bewundert. Nun kommt sie in die Schule und soll plötzlich kooperieren. Sie muß das Interesse der Lehrerin mit vielen anderen Kindern teilen, sie hat eine Lehrerin, die sie nicht immer lobt, sondern sogar manchmal tadelt. Nun sieht sie die Schule als feindlich an, wie viele verwöhnte Kinder, und beginnt zu kämpfen. Tadel und Strafen werden willig ertragen, denn sie erreicht ja dadurch ihr Ziel. Sie sagt: „Das Mädchen neben mir ist die Beste aus der Klasse, aber die Lehrerin kümmert sich kaum um sie, während ich durch meine Unart dauernd die Lehrerin mit mir beschäftige." Lotte ist nicht richtig für die Schule und das Leben vorbereitet, da sie nicht gelernt hat, zu kooperieren. Ihr Ziel, im Mittelpunkt zu stehen, erreicht sie zu Hause durch Bravsein, in der Schule durch Unart. So sehen die Eltern nicht länger einen Kontrast zwischen Lottes Betragen zu Hause und in der Schule.

Aber auch Schüler, deren Leistungen gut sind, versuchen durch Unfug aufzufallen, wenn sie die Meinung haben, daß sie dadurch bei ihren Kameraden Mittelpunkt werden.

Ferner sind schöne Kinder in besonderer Gefahr, verzärtelt zu werden. Alle Türen öffnen sich ihnen. Überall sind sie willkommen. Jedermann liebt sie, ohne daß sie nur die geringste Anstrengung zu machen brauchen. Sie wachsen mit dem Gedanken auf, daß sie durch ihr bloßes Dasein wertvoll sind, daß es für sie nicht notwendig ist, etwas zu leisten, Gerade unter schönen gesunden Menschen findet man, falls sie verzärtelt werden, viele Rücksichtslose. Sie, die immer in der Sonne gestanden haben, können sich schwer in die anderen hineinversetzen, die im Schatten stehen!

Immer zeigt sich bei verzärtelten Kindern ein Mangel an Interesse für andere. Ihr Ich muß im Vordergrund stehen. Dies drückt sich in ihrer ganzen Haltung aus. Während ein vernünftig erzogenes Kind Mut, Tatkraft, Anpassungsfähigkeit und „common sense" entwickelt, zeigt sich bei Verzärtelten nur private Intelligenz, oft Feigheit und Neigung zu Tricks. Es ist erstaunlich, zu sehen, welch hohen Grad von Intelligenz verwöhnte Kinder oft aufbringen, um zu ihrem Ziel zu gelangen. Sie wissen sehr gut, was ihnen zum Nutzen gereicht, denn schon von klein auf trainieren sie, ihre Wünsche und ihren Willen auf jede Weise durchzusetzen und den eigenen Vorteil zu wahren. Diese Intelligenz, die sie nur zu ihrem eigenen Nutzen verwenden, nennt *Adler* „Privatintelligenz" im Gegensatz zum „common sense". Züge wie Überempfindlichkeit, Mangel an Ausdauer, Ungeduld, Gier, starke Übererregbarkeit sind typische Produkte einer verzärtelnden Erziehung.

Besonders charakteristisch für verzärtelte Kinder ist ihre Ungeduld; sie wollen alles sofort haben, ein Wartenmüssen kennen sie nicht. Wird ihr Wunsch nicht sofort erfüllt, so kommt es zu Weinen, Schreien, Brüllen und zu heftigen Zornausbrüchen. Manche Kinder werfen sich auf den Boden, andere reißen sich Haare aus, oder sie rennen mit dem Kopf gegen die Wand, andere wiederum stoßen die furchtbarsten Drohungen gegen die Eltern aus. Manche Kinder, ungefähr im Alter von sechs bis sieben Jahren, drohen damit, daß sie ins Wasser gehen wollen oder sich zum Fenster hinausstürzen wollen.

Da sie gewohnt sind, daß ihr Wille geschieht, setzen sie auch den Erziehungsmaßnahmen der Eltern Widerstand entgegen. Diese Opposition sieht man namentlich in denjenigen Punkten, auf die die Eltern größten Wert legen. Betont die Mutter die Wichtigkeit des Schlafes, so schlafen die Kinder schlecht, betont sie die Wichtigkeit des Essens, so machen sie Eßschwierigkeiten. Wollen die Eltern das Kind zu einem mutigen Menschen erziehen, wird es feig sein, und umgekehrt, sind die Eltern besonders vorsichtig und warnen das Kind dauernd, so wird es waghalsig.

Auch die Angst kann als ein vorzügliches Mittel in den Dienst des Willens zum Herrschen gestellt werden. So rufen die Kinder, wie oben erwähnt, durch Drohungen Angst bei ihrer Umgebung hervor, um die Erfüllung ihrer Wünsche zu erlangen, oder sie benutzen die eigene Angst dazu, um ihren Willen durchzusetzen. Wenn ein Kind zum Beispiel von Einbrechern gehört hat, kann sich in ihm die ängstliche Vorstellung entwickeln, daß auch in seinem Zimmer abends Einbrecher versteckt sein könnten. Es kann dann nicht einschlafen, will Licht haben, steht auf und läuft in das Zimmer der Eltern. Ein anderes Kind bildet sich ein, eine Schlange liege vor der Tür. Die Angst, die auch diese Vorstellung bei dem Kinde erweckt, ist echt. Es hat eine ebenso große Angst, als ob wirklich eine Schlange daläge. Um die Angst des Kindes zu beruhigen, muß die Mutter oder Nurse am Bett sitzen, bis es eingeschlafen ist. Weder das Kind noch die Umgebung ahnt, daß die angsterregende Vorstellung „fabriziert“ wurde von dem Kind, um sein Ziel zu erreichen, die verzärtelnde Person in der Nähe zu halten. Man kann feststellen, daß bei diesen Kindern die Angstzustände besonders dann auftreten, wenn sie wissen oder glauben, daß die Eltern oder die Pflegerin abends ausgehen wollen.

Selbstverständlich findet man nicht bei jedem verwöhnten Kinde alle geschilderten Verhaltensweisen vor, sondern es tritt bald die eine, bald die andere in den Vordergrund. Es müssen sich auch nicht alle verzärtelten Kinder in dieser Weise entwickeln. Manche kommen von selber zur Einsicht und überwinden die schädlichen Folgen der Verzärtelung. *Adler* betont immer wieder die verschiedenen Möglichkeiten für die Entwicklung des Kindes und weist ausdrücklich darauf hin, daß niemals ein Zwang, ein unerschütterliches Muß vorliegt.

Viele verzärtelte Menschen gehen gut vorwärts, solange die Wege eben sind. Bietet sich ihnen ein Hindernis, so bleiben sie stecken, weil sie ja nie gelernt haben, Schwierigkeiten zu überwinden. Da sie nicht wissen, daß es sich nur um einen Mangel an Training handelt, glauben sie, daß hier ein Mangel an Fähigkeiten vorliegt, und entwickeln einen Minderwertigkeitskomplex.

Vernachlässigung

Es gibt noch eine dritte Kategorie von Kindern, die zu einem Minderwertigkeitskomplex neigen. Das sind die vernachlässigten Kinder, die gehaßten, die unerwünschten und die häßlichen Kinder. Es ist ja kein Wunder, daß diese Kinder besonders gefährdet für das Auftreten eines Minderwertigkeitskomplexes sind. Stellt doch ihre ganze Jugend eine fortlaufende Kette von Demütigungen dar. Zur Gruppe der vernachlässigten Kinder gehören die Stiefkinder, namentlich dann, wenn aus der neuen Ehe eigene Kinder hervorgegangen sind. Viele Märchen und Erzählungen behandeln das Problem des Stiefkindes. Dabei ist es nun auffallend, daß fast immer nur von der bösen Stiefmutter die Rede ist und viel seltener von einem bösen Stiefvater; ein beredtes Zeugnis dafür, welch große Bedeutung für die Erziehung die Volksmeinung der Mutter zuschreibt. Sicherlich ist der Verlust der Mutter für die Entwicklung des jungen Kindes von viel größerer Bedeutung als der Verlust des Vaters, da die Mutter in erster Linie das Kind erzieht.

Bekommt nun ein Kind eine böse Stiefmutter oder einen bösen Stiefvater, die es vernachlässigen und dauernd bestrafen, so wird wohl meistens in ihm ein Minderwertigkeitskomplex entstehen. Wir verstehen sehr gut, welche Gefühle solche Kinder empfinden müssen, denen plötzlich die sorgende, wärmende, alles verstehende Mutter entrissen worden ist. So kommen sie dazu, die Welt, die ihnen diesen Verlust zugefügt hat, als feindlich zu betrachten. Oft werden sie Haß gegen andere Kinder empfinden, die noch eine Mutter besitzen.

Aber selbst in denjenigen (gar nicht so seltenen) Fällen, in denen dem Stiefkinde dieselbe Liebe entgegengebracht wird wie den eigenen, kann sich beim Stiefkind ein Gefühl der Minderwertigkeit entwickeln. Manchmal ist es den Eltern gar nicht bewußt, daß sie das Stiefkind doch etwas anders behandeln als die eigenen Kinder; aber fein empfindende Kinder merken diese kleinen, geringfügigen Unterschiede sehr häufig. So sagte einmal ein Kind, das nichts davon wußte, daß es ein Stiefkind war, zu *Adler:* „Ich glaube, meine Mutter ist gar nicht meine richtige Mutter." Auch mitleidige Bemerkungen von Verwandten oder Bekannten wie: „Du armes Kind hast keine Mutter mehr", oder das Lesen von Geschichten, in denen das traurige Schicksal eines Stiefkindes geschildert wird, können das Kind in dem Sinne beeinflussen, daß es sich beklagenswert vorkommt und sich gegenüber den andern Geschwistern minderwertig fühlt. Denn auch hier entscheiden nicht die Tatsachen, sondern es entscheidet nur die Meinung, die sich der Mensch von ihnen bildet.

In ganz ähnlicher Situation befinden sich Waisenkinder. Haben sie keine guten Pflegeeltern, bekommen sie immer wieder zu hören, daß sie nur ein Waisenkind seien, werden sie von Pflege zu Pflege herumgestoßen, so werden sich bei ihnen vertiefte Minderwertigkeitsgefühle oder ein Minderwertigkeitskomplex entwickeln. Auch hier kann, selbst wenn das Kind unter günstigen Verhältnissen lebt, durch Lektüre oder durch bemitleidende Worte das Gefühl entstehen: „Ich armes Waisenkind." Waisenkinder, die in gutgeleiteten Anstalten aufwachsen, werden seltener einen Minderwertigkeitskomplex bekommen, da bei ihnen das Gemeinschaftsgefühl und das Interesse an andern sich gut entwickeln kann.

Auch gehaßte und unerwünschte Kinder wachsen in einer lieblosen Atmosphäre auf. Welch eine Tragödie ist es für ein Kind, wenn es ihm bewußt wird, daß es unerwünscht ist, ja von den Eltern gehaßt wird.

So erzählte mir ein Kinderarzt folgendes Erlebnis: Eine Mutter, die bereits zwei Kinder hatte, kam mit ihrem dritten Kinde, einem vier Monate alten Knaben, zu ihm, weil das Kind einen Darmkatarrh hatte. Sie erzählte ihm dabei, daß sie dieses Kind hasse. Sie könne wohl für zwei Kinder sorgen, aber das dritte sei zu viel. Bis zum vierten Lebensjahr konnte der Arzt das Kind in seiner Entwicklung verfolgen. Immer wieder, wenn er es sah, war er erschüttert über den traurigen Ausdruck der Augen des Kindes, über sein verschüchtertes, ängstliches Benehmen und über die rohe Art, in der die Mutter das Kind behandelte.

Die Eltern mögen sich noch so sehr bemühen, ihre Abneigung zu verbergen, das Kind fühlt doch, was in den Eltern vorgeht und spürt die feindliche Atmosphäre.

Auch Mädchen, die Knaben hätten sein sollen, empfinden sehr leicht die Enttäuschung, die sie ihren Eltern bereitet haben. Das tritt in der folgenden ersten Kindheitserinnerung deutlich in Erscheinung. Nach einem Vortrag, den ich über erste Kindheitserinnerungen gehalten hatte, wurden mir Erinnerungen von manchen Hörern zum Deuten auf Zetteln hingelegt. Eine Erinnerung enthüllte mir eine Tragödie: „Ich stand auf einem Stuhl und rief ‚Niemand liebt mich', kurz nach der Geburt meines kleinen Bruders." — Ich deutete laut nur einen Teil, weil wir keine negativen Suggestionen geben. Nach der Diskussion kam ein achtzehnjähriges Mädchen zu mir und sagte, daß alles, was ich gedeutet hatte, richtig sei. Sie erzählte mir, daß sie als dritte Tochter ungewünscht, ihr Bruder aber hochwillkommen war. — Ohne das Mädchen zu kennen, sah ich aus ihrer Erinnerung folgendes: Dieses Mädchen wird immer nach Beweisen suchen, daß sie nicht geliebt wird. Grundlos wird sie ihren Lehrern nachsagen, daß sie andere vorziehen. Auch wird sie später unglücklich in der Liebe sein. Selbst wenn sie einen Ehemann findet, der sie treu liebt, so wird sie doch immer fürchten, er könnte eine andere vorziehen. Durch ihre in der Kindheit hervorgerufene falsche Einstellung kann sie ihr Eheglück zerstören und sich und ihren Mann zur Verzweiflung treiben. Sie muß aber ihre Eifersucht nicht als unabänderliche Folge des Kindheitserlebnisses hinnehmen. Kommt sie zur Einsicht in ihren Lebensstil, so kann sie ihre irrtümliche Meinung ändern und wird sich nicht länger unglücklich fühlen.

In solchen unerwünschten Mädchen kann sich leicht ein vertieftes Minderwertigkeitsgefühl entwickeln, das manche dadurch kompensieren, indem sie auf eine männliche Rolle trainieren.

Zur Gruppe der unerwünschten Kinder gehören ferner die unehelichen. Wir finden unter ihnen viele, die in der Jugend herumgestoßen wurden, die nie die Wärme des Elternhauses empfunden haben, die stets hören mußten, daß sie keinen Vater haben, daß sie unehelich sind. Auch wenn die Mutter sie behalten konnte und sie mit aller Liebe erzogen und ihre schützende Hand über sie gehalten hat, steht ihnen die übrige Welt oft unfreundlich und feindselig gegenüber. Der Makel der unehelichen Geburt bleibt an ihnen für ihr ganzes Leben haften. So entwickelt sich bei ihnen das Lebensbild, daß die Welt feindlich ist und daß im Kampf mit ihr alle Mittel erlaubt sind. Daher finden wir unter den Kriminellen häufig Uneheliche.

Schließlich gehören hierher die häßlichen Kinder. Auch hier ist es nicht erstaunlich, daß ihr Minderwertigkeitsgefühl sich vertieft. Immer werden sie zurückgesetzt, immer werden ihnen andere vorgezogen. Ihre Häßlichkeit wird nicht selten als Zielscheibe für den Spott ihrer Kameraden benutzt. Auch diese Kinder entbehren die nötige Wärme. Auch bei ihnen entwickelt sich ein falsches Bild von der Feindseligkeit des Lebens, wie bei allen vernachlässigten Kindern, die unter dem Mangel an Wärme, an Verständnis, an Interesse von seiten der Eltern zu leiden haben. Da sie stets beiseitestehen mußten, haben sie von klein an nicht gelernt, zu kooperieren. Feindselig stehen auch sie dem Leben gegenüber, daher finden wir bei ihnen wie bei den anderen vernachlässigten Kindern Züge wie Trotz, Gehässigkeit, Mißtrauen usw. Wundervoll hat der große Charakterkenner *Shakespeare* in dem berühmten Monolog von Richard III. einen Menschen geschildert, der, weil er häßlich, gewillt ist, ein Bösewicht zu werden.

Aber viele häßliche Menschen kompensieren ihre Häßlichkeit dadurch, daß sie sich auszuzeichnen versuchen. Männer trachten danach, durch Klugheit, Geist und Witz auszugleichen, was die Natur ihnen versagt hat. Frauen trainieren auf Liebenswürdigkeit, Charme und Geist, um ihre Häßlichkeit vergessen zu machen. Man findet öfters die erstaunliche Tatsache, daß Männer, die mit schönen Frauen verheiratet sind, sich plötzlich häßlichen zuwenden. Bei näherer Überlegung werden wir es aber gar nicht merkwürdig finden, denn schöne Frauen bemühen sich meist gar nicht, sich die Zuneigung ihres Mannes zu erhalten. Sie sind von Kindheit an daran gewöhnt, daß man ihnen Liebe ohne ihr Zutun entgegenbringt. Da sie als Backfisch und junge Mädchen dauernd umworben wurden, haben sie oft sogar auf Distanz zum Mann und auf Abwehr trainiert. Viele häßliche Frauen dagegen, die Menschenkenntnis erworben und Interesse an andern entwickelt haben, nehmen Liebe nicht als etwas Selbstverständliches hin. Da sie von klein an trainieren mußten, durch ihr Wesen und ihre Leistungen Zuneigung zu gewinnen, verstehen sie es oft besser als schöne Frauen, Liebe zu gewinnen und vor allem, sich Liebe zu erhalten.

Wir haben drei Gruppen gesehen, Menschen mit Organminderwertigkeit, verzärtelte und vernachlässigte, die ihre Lebensform aus verschiedenen Quellen haben, die sich aber im Strom des Lebens gleichen. Sie alle sind gehandikapt und haben einen schweren Start im Leben. Werden sie nicht ermutigt und wird ihre Mitmenschlichkeit nicht entwickelt, so kann in ihnen ein Minderwertigkeitskomplex entstehen.

Überlegenheitskomplex

Manche Menschen geben zu, daß sie einen Minderwertigkeitskomplex haben, schieben aber die Schuld für sein Zustandekommen auf ihre Eltern oder auf äußere Umstände. Die meisten Menschen wollen nicht minderwertig erscheinen; daher verbergen sie ihren Minderwertigkeitskomplex hinter einem Überlegenheitskomplex, den *Adler* folgendermaßen schildert:

„Der Überlegenheitskomplex, wie ich ihn beschrieben habe, erscheint meist klar gezeichnet in Haltung, Charakterzügen und Meinungen von der eigenen übermenschlichen Gabe und Leistungsfähigkeit. Auch in den übertriebenen Ansprüchen an sich und an die andern kann er sichtbar werden. Die Nase hoch tragen, Eitelkeiten in bezug auf äußere Erscheinung, sei diese nobel oder vernachlässigt, aus der Art fallende Trachten, übertrieben männliches Auftreten bei Frauen, weibliches bei Männern, Hochmut, Gefühlsüberschwang, Snobismus, Prahlsucht, tyrannisches Wesen, Nörgelsucht, die von mir als charakteristisch beschriebene Entwertungstendenz, übertriebener Heroenkult sowie eine Neigung, sich an prominente Personen anzubiedern oder über schwache, kranke, über Personen von geringeren Dimensionen zu gebieten, Betonung der besonderen Eigenart, Mißbrauch von wertvollen Ideen und Strömungen behufs Entwertung der andern usw. können die Aufmerksamkeit auf einen aufzufindenden Überlegenheitskomplex lenken. Ebenso Affektsteigerungen wie Zorn, Rachsucht, Trauer, Enthusiasmus, habituell schallendes Lachen, Weghören und Wegblicken beim Zusammentreffen mit andern, das Lenken des Gespräches auf die eigene Person, habitueller Enthusiasmus bei oft nichtigen Angelegenheiten zeigen Minderwertigkeitsgefühl, recht häufig auslaufend in einen Überlegenheitskomplex." (Sinn des Lebens.)

Viele Menschen mit einem Überlegenheitskomplex begnügen sich damit, in ihren eigenen Augen überlegen zu scheinen, ohne Leistungen aufzuweisen. Viele suchen ihre Überlegenheit zu beweisen. Sie sind oft sehr erfolgreich in ihrer Arbeit, aber sind meistens unfähig, gute Beziehungen mit andern zu haben.

Besonders findet man bei diesen Menschen ein starkes Streben nach Macht. Nun wird es häufig in den Lehrbüchern so dargestellt, daß, wie *Freud* alles von der Sexualität ableitet, *Adler* alles um das Machtstreben gruppiert. Diese Auffassung ist aber irrig. *Adler* fand das Machtstreben vorwiegend bei Menschen mit einem Überlegenheitskomplex. Er deckte das Machtstreben als Quelle der Neurose und des Verbrechens auf und zeigte, daß es den Menschen in eine unnütze Richtung treibt. Nur wenn man sich darüber klar ist, daß der Überlegenheitskomplex einen Minderwertigkeitskomplex verbirgt, kann man verstehen, daß ein machtstrebender Mensch nie zufrieden sein kann mit seiner Leistung. Der tief verborgene Zweifel an seinen Fähigkeiten spornt ihn immer wieder an, sich und andern neue Beweise für seine Überlegenheit zu bringen.

Obwohl *Adler* ein Gegner jeder Typeneinteilung war, da er im Menschen immer nur das Einmalige, den ihm eigentümlichen Lebensstil sah, hat er ausnahmsweise hier eine Einteilung aller Menschen in Typen vorgenommen, die, wie er selber schrieb, nur zu Lehrzwekken dienen soll. Er unterscheidet vier Typen. Der erste — nicht überhebliche — Typ strebt nicht nach persönlicher Überlegenheit; er sucht seine Lebensprobleme auf eine Weise zu lösen, die sowohl für ihn selber als auch für andere nützlich ist. Der zweite will durch „Herrschen" seine persönliche Überlegenheit beweisen. Eine beliebte Form ist hier die Entwertung. Da man sich nicht zutraut, durch eigene Leistung auf das Niveau des andern zu kommen, sucht man dessen Leistung herabzusetzen, um ihn unter das eigene Niveau herunterzuziehen. So kommt man auf leichte Weise zu einem Gefühl der

Erhabenheit. Diese zersetzende Entwertung führt leider oft dazu, daß das Objekt der Entwertung selbst einen Minderwertigkeitskomplex bekommt. Den dritten, am meisten verbreiteten Typus, den „nehmenden", stellen die verzärtelten Menschen dar. Sie wollen sich selber nicht bemühen oder anstrengen. Indem sie — manchmal voller Charme — andere veranlassen, für sie zu handeln, fühlen sie sich überlegen. Der vierte Typus sucht jeder Entscheidung auszuweichen. Er vermeidet, Entschlüsse zu fassen. So kann er nie Fehler machen, kann sich nie blamieren und fühlt sich stets Herr der Situation. *Adler* hat diesen Typus mit „vermeidend" bezeichnet.

Stets handelt es sich beim Überlegenheitskomplex um die Form der persönlichen Überlegenheit, nie der sachlichen.

Manche Männer mit Überlegenheitskomplex sind auf ihre Muskelkraft stolz, andere auf ihre Bildung, manche wiederum auf ihren Besitz und sehen verachtungsvoll auf die übrige Menschheit herab. Oft blicken sie auch auf die Frau herab, von der sie nur verlangen, daß sie zu ihnen aufblickt, ihren Haushalt besorgt und ihnen Kinder gebiert. In diesem Überlegenheitskomplex der Frau gegenüber werden sie bestärkt durch die weitverbreitete Ansicht von der Minderwertigkeit der Frau.

Über die sogenannte Minderwertigkeit der Frau

Schon in dem Ausdruck des „starken" und des „schwachen" Geschlechtes spiegelt sich diese Auffassung wider. Unter „Frau-sein" versteht man allgemein schwach sein, minderwertig sein, unter „Mann-sein" dagegen stark sein. Schon von klein an wächst das weibliche Geschlecht mit dem Gefühl der Minderwertigkeit auf. Von der Wiege an wird ihm vorgehalten, daß ein Knabe von größerer Bedeutung ist als ein Mädchen. In vielen Ehen werden solange Kinder gezeugt, bis ein Knabe geboren wird. Er wird den Titel erben, den Namen der Familie fortpflanzen und ihr künftiger Ernährer sein. Oft wird ein wahrer Kult mit dem Jungen getrieben, besonders dann, wenn er nach vielen Mädchen geboren ist. Nur zu häufig werden Knaben dazu erzogen, auf die Mädchen herabzublicken; der schärfste Tadel für sie ist: weibisch gescholten zu werden. So ist es kein Wunder, daß Mädchen sich von früh an minderwertig fühlen. Ihr Minderwertigkeitsgefühl wird noch verstärkt durch Erzählungen von der Schwere der Frauenrolle; sie werden auf die Behinderung ihrer Leistungen während der Menstruation hingewiesen, auf die Schmerzen und Schwierigkeiten bei Geburten. Ist ein Mädchen erwachsen, so erlebt sie noch stärker, daß sie geringer gewertet wird als der Mann. Bittet ein Mann einen andern um eine Gefälligkeit, so wird die Erfüllung seines Wunsches von sachlichen Erwägungen abhängig gemacht. Bittet eine Frau einen Mann um Beistand, so kann sie es erleben, daß er seine Hilfe von ihrer sexuellen Hingabe abhängig macht. Reizvolle Frauen besonders schließen daraus, daß man sie nur als Sexualobjekt betrachtet und vertiefen infolge dieser Auffassung ihr Minderwertigkeitsgefühl.

Als Beweis für die Minderwertigkeit der Frau führt man an, daß sie nichts Nennenswertes auf dem Gebiet der Kunst und Wissenschaft geleistet hätte. Wenn wir uns aber einmal die Stellung, die die Frau eingenommen hat, überlegen, so ist diese Erscheinung kein Wunder. Bis zur Emanzipation der Frau hat die Frau gar keine Möglichkeit gehabt, sich auf einem andern Gebiete als dem des Haushaltes zu betätigen. Alle Gesetze sind von Männern gemacht worden, alle Gesetze betonen daher die Vormacht des Mannes. Die Frau wurde von allen höheren Berufen ferngehalten und ihr so die Möglichkeit genommen, zu zeigen, was sie leisten kann. So ist es also nicht erstaunlich, daß die Frau außerhalb ihres Hausfrauenberufes nichts Wesentliches geleistet hat. Die kurze Zeit, die seit der Einführung der Frauenemanzipation verstrichen ist, hat aber gezeigt, daß die Frau dem Manne auf vielen Gebieten gleichwertig ist. So hervorragende Leistungen wie die der Nobelpreisträgerin Radiumentdeckerin Madame *Curie,* der österreichischen Schriftstellerin *Berta von Suttner,* der amerikanischen Schriftstellerin *Pearl S. Buck,* der chilenischen Dichterin *Gabriela Mistral,* der dänischen Bildhauerin *Thyra Boldsen* oder der schwedischen Schriftstellerin *Selma Lagerlöf* stehen ebenbürtig neben den Leistungen vieler ganz bedeutender Männer. Während der Weltkriege mußten die Frauen in vielen Berufen den Platz des Mannes einnehmen und bewährten sich dort ausgezeichnet, obwohl viele außerdem noch Haushalt und Kinder versorgten. Selbstverständlich bestehen Unterschiede zwischen den Geschlechtern. Die Frau hat andere biologische Fähigkeiten als der Mann. Sie ist aber deswegen nicht minderwertig, sondern ihm völlig gleichwertig.

Man mag vielleicht den Einwand erheben, daß ich die Gleichwertigkeit der Frau so besonders betone, weil ich selber eine Frau sei. Deshalb möchte ich darauf hinweisen, daß *Adler* in seinen Büchern und Vorträgen stets hervorhob, welch einen ungeheueren Schaden für die seelische Entwicklung bei Mann und Frau der „Aberglaube" von der Minderwertigkeit der Frau anrichtet. „All jene, die Frauen als Geschlecht geringschätzen, bringen Strafe über sich, weil sie eine Haltung entwickeln, die in Widerspruch zu Wahrheit und Wirklichkeit ist." [Problem of Neurosis *).]

Als Frau will ich nur hinzufügen, daß, wenn die Frauen sich mit dem Mann vergleichen wollen, sie daran denken sollten, welche Glücksmöglichkeiten sie besitzen, deren ein Mann nie teilhaftig werden kann. Kein Mann hat die innige Verbundenheit mit dem Kinde wie die Mutter, die das Kind trägt und stillt.

Solange sich Frauen selbst für minderwertig halten, wird die irrige Auffassung von der Minderwertigkeit der Frau bestehen bleiben.

Viele Frauen finden sich mit ihrer Minderwertigkeit ab und führen das Leben, das die Mehrzahl der Männer von ihnen erwartet. Andere Frauen — ihre Zahl wächst beständig — kompensieren ihr Minderwertigkeitsgefühl und zeigen durch ihre Leistungen, daß die Auffassung von der Minderwertigkeit der Frau falsch ist. Bei manchen Frauen aber vertieft sich das Minderwertigkeitsgefühl zu einem Minderwertigkeitskomplex.

Das früher angeführte Beispiel der schönen Frau zeigt klar, daß sie einen Minderwertigkeitskomplex hatte. Dabei lag für ein Minderwertigkeitsgefühl kein Grund mehr vor. Sie suchte *Adler* auf, weil sie sich sehr unglücklich fühlte und die Probleme des Lebens nicht lösen konnte. Im Laufe der Behandlung wurde es ihr klar, daß sie sich als Kind infolge ihrer Häßlichkeit minderwertig gefühlt hatte. Dieses Minderwertigkeitsgefühl wurde vertieft durch das Verhalten ihrer Mutter, welche die jüngeren hübschen Schwestern und vor allem den jüngsten Bruder, den heiß ersehnten Sohn, ihr vorzog. Da sie ihr Minderwertigkeitsgefühl nicht überwinden konnte, bildete sie sich die falsche Meinung, sie würde wegen ihrer Häßlichkeit ihr Leben lang von niemandem geliebt werden, und so

*) Verlag: Kegan Paul, Trench, Trubner & Co. London.

entstand bei ihr ein Minderwertigkeitskomplex. Obwohl sie als „schöne Frau der Gesellschaft“ in einer illustrierten Zeitschrift abgebildet war, obwohl ihr von allen Seiten Liebe entgegengebracht wurde — also kein Grund zu einem Minderwertigkeitsgefühl vorlag —, konnte sie sich von ihrem Minderwertigkeitskomplex nicht selbst befreien. Erst durch *Adler*s Behandlung überwand sie den Minderwertigkeitskomplex und wurde ein ausgeglichener Mensch.

SCHLUSSFOLGERUNGEN

Wenn die Kenntnis vom Minderwertigkeitskomplex und Überlegenheitskomplex mehr verbreitet wird, dann erst werden sich die Menschen im täglichen Leben besser verstehen. Diese Kenntnis wird dazu beitragen, nicht die Empfindlichkeit anderer zu verletzen, die darunter leiden, und sich nicht selbst durch sie verletzt zu fühlen. So wird z. B. ein Angestellter sich nicht mehr gedemütigt fühlen durch das dauernde Nörgeln eines Vorgesetzten, wenn er erkennt, daß diese Herabsetzung durch dessen Überlegenheitskomplex hervorgerufen sein könnte. Auch viel Mißverständnis und Unglück in Freundschaft und Liebe kann durch Kenntnis dieser Komplexe verhütet werden, wie wir später sehen werden. Selbstverständlich ist es viel leichter, bei andern einen Minderwertigkeitskomplex festzustellen als bei sich selbst.

Von ebenso großer Bedeutung wie die Aufdeckung des Minderwertigkeitskomplexes ist es, daß *Adler* Wege zu seiner Verhütung und Heilung gefunden hat, wie in späteren Kapiteln ausführlich dargelegt wird. Hier will ich nur die brennende Frage beantworten, die in allen Diskussionen ständig wiederkehrt: „Kann man sich selbst ohne Hilfe von seinem Minderwertigkeitskomplex befreien?“ Die meisten Menschen können es nicht und brauchen einen psychologischen Ratgeber. Manchen gelingt es, durch eigene Bemühungen ihren Minderwertigkeitskomplex zu überwinden. Die besten Mittel dafür sind: Die Aufdeckung der Quelle ihres Minderwertigkeitskomplexes; die Einsicht, daß sie nicht durch ihre Kindheitssituation gezwungen waren, diesen Komplex zu bekommen; die Änderung ihrer irrtümlichen Meinung vom Leben und schließlich das Training, Mut, Selbstvertrauen und Mitmenschlichkeit zu entwickeln.

Kapitel 4

DIE DREI LEBENSPROBLEME

Mitmenschlichkeit — Beruf — Liebe und Ehe

Mitmenschlichkeit

Bei der Betrachtung eines Menschen sieht die Individualpsychologie diesen Menschen nie isoliert, sondern in seiner Bezogenheit zur Welt. Nur in seiner Stellungnahme zur Umwelt enthüllt sich uns der Mensch. Nur aus der Art, wie er die drei großen Lebensprobleme löst, können wir ihn verstehen. Mitmenschlichkeit, Beruf, Liebe und Ehe sind die drei Fragen, die an jeden Menschen herantreten, mit denen jeder einzelne sich auseinanderzusetzen hat.

Der Idee der Gemeinschaft und den Verpflichtungen der Gemeinschaft kann sich kein Mensch entziehen. Mensch sein heißt Mitmensch sein. Ein Mensch allein wäre der Natur schutzlos ausgeliefert, das haben die Menschen seit jeher erkannt. Einzeln waren sie den Mächten der Natur unterlegen, daher schlossen sie sich in Familien und Stämmen zusammen. Gemeinsam bekämpften sie die Gefahren, gemeinsam verehrten sie einen Gott.

Zusammenarbeit wurde von Mann und Frau verlangt. Gesetze wurden eingeführt, um die zu bestrafen, die sich gegen das Wohl der Allgemeinheit wandten. Ein jeder hatte sich einzuordnen und seinen Platz in der Gemeinschaft zu finden. So ist es bis auf den heutigen Tag geblieben. Auch die Sprache entwickelte sich in bezug auf die Gemeinschaft. Sie entstand aus dem Wunsch der gegenseitigen Verständigung. So entwickeln sich alle Funktionen in der Bezogenheit zur Allgemeinheit, alles im Leben drängt auf Zusammenarbeit.

Schon bei der Geburt beginnt diese Zusammenarbeit. Hier stellt sich zum ersten Male dem Ich des Babys das Du der Mutter gegenüber. Wenn das Kind bei der Mutter trinkt, so sieht *Adler* nicht wie andere darin einen sadistischen Akt, sondern die erste Kooperation: die gefüllte Brust kommt dem Kinde entgegen. Es ist ein heiliger Naturakt, durch den die Mutter dem Kinde Nahrung und Kraft gibt; durch Zusammenarbeit von Mutter und Kind wird dem Kinde sein Dasein ermöglicht.

Es liegt in den Händen der Mutter, das Gemeinschaftsgefühl des Kindes zu erwecken und zu fördern oder zu erdrosseln. Ihr Einfluß, ihre Erziehung ist für das spätere Leben des Kindes von größter Bedeutung. Durch die Mutter lernt das Kind zu kooperieren. Sie muß sein Interesse auf den Vater, die Geschwister, auf Volk und Menschheit ausdehnen. Oft ist sich die Mutter der Größe dieser Aufgabe nicht klar. Dann denkt sie nicht daran, daß das Interesse des Kindes für andere schon in jungen Jahren geweckt werden muß, und so wächst das Kind schlecht vorbereitet für das Leben auf.

Da ist es dann die Aufgabe der Schule, helfend einzugreifen und in dem Kinde das Interesse für andere zu erwecken. Vor allem ist es wichtig, dem Kinde Mut einzuflößen, damit es tapfer an die Bewältigung seiner Aufgaben im Leben herantritt. Mitmenschlichkeit und Mut sind eng miteinander verbunden, da nur derjenige, der sich mit anderen Mitmenschen verknüpft fühlt, mutig seine Probleme bewältigt. Menschen, die andere als feindselig ansehen, werden entweder sich ängstlich zurückziehen oder feindliche Akte begehen, die nicht auf Mut zurückzuführen sind. Wie ein Kind aus Mangel an Kooperation und Mangel an Mut zum Kämpfer werden kann, zeigt folgendes Beispiel:

Heinz

In meine Beratungsstelle kam eines Tages ein achtjähriger Knabe, einziges Kind. Die Schulfürsorgerin berichtete mir, daß der Arzt das Kind schwach fand, unter dem Durchschnitt klein und mit schlechten Augen. Der Lehrer klagte: Heinz ist unverträglich, jähzornig, hat Wutanfälle und ist schlecht in seinen Schulleistungen, besonders im Rechnen.

Großmutter und Vater berichten folgendes:

Heinz war von seiner Mutter sehr verwöhnt worden. Als er noch sehr klein war, verließ seine Mutter den Vater und nahm Heinz mit zu ihren Eltern, die ihn auch sehr verwöhnten. Schließlich wurden die Eltern geschieden, und Heinz wurde zu seinem Vater und dessen Mutter geschickt. Der Vater, ein Angestellter, kommt erst abends von der Arbeit nach Hause und widmet sich dann dem Knaben. Sonst verbringt Heinz seine Zeit mit der Großmutter. Er schläft im selben Zimmer mit ihr. Sie geht mit ihm spazieren und überwacht seine Schularbeiten mit der Rute. Sie versucht ihn durch Strenge zu ändern, da er sehr verzogen ist. Sie läßt ihn nicht mit andern Kindern spielen, da er unter schlechten Einfluß kommen könnte. Er bekommt furchtbare Wutanfälle und geht auf Kinder und Erwachsene, sogar auf seine Großmutter mit Fäusten los. Obwohl er acht Jahre alt ist, beschmutzt er noch seine Hosen.

Heinz, allein mit mir, erzählt sehr lebhaft mit Handbewegungen von seinen Erlebnissen. Gleich erwähnt er seine Schlägereien und wie er, „peng", andern Ohrfeigen haut, daß die Zähne wackeln. Er hat keine Freunde, da die andern Kinder ihn nicht leiden können. Er will Autobusführer werden, um Spatzen und Hunde zu überfahren. Er macht nicht gerne Schularbeiten, weil die Großmutter ihn dabei tadelt und schlägt. Sein schwächster Punkt in der Schule ist Rechnen, doch ist er gut in Turnen und Zeichnen. Als erste Kindheitserinnerung berichtet er: „Weißt du, als ich klein war, war ich sehr schwach, und wenn die großen Jungen mich schlagen wollten, dann war ich feige und hatte Angst. Da bekam ich solche Wut und machte Fäuste, so (er ballt seine Fäuste), und da bekamen die Großen Angst und taten mir nichts." Ich zitiere wörtlich, um zu zeigen, daß er aus einem Gefühl der Schwäche zum Kämpfer wurde.

Jeder sieht hier klar, wieviel die Umgebung zur schlechten Entwicklung des Kindes beigetragen hat. Heinz fühlt sich von seiner Mutter verraten, die ihn aus der warmen Luft der Großeltern in die kalte Atmosphäre der andern Großmutter versetzt hat. Doch wir forschen weiter und fragen, „Welche Auffassung hat dieses Kind vom Leben?" Wie wir schon sahen, denkt er: Ich bin schwach und klein inmitten einer feindlichen Welt. Die andern können mich leicht beherrschen; da kämpfe ich lieber und versuche sie zu beherrschen. — Daß Heinz versucht, durch Fäusteballen besonders gewaltig zu erscheinen, wundert uns nicht, wenn wir uns daran erinnern, daß er für sein Alter auffallend klein war. Durch Kleinheit fühlen viele Kinder sich minderwertig und suchen auf verschiedene Weise, diesen eingebildeten Mangel zu kompensieren, je nach ihrer Auffassung von Erfolg. Heinzens Meinung von Erfolg ist: zu herrschen, über andere hinwegzuschreiten. Dies sieht man aus seinen Wutanfällen, mit denen er andere zu tyrannisieren versucht, aus seiner ganzen kämpferischen Einstellung und aus seiner Auffassung von seinem künftigen Beruf. Daß Heinz beim Beruf eines Autobusführers es für das Wichtigste hält, Hunde und Spatzen zu überfahren, zeigt nicht nur seine Neigung, andere auf seinem Weg niederzutreten, sondern auch seine feindliche Einstellung gegen alle Lebewesen. Sogar in seinen Träumen finden wir ihn als Kämpfer. In einem Traum beschützt er seinen Vater — den einzigen verläßlichen Menschen, den er kennengelernt hat —, indem er gegen Einbrecher kämpft. Dieselbe kämpferische Haltung finden wir auch in seinen schmutzigen Angewohnheiten. Wenn ein Kind das Bett näßt, die Hosen beschmutzt, Nägel beißt oder ähnliches, so kämpft es auf diese Weise gegen die Forderungen der Zivilisation. Es ist also zwecklos, das Symptom zu heilen, sondern wir müssen die ganze feindliche Einstellung zu überwinden suchen. Heinzens kämpferische Einstellung beruhte vor allem auf seinem Minderwertigkeitskomplex und auf seinem Mangel an sozialem Interesse. Als Ursache hierfür fanden wir Organminderwertigkeit: seine schlechte Sehkraft, eingebildete Minderwertigkeit: nämlich seine Körperkleinheit, und die Verzärtelung durch Mutter und Großeltern.

Durch die individualpsychologische Beratung gelang es, Heinz ganz umzustellen. Seine Wutanfälle verschwanden, er beschmutzte sich nicht mehr. Er wurde selbständig und selbstsicher, machte seine Schularbeiten allein und half der Großmutter. In der Schule war er verträglich, hatte Freunde und seine Schulleistungen besserten sich sehr.

Es ist daher wichtig, schon dem Kinde Mut einzuflößen und sein soziales Interesse zu entwickeln. Menschen, die nur auf sich selbst bedacht sind und nur auf ihr eigenes Interesse hören, werden wohl stets Fehlschläge und Störer der Gemeinschaft sein. Immer wieder finden wir bei Verbrechern, Neurotikern usw., daß sie nur einen geringen Grad von sozialem Interesse besitzen.

Vielen kann man es schon ansehen, ob sie Mitmenschen sind oder nicht. Der feindliche oder abweisende Blick, der leere Blick weisen auf ein mangelndes Interesse an andern hin. Ebenso kann man durch die Art des Zuhörens den Mitmenschen entdecken; manche Menschen hören nie zu, manche werde plötzlich schwerhörig, wenn ihnen unangenehme Themen berührt werden. Auch die Art zu sprechen, Hände zu schütteln und sich zu bewegen, zeigen die Kontaktfähigkeit des andern.

Leider gibt es eine sehr große Anzahl von Menschen, die nur an ihren eigenen Vorteil denken, die dem Motto folgen, wenn ich nur habe. Es interessiert sie gar nicht, was andere tun und denken, solange es ihre Kreise nicht stört. Folgendes Beispiel veranschaulicht diese Einstellung: An der Nordsee in Deutschland ist es Sitte, am Strand aus Sand Wälle in Kreisform aufzuwerfen, innerhalb deren man sich bequem lagern kann, sogenannte Burgen. Bei Sturmflut kämpfen dann die Besitzer dieser Burgen eifrigst, aber meist erfolglos, gegen das Wasser, das in ihre Burgen einzudringen droht. Andere, die ihre Burgen höher gebaut haben, sehen voller Schadenfreude auf ihre unglücklichen Nachbarn herab und kommen ihnen nicht zur Hilfe, ohne daran zu denken, daß auch sie im nächsten Augenblick von der Flut erreicht werden und Hilfe brauchen. Wie am Strande, so verhalten sich diese Menschen auch im Leben. Sie denken, daß „Liebe deinen Nächsten“ nur eine ethische Forderung ist, und statt gemeinsam rechtzeitig gegen eine steigende Flut vorzugehen, fangen sie erst an, etwas zu tun, wenn sie persönlich betroffen sind.

Von den Menschen, die stets für andere da sind, die ihre ganze freie Zeit der Gemeinschaft opfern, bis zu den Menschen, die nur für sich leben, gibt es die verschiedensten Übergänge. Da finden wir Menschen, deren soziales Interesse sich nur auf den Umkreis der Familie erstreckt. Andere widmen sich der sozialen Arbeit. Ich fragte einmal Professor *Adler*, warum unter den letzteren sich einige Menschen finden, die eine unbesoldete wertvolle soziale Tätigkeit ausüben, aber für den einzelnen kein Interesse haben. „Es ist leichter, die ganze Welt zu umarmen als einen einzelnen“, antwortete *Adler*. Es gibt Menschen, die nur allein arbeiten können und versagen, wenn sie eine Gemeinschaftsarbeit ausführen sollen.

Viele Menschen meinen, man könnte nur Großes leisten, wenn man sich nicht um andere kümmert; das ist ein Irrtum. Es gibt eine große Anzahl bedeutender Menschen, deren Mitmenschlichkeit stark entwickelt war, wie, um einen der Größten zu nennen, bei Goethe.

Mir sagte der weltberühmte Nobelpreisträger, Professor *Albert Einstein,* daß er die Hälfte seiner Zeit für andere verwende.

Die alte Auffassung *Adlers* von der innigen Verbundenheit aller Menschen wird uns heute deutlich vor Augen geführt. Von Tag zu Tag rücken die Völker durch Flugzeug, Radio usw. immer näher. Internationaler Handel weist ein Volk auf das andere an. Ein Krieg, der in irgendeinem Lande der Erde wütet, wird bei jedem das Gefühl hervorrufen, daß auch seine eigene Heimat bedroht ist. Es kann uns heute nicht mehr gleichgültig sein, welche Ereignisse in der Welt geschehen. Wir sind so miteinander verbunden, daß jedes Geschehnis, das irgendwo sich ereignet, auch uns alle betrifft. Leider bringt das äußere Näherrücken der Völker nicht das innere Näherkommen mit sich. Das Verständnis unter den Völkern kann nur wachsen, wenn das Gemeinschaftsgefühl von Kindheit an entwickelt wird. Das Wort „Gemeinschaft" ist ein vieldeutiger Begriff. *Adler* versteht unter Gemeinschaft keine bestehende Gemeinschaft, sondern eine ideale Gemeinschaft. „... habe ich gezeigt, daß die volle Entwicklung des menschlichen Körpers und Geistes am besten gewährleistet ist, wenn sich das Individuum in den Rahmen der idealen Gemeinschaft, die zu erstreben ist, einfügt als ein Strebender und Wirkender." (Sinn des Lebens.) *Adler* will also kein Herdenmenschentum, wie ihm häufig vorgeworfen wird. Er will keine blinde Unterordnung, sondern eine sehende Einordnung. Er strebt nicht an, daß ein Mensch sich aufopfere, sondern daß jeder all seine Fähigkeiten zu seinem eigenen Nutzen und zum Wohle der Menschheit entfalte.

Es wird oft angenommen, daß *Adler* erst in seinen späteren Werken auf die Bedeutung der Mitmenschlichkeit hingewiesen hat. Doch schon vor dem ersten Weltkrieg erwähnt er das „Gemeinschaftsgefühl" in „Heilen und Bilden". Die fundamentale Bedeutung des Gemeinschaftsgefühls, das er später Mitmenschlichkeit und soziales Interesse nannte, wurde ihm während des Weltkrieges klar. Welch tiefen Eindruck der Krieg auf diesen Mann machte, der den Tod überwinden wollte, geht ganz klar aus dem Vorwort zur zweiten Auflage seines Buches „Über den nervösen Charakter" hervor, die nach dem Weltkrieg 1919 erschienen ist: „Zwischen den beiden Auflagen dieses Buches liegt der Weltkrieg mit seinen Fortsetzungen, liegt die furchtbarste Massenneurose, zu der sich unsere neurotisch-kranke Kultur, zerfressen von ihrem Machtstreben und ihrer Prestigepolitik, entschlossen hat. Der entsetzliche Gang der Zeitereignisse bestätigt schaurig die schlichten Gedankengänge dieses Buches. Und er entschleiert sich als das dämonische Werk der allgemein entfesselten Herrschsucht, die das unsterbliche Gemeinschaftsgefühl der Menschheit erdrosselt oder listig mißbraucht. Unsere Individualpsychologie ist weit über den toten Punkt hinaus. In unserem Sinne einen Menschen schauen und erkennen heißt: ihn den Verirrungen seines wunden, aufgepeitschten, aber ohnmächtigen Gottähnlichkeitsstrebens entreißen, und der unerschütterlichen Logik des menschlichen Zusammenlebens geneigt machen, dem Gemeinschaftsgefühl."

Adler hob die Bedeutung des sozialen Interesses so häufig in seinen Büchern und Vorträgen hervor, daß man manchmal irrtümlich meinte, er predige ein religiöses Dogma. Seine Einstellung wird aus folgenden Zeilen klar, die er mir im September 1929 schrieb: „*Czerny* können Sie gelegentlich sagen, daß ich so sehr für den Wert der Religion als einen pyramidalen Schritt zur Förderung der Kooperation eingetreten bin, daß ich oft in den Verdacht der Spießbürgerlichkeit gekommen bin. Daß ich aber freilich ablehne, Religion zu lehren, wozu ich nicht geeignet bin, es daher andern überlasse, und nur den Standpunkt der Wissenschaft vertrete, der allerdings in seiner Applikation sehr oft mit den Geboten der Religion übereinstimmt. Nur daß wir nicht fordern, sondern erklären."

Blicken wir in der Welt umher, so finden wir, daß alles, was vorhanden ist, Beitragsleistung unserer Vorfahren ist. So ist es nun an uns, für die kommenden Generationen unseren Beitrag zu geben. „Die Frage des rechten Weges scheint mir gelöst, wenngleich wir oft im Dunkeln tappen. Wir wollen nicht entscheiden, nur das eine können wir sagen: eine Bewegung des einzelnen und eine Bewegung der Massen kann für uns nur als wertvoll gelten, wenn sie Werte schafft für die Ewigkeit, für die Höherentwicklung der Menschheit." (Sinn des Lebens *).)

*) Verlag: Dr. Rolph Passer, Wien.

Beruf

Von den drei großen Lebensfragen wird das Berufsproblem am leichtesten gelöst, da die meisten Menschen durch die Notwendigkeit des Geldverdienens gezwungen sind, aktiv an dieses Problem heranzugehen und es erfolgreich zu lösen. Schon an der Art, wie sie dieses Problem anpacken, kann man ihren Lebensstil erkennen. Menschen, die ihre Arbeit gut ausführen, haben meist Selbstvertrauen. Uns interessieren hier aber weniger die Menschen, die ohne Schwierigkeiten dieses Problem lösen, als diejenigen, welche es schlecht oder gar nicht bewältigen.

So gibt es Menschen, die sich nicht für einen Beruf entschließen können und immer wieder versuchen, die Berufswahl hinauszuschieben; andere wechseln fortwährend ihren Beruf, ohne überhaupt etwas Richtiges zu leisten. Manche Menschen brechen vor der Prüfung zusammen, werden krank und entziehen sich so durch Flucht in die Krankheit der Entscheidung. Bei all diesen Menschen können wir feststellen, daß sie einen Minderwertigkeitskomplex haben. Auch Faulheit ist oft nichts anderes als das Zeichen eines Minderwertigkeitskomplexes oder einer Kampfeinstellung. Besonders schwer fällt es verzärtelten Kindern, eine Arbeit selbständig auszuführen; denn sie sind immer in der Meinung aufgewachsen, daß ein anderer ihnen helfen müßte. Am besten zeigt dies folgender Bericht *Adlers*: „Ein etwa 32jähriger Mann, der älteste verwöhnte Sohn einer Witwe, zeigt sich in jedem Beruf ungeeignet, weil er gleich zu Beginn an schweren Angsterscheinungen erkrankt, die sich sofort bessern, wenn man ihn nach Hause bringt. Er ist ein gutmütiger Mensch, der sich aber schwer andern anschließt. In der Schule zeigte er sich stets vor jeder Prüfung maßlos aufgeregt und blieb oft der Schule fern unter Hinweis auf Müdigkeit und Erschöpfung. Seine Mutter sorgte für ihn in liebevollster Weise. Da er nur für diese mütterliche Sorgfalt richtig vorbereitet war, konnte man schon daraus sein Ziel der Überlegenheit erraten, soweit als möglich allen Lebensfragen auszuweichen und damit auch jedem Fehlschlag. Bei der Mutter gab es keinen solchen. Daß er bei seiner Methode blieb, sich in die Obhut der Mutter zu begeben, verlieh ihm das Gepräge eines infantilen Menschen, ohne daß man ihn körperlich infantil hätte bezeichnen können. Seine seit Kindheit erprobten Mittel des Rückzuges zur

Mutter erfuhren eine namhafte Verstärkung, als ihn das erste Mädchen, zu dem er Zuneigung gefaßt hatte, abwies. Der Schock, der ihn bei diesem „exogenen" Ereignis überfiel, verstärkte seinen Rückzug, so daß er nirgends mehr Ruhe fand als bei seiner Mutter. Seine älteste Kindheitserinnerung lautete: „Als ich etwa vier Jahre alt war, saß ich am Fenster, während meine Mutter Strümpfe strickte, und beobachtete die Arbeiter, die gegenüber ein Haus bauten."

„Man wird sagen: ziemlich belanglos. Durchaus nicht. Seine Auswahl der ersten Erinnerung — ob es die älteste ist oder nicht, tut nichts zur Sache — beweist uns, daß ihn dabei irgendein Interesse gelenkt haben muß. Die Aktion seiner Gedächtnistätigkeit, geleitet durch den Lebensstil, greift eine Begebenheit heraus, die mit Stärke seine Eigenart verrät. Daß es eine Situation bei der vorsorglichen Mutter ist, zeigt uns das verwöhnte Kind. Aber noch ein Wichtiges verrät er uns. Er schaut zu, wie die andern arbeiten. Seine Vorbereitung fürs Leben ist die eines Zuschauers. Er hat wenig anderes. Versucht er sich anderswo, so sieht er sich wie vor einem Abgrund und tritt unter der Wirkung eines Schocks — Furcht vor der Tatsache der Wertlosigkeit — den Rückzug an. Läßt man ihn zu Hause bei seiner Mutter, läßt man ihn zuschauen, wie die andern arbeiten, so scheint ihm nichts zu fehlen. Seine Bewegungslinie zielt auf die Beherrschung der Mutter als das einzige Ziel seiner Überlegenheit. Leider gibt es nur wenig Aussichten für einen Zuschauer des Lebens. Nichtsdestoweniger wird man nach Heilung eines solchen Patienten nach einer Beschäftigung Ausschau halten, in der er seine bessere Vorbereitung im Schauen und Betrachten verwerten kann. Da wir es besser verstehen als der Patient, müssen wir aktiv eingreifen, so weit, um zu verstehen zu geben: Du kannst ja wohl in jedem Beruf vorwärtskommen, aber wenn du deine bessere Vorbereitung ausnutzen willst, so suche einen Beruf, in dem das Betrachten im Vordergrunde steht. Er nahm erfolgreich einen Handel mit Kunstgegenständen auf." (Sinn des Lebens.)

Dieser Mann war durch Verzärtelung nicht richtig für einen Beruf vorbereitet. Andere Menschen füllen ihre Stellung nicht ordentlich aus, weil man ihren Beruf für minderwertig hält. So wird zum Beispiel von vielen Männern der Hausfrauenberuf für minderwertig gehalten; sie sehen auf ihn herab und lassen das auch ihre Frauen deutlich fühlen. Man wird es verstehen, daß diese Frauen die Lust an ihrem Beruf verlieren, das Haus vernachlässigen und sich über ihre Hausfrauenrolle beklagen.

Gegenüber diesen Menschen, die in ihrem Beruf versagen, gibt es andere, die vollkommen in ihrem Beruf aufgehen, nur für ihn leben und kein weiteres Interesse kennen. Auch diese Berufsfanatiker haben eine irrtümliche Einstellung zum Leben. Wenn wir sie uns aus der Nähe betrachten, sehen wir, daß diese Überbetonung des Berufes, das völlige Aufgehen in ihm, oft nur eine Flucht vor der Lösung der andern Probleme bedeutet. „Mein Beruf nimmt all meine Zeit in Anspruch, ich habe daher keine Minute für irgend etwas anderes zu verschwenden.“ Mit dieser Begründung weichen sie den Aufgaben der Gemeinschaft und der Liebe und Ehe aus. In ihrem Streben nach Überlegenheit gibt ihnen der berufliche Erfolg die ersehnte Anerkennung.

Doch das übergroße Streben nach Anerkennung hindert die große Leistung. *Adler* hob hervor, daß schon die alten chinesischen Weisen sich hierüber klar waren, und gab als Illustration folgendes chinesische Märchen von einem Holzschnitzer, der ein wundervolles Werk geschnitzt hatte.

Von weit und breit kamen die Leute, es zu bewundern. Endlich kam sogar der Fürst Li, es zu betrachten, und als er mit Staunen die Schönheit des Werkes sah, fragte er den Schnitzer: „Welches ist das Geheimnis, das das Wunder deiner Arbeit erklärt?“ Der Holzschnitzer verbeugte sich tief und sprach: „Oh, erhabener Fürst, wie sollte ich, ein gemeiner Holzschnitzer, ein wunderbares Geheimnis besitzen? Ich versuchte zu schnitzen, und als es mir schwierig erschien. da fastete ich zwei Tage und fand, daß mein Ehrgeiz, Großes zu leisten, meine Arbeit hindert. Von neuem versuchte und fastete ich wiederum zwei Tage und bemerkte nun, daß meine Sehnsucht nach Erfolg mir im Wege sei. Und ein drittes Mal mußte ich noch fasten, denn ich erkannte meine Lust nach dem Lohn. Als ich das dritte Mal gefastet hatte, da bemerkte ich, daß ich keine dieser Schwierigkeiten mehr vor mir hatte, ja, daß ich mich und meine Glieder ganz vergaß. Da ging ich in den Wald, sah eine Fichte, nahm diese Fichte und schuf daraus mein Werk.“

Adler hat nun psychologisch begründet, warum der übermäßige Ehrgeiz keine große Leistung hervorbringen läßt. Übergroßer Ehrgeiz versetzt die Menschen in eine zu starke seelische Spannung und hemmt dadurch die volle Entwicklung ihres Könnens. So wirkt er nicht fördernd, sondern hemmend auf die Arbeitsleistung. Nur wenn die Menschen sachlich zu ihrer Arbeit eingestellt sind, können sie ihre Fähigkeiten voll entwickeln.

So läßt sich auch erklären, warum die Prämiensysteme in den Fabriken sich vielfach nicht bewährt haben. Der Arbeiter, der bisher sorgfältig seine Arbeit geleistet hat, wird durch die Prämie angestachelt, mehr Arbeit zu schaffen. Er wird daher schneller und weniger sorgfältig arbeiten. Nicht nur das Material leidet darunter, sondern auch der Arbeiter, dessen Nerven in größere Spannung versetzt werden. Durch diese Spannung und Gereiztheit geht oft viel von der Kameradschaftlichkeit verloren, die sonst unter den Arbeitern herrscht.

Überhaupt gibt es Menschen, die allein gute Arbeit leisten, bei Zusammenarbeit aber völlig versagen; sie haben mangelndes soziales Interesse. Ihnen fehlt die Vorbereitung für die Kooperation, auf die die ganze Menschheit angewiesen ist.

Bei der Bedeutung, die die richtige Lösung des Berufsproblems für jeden Menschen hat, ist es notwendig, alles zu tun, um Fehlschläge zu vermeiden. Dazu gehört vor allen Dingen, daß schon das Kind richtig für das Arbeiten vorbereitet wird. Haus und Schule müssen sich dieser Aufgabe unterziehen. Natürlich ist es am besten, wenn der junge Mensch einen Beruf ergreift, für den er sich interessiert. Wie häufig läßt sich bei der Berufswahl die Neigung zu einem Beruf schon bis in die Kindheit zurückverfolgen. *Adler* selbst war mit fünf Jahren schon entschlossen, Arzt zu werden.

Es ist daher sehr wichtig, daß die Eltern bereits frühzeitig darauf achten, ob das Kind eine ausgesprochene Neigung für einen Beruf hat und diese weiter zu entwickeln trachtet. Oft geben uns die Spiele der Kinder Anhaltspunkte dafür, in welcher Richtung etwaige Neigungen liegen. Zwar wissen die Kinder genau zwischen Spiel und Arbeit zu unterscheiden; das geht sehr deutlich aus folgender reizenden, wahren Geschichte hervor. Eine Großmutter sagte lobend zu ihrem Enkel, der für seinen Kaufmannsladen Tüten klebte: „Du arbeitest aber fleißig." — „Aber Großmuttchen", antwortete der Junge, „ich arbeite doch nicht, ich m u ß ja nicht, ich spiele nur." Gerade deshalb sind die Spiele für uns so wichtig, weil sie im Gegensatz zum Zwang der Arbeit uns die Neigung der Kinder verraten.

Wenn ein Junge immer wieder Kinder um sich versammelt und sie unterrichtet, hat er eine Neigung zum Lehrerberuf, wer dauernd bastelt, ist der zukünftige Ingenieur. Wer immer den Onkel Doktor spielt, will Arzt werden. Das Mädchen, das seine Puppe besorgt, trainiert für die Mutterrolle.

Die große Bedeutung, die die Schule für die richtige Vorbereitung der Kinder auf ihre spätere Arbeit hat, braucht nicht besprochen zu werden, da sie allgemein anerkannt ist. Als ein gutes Mittel, Kinder frühzeitig zum Nachdenken für ihren späteren Beruf anzuregen, empfahl *Adler*, in der Schule Aufsätze zu geben mit dem Thema: „Was ich gerne werden möchte und warum.“ Indem die Kinder sich über diese Frage ins klare kommen, beginnen sie, auf das gewählte Ziel hin zu trainieren. Das ist eine sehr gute Übung, die den Kindern später auch dann zugute kommt, wenn sie einen andern Beruf ergreifen.

Am schlimmsten ist es, wenn die Eltern einen jungen Menschen zu einem Beruf zwingen, für den er absolut keine Neigung hat. Dann tritt in den allermeisten Fällen ein schweres Versagen im Beruf auf. Es ist sehr interessant, wie weit die Abneigung gegen einen Beruf die Menschen beeinflußt. In sehr wertvollen Arbeiten hat Dr. med. *Alexandra Adler, Adler*s Tochter, gezeigt, daß sowohl bei Handarbeitern als auch bei geistigen Arbeitern eine Häufung von Unfällen kein Zufall ist. Die Unfälle hängen mit der Einstellung des Menschen zu seiner Arbeit zusammen und sind ein sinnvoller Ausdruck seines Lebensstils.

Soll den Menschen, die dem Berufsproblem gegenüber versagen, zu nützlicher Mitarbeit verholfen werden, so müssen sie den Irrtum in ihrem Lebensstil erkennen lernen. Daß ihnen dann geholfen werden kann, zeigt uns eindrucksvoll die oben wiedergegebene Beobachtung *Adler*s. Wie erfolgreich die individualpsychologische Beratung bei solchen Berufsstörungen helfen kann, geht aus einem Vortrag von Frau *Wronsky*, der damaligen Vorsitzenden der Zentrale für private Fürsorge in Berlin, hervor. Eine große Anzahl von Menschen, die aus psychischen Gründen arbeitsunfähig waren und dadurch den Wohlfahrtseinrichtungen zur Last fielen, wurde der individualpsychologischen Beratung zugeführt mit dem Erfolg, daß sie wieder arbeitsfähig wurden und ihren Beruf vollkommen ausfüllten. Man könnte also auf sozialem Gebiet viel Geld sparen, sagte sie, wenn man diese Menschen durch die individualpsychologische Behandlung wieder arbeitsfähig macht, statt sie mit Geld zu unterstützen.

Eine gute Lösung des Berufsproblems kann, wie *Adler* hervorhebt, nur durch psychologische und soziale Zusammenarbeit gefunden werden. Unser ganzes soziales System basiert auf Zusammenarbeit. Es ist daher von größter Bedeutung, daß jeder Mensch den richtigen Platz im Getriebe der Menschheit einnimmt und den richtigen Beruf wählt, den er mit vollen Kräften ausfüllt.

Liebe und Ehe

„Liebe mit ihrer Erfüllung, Ehe, ist die intimste Zuneigung zu einem Partner des andern Geschlechts, ausgedrückt in physischer Anziehung, in Kameradschaft und in dem Entschluß, Kinder zu haben. Es kann leicht gezeigt werden, daß Liebe und Ehe eine Seite der Kooperation sind — nicht nur eine Kooperation für die Wohlfahrt von zwei Menschen alleine, sondern auch eine Kooperation für die Wohlfahrt der Menschheit.“ (What Life Should Mean To You.)

Diese Definition, wenn man sie überhaupt so nennen darf, bezeichnet *Adler* selber als unvollständig; denn, wer kann sich jemals vermessen, über die Liebe allgemein und endgültig zu urteilen! So viele Menschen, so viel verschiedene Ansichten über die Liebe. Mit dieser „Definition“ will *Adler* aber besagen, daß für ihn die Liebe eine Aufgabe für zwei Menschen ist, die in der Ehe ihren Höhepunkt findet. Die Liebe ist das schönste Geschenk, das dem Menschen zuteil geworden ist. Das Unfaßbare ist plötzlich geschehen: Ein Mensch findet auf einmal einen andern Menschen, der ihm alles bedeutet, vor dem die übrige ganze Welt versinkt. — Die Liebe hat ihn erfaßt. Zwei Menschen gehen ineinander auf. Jeder hat den Wunsch, dem andern das Leben zu verschönern und es reicher zu gestalten. Ein gegenseitiges Geben und Nehmen findet statt. Liebe ist das Schönste, Höchste und Reichste, das ein Mensch dem andern zu geben vermag. Alles Kleinliche und Selbstische taucht unter in dem großen, breiten Strom der Liebe. Man liebt den Partner mehr als sich selbst, bejaht ihn mit all seinen Fehlern. Diese höchste Form der Liebe kann nur von Mitmenschen erreicht werden, denn nur sie allein sind imstande, das Wohlergehen des andern vor ihr eigenes zu stellen. Die beste

Vorbereitung für eine glückliche Lösung des Liebesproblems ist also, das Interesse für andere auszubreiten.

Der unglücklich Verliebte leidet unsagbar. Was tut nun ein solcher Mensch dagegen? So trägt zum Beispiel eine junge Frau ihren Liebeskummer zu ihrer besten Freundin. Diese rät ihr: „Mach deinen Mann eifersüchtig; dieses Mittel hat bei dem meinigen wunderbar geholfen!" — Und nun geschieht das Unerwartete. Die junge Frau erreicht mit der Methode, die bei dem Mann ihrer Freundin so gut wirkte, genau das Gegenteil. Ihr Mann entfernt sich noch weiter von ihr. Sie ahnt ja nicht, daß ihr Mann in seiner Kindheit sich durch die Geburt seines Bruders entthront gefühlt hatte, daß er immer mit der falschen Meinung aufwuchs: „Mir wird immer jemand vorgezogen." Versucht sie nun, ihn eifersüchtig zu machen, so bestärkt sie ihn nur in seiner falschen Meinung und gestaltet dadurch die Ehe noch unglücklicher. — Es gibt eben kein fertiges Rezept für eine gute Eheführung.

Das Lieben eines Menschen ist nur ein Ausdruck seiner Gesamtpersönlichkeit. Es ist so innig mit dem Lebensstil verknüpft, daß wir aus den Liebesbeziehungen eines Menschen Rückschlüsse auf seinen Lebensstil ziehen können, und umgekehrt, aus der Kenntnis seines Lebensstils die Art seiner Liebesbeziehung erraten können. Ein Mensch kann also nur einen Ausweg aus den Wirrnissen unglücklicher Liebe und Ehe finden, wenn er seinen eigenen Lebensstil und den seines Partners verstehen lernt. In der individualpsychologischen Eheberatungsstelle in Wien wie in unsern Privatberatungen hat sich immer wieder gezeigt, daß, ganz gleich, welchem Stand die Ratsuchenden angehören, sie stets über dieselben Schwierigkeiten klagen. Um diese Schwierigkeiten zu verstehen, versuchen wir, den Lebensstil des Ratsuchenden bis in die frühe Kindheit zurückzuverfolgen.

Man unterschätzt häufig, was ein Kind von der Liebe schon in frühster Kindheit erfährt. Wie unheilvoll solch kindliche Eindrücke das spätere Leben beeinflussen können, zeigt sich zum Beispiel deutlich bei Schopenhauer, dem großen deutschen Philosophen. Seine Abneigung gegen das weibliche Geschlecht und sein Haß gegen die Frau, die durch seine ganze Philosophie hindurchgehen, sind auf die Abneigung gegen seine Mutter zurückzuführen. Was für einen Charakter diese Mutter besessen hat, geht am deutlichsten aus folgendem hervor. Vor einigen Jahren veröffentlichte eine Zeitung vier Briefe, die Mütter berühmter Söhne an sie geschrieben hatten, und fragte, an welche berühmte Männer die Briefe gerichtet seien. Selbst wenn kein Vorname genannt wäre, hätte jeder philosophisch gebildete Mensch sofort aus dem einen Brief erkennen müssen, daß er von der Mutter *Schopenhauers* stammt; denn so giftig konnte nur sie schreiben. Zwei Zitate werden klar ihre Einstellung zu dem Sohne zeigen. Als *Schopenhauer* einst beabsichtigte, sie zu besuchen, schrieb sie: „Es ist für mein Glück notwendig, zu wissen, daß Du glücklich bist, aber nicht Zeuge Deines Glücks zu sein." Und an einer anderen Stelle: „Aber dennoch bist Du überlästig und unverträglich, und ich würde es als außerordentlich beschwerlich betrachten, mit Dir zu leben; all Deine guten Eigenschaften werden durch Deine Superklugheit verdunkelt." Nach diesen Briefproben kann jeder *Schopenhauers* Abneigung gegen seine Mutter verstehen. Wie bei *Schopenhauer* in der Philosophie, so finden wir in Literatur und Kunst die Frau oft als gefährlich dargestellt. Der Sündenfall, die Vertreibung aus dem Paradies wurden durch Eva verursacht, *Delila* überwand mit List die Kraft *Samsons*, *Helena* verursachte den Untergang *Trojas*. Bis auf den heutigen Tag finden wir dieses Motiv: Die Frau ist die Ursache alles großen Unglücks. *Baudelaire* drückt diese Auffassung sehr gut aus in folgendem Ausspruch: „Ich habe nie den Gedanken an eine schöne Frau fassen können, ohne gleichzeitig die Empfindung einer ungeheuren Gefahr zu haben!" In Anekdoten, obszönen Geschichten, in entwertenden Vergleichen, in Gemälden, die die Frau als Sphinx, Dämon, Vampir, Hexe usw. darstellen, spiegelt sich der Versuch wider, sich gegen die Frau zu sichern.

Viele junge Männer, die sich schon in der Kindheit eine irrige Meinung von der Liebe gebildet haben, werden durch diese Lektüre noch in ihrer Meinung bestärkt, sich von der Frau möglichst fernzuhalten. Unter Berufung auf die Philosophen und Schriftsteller, die die Frau als Gefahr darstellen, weichen sie der Lösung der Liebesfrage aus. Auch viele Mädchen werden schlecht für die Lösung des Liebesproblems vorbereitet. Es wird ihnen oft so dargestellt, als ob sie sich etwas vergeben würden, wenn sie dem Mann ihre zärtlichen Gefühle enthüllten. So trainieren sie häufig auf Distanz vom Mann und stoßen ihn später durch ihre Kälte und Herbheit ab.

So kam in meine Beratung eine zehn Jahre lang verheiratete Frau. Sie klagte darüber, daß ihr Mann sich ganz von ihr entfernt hätte und selten zu Hause sei. Sie hatte von Kindheit an von der Ehe einen ungünstigen Eindruck, da ihre nervöse Mutter in ständigem Streit mit dem Vater lebte. Ihre Mutter, die den jüngeren Bruder vorzog, war selber sehr herb und warnte sie, je einem Mann ihre Liebe zu zeigen. So hatte sie von Kindheit an sich bemüht, keine Zärtlichkeit an den Tag zu legen. Ihr Mann, der der Jüngste einer großen Familie war, war an ein Übermaß von Zärtlichkeit gewöhnt. Sie hatten einander aus Liebe geheiratet, aber er war nun tief enttäuscht, als er nicht die erwartete Zärtlichkeit fand. Als sie erkannt hatte, daß ihr herbes Wesen nicht von der Mutter ererbt war, sondern ihrer ganzen irrtümlichen Einstellung zum Liebesproblem entsprang, als ihr auch der Lebensstil ihres Mannes klar geworden war, konnte sie sich ändern und eine harmonische Ehe führen.

Andere Mädchen lehnen häufig, durch solche Vorurteile entmutigt, ihre Frauenrolle ab; sie entwickeln einen „männlichen Protest“ oder werden frigide und weichen der Liebe und Ehefrage vollkommen aus. Diese falsch eingestellten Menschen neigen häufig zu Perversionen. Ihre abnorme Sexualität läßt sich aus ihrer Gesamtpersönlichkeit erklären.

Adler hat nie die Bedeutung der Sexualität unterschätzt, wie ihm so häufig vorgeworfen wird. Das geht deutlich aus einem Brief hervor, den er 1931 an den damaligen Vorsitzenden des Berliner Vereins für Individualpsychologie sandte und dessen Kopie er mir nachschickte. „Daß ich gegen die Hinterlandspolitik immer Stellung genommen habe, gegen das Hineintragen von Politik, religiösen Streitfragen und psychoanalytischen Formeln, ebenso gegen die Bagatellisierung der Sexualität unter dem Schleier der Individualpsychologie, dürfte für niemanden ein Geheimnis gewesen sein.“ Aber nach seiner Auffassung ist die Sexualität kein hemmungsloser Trieb, sondern wird vom Lebensstil gelenkt. „Jeder Mensch hat die Sexualität, die er braucht.“ Selbstverständlich spielt die sexuelle Anziehung bei der Partnerwahl eine große Rolle; doch sie allein ist nicht ausschlaggebend. Bindungen, die allein auf sexueller Neigung beruhen, eignen sich nur für vorübergehende Liebesaffären.

Viele Menschen finden niemals ihren richtigen Liebespartner. Dies scheint nach unserer Ansicht kein Zufall zu sein; denn solche Menschen trauen sich nicht zu, das Liebesproblem richtig zu lösen, und stellen, um der Lösung auszuweichen, solch hohe Anforderungen, daß sie niemals erfüllt werden können. So sucht zum Beispiel jemand einen fehlerfreien Partner, den es natürlich nicht gibt, da jeder Mensch Fehler hat. Ein anderer glaubt, einen Menschen zu lieben, den er nur einmal gesehen hat und der dann aus seinem Gesichtskreise verschwunden ist; er trauert diesem Menschen nach und schließt dadurch jede Möglichkeit aus, einen andern zu lieben. Er hat also „eine unglückliche Liebe".

Auch auf anderem Wege suchen Menschen dem Liebes- und Eheproblem auszuweichen, indem sie sich in verheiratete Frauen resp. Männer verlieben. Ihre Liebe zu Verheirateten verhindert jede Entfaltung einer Liebe zu einem freien Partner. Sie wissen, daß sie ihren Partner doch nie besitzen können. So sichert sie diese Liebe vor jeder anderen und erledigt damit für sie die richtige Lösung des Liebesproblems.

Natürlich gibt es noch viele andere Gründe, warum sich Menschen in Verheiratete verlieben. Der eine tut es aus Machtstreben, aus Freude, dem andern etwas wegzunehmen. Ein anderer liebt einen verheirateten Menschen, weil er sieht, daß dessen Ehe unglücklich ist. Er hat das Bestreben, ihm zu helfen und ihn von der Fessel zu befreien. Ein schönes Beispiel ist *Galsworthy,* der die Liebe zu einer unglücklich verheirateten Frau so wundervoll aus eigenem Erleben beschrieben hat.

Wieder andere Menschen weichen der richtigen Lösung des Liebesproblems aus, indem sie ein Liebesabenteuer nach dem andern anknüpfen, ohne sich an eine Frau für immer zu binden. Dieser Don-Juan-Typ sucht äußerlich seine Macht durch seine dauernden Eroberungen zu manifestieren. Innerlich ist er unsicher. Er ist nicht richtig vorbereitet, e i n e n Menschen zu wählen und mit ihm sein übriges Leben zu verbringen. Dieser Typus kann keine Dauerbindung eingehen.

Die richtige Partnerwahl ist ungemein wichtig für ein glückliches dauerndes Zusammenleben. Wir halten es für wichtig, den Partner aus dem gleichen sozialen oder geistigen Niveau zu wählen. Das darf nicht mißverstanden werden. Uns Individualpsychologen liegt jeder Klassenstolz ganz besonders fern, denn wir beurteilen den Menschen nicht nach seiner Klasse, sondern nach seinen Leistungen. Beobachtungen haben uns aber belehrt, daß Bindungen aus ungleichen sozialen Kreisen unglücklich verlaufen. Nur sind die Gründe, aus denen das geschieht, ganz anders, als man allgemein annimmt. Wenn zum Beispiel ein Gelehrter seine Köchin heiratet, oder ein Mädchen aus intellektuellen Kreisen einen ungebildeten Mann, einen Spieler oder einen Trinker, beabsichtigen sie häufig, ihren Partner zu ihrem eigenen Niveau emporzuheben.

Nach der allgemeinen Ansicht sollte der Tieferstehende über seine Heirat glücklich sein und dankbar zu dem andern Partner emporsehen. Doch das Gegenteil trifft meistens zu; diese Menschen empfinden eine solche Heirat als Druck, denn kein Mensch kann dauernd in Dankbarkeit und Ergebenheit zu einem andern aufschauen. Sie haben auch gar nicht den Wunsch, erhoben zu werden. Der Trinker zum Beispiel fing nicht zu trinken an, weil ihn früher unglückliche Familienverhältnisse dazu trieben, wie seine Frau sich einbildet, sondern weil er einen Minderwertigkeitskomplex hat. Sein Minderwertigkeitskomplex wird aber nur vergrößert, wenn er gezwungen ist, immer anbetend zu seiner Frau aufzusehen. Es leidet also zuerst gar nicht der Angehörige der höheren Sphäre — er glaubt ja an seine Mission —, sondern der andere leidet. Er fühlt sich minderwertig und beginnt mit aller Macht zu kämpfen, mit dem Resultat, daß der Höherstehende zu ihm herabgezogen wird.

Bei der Auswahl des Partners sollte man vor allem darauf achten, daß er Freunde hat und seinen Beruf schätzt. Von ganz besonderer Bedeutung wäre es, wenn man gleich erkennen könnte, ob er seinen Partner mehr liebt als sich selbst. Das ist natürlich sehr schwierig, denn man darf hier nicht den Worten trauen, da ein Verliebter alles verspricht, sondern man muß auf sein Verhalten andern gegenüber achten. Ein amüsantes Beispiel dafür, wie ein Liebespartner nicht sein soll, erzählte *Adler*. Auf einer Gesellschaft sah er, wie beim Tanz ein Brautpaar hinfiel. *Adler* eilte hin, um ihnen aufzuhelfen. Da sah er zu seinem Entsetzen, wie der Bräutigam seine Braut mit einer Hand niederdrückte und mit der anderen auf dem Boden suchte. „Was machen Sie da?“ fragte *Adler* ihn. „Ich will meine Braut nicht aufstehen lassen, ehe ich meine Brille gefunden habe — sie könnte darauftreten und sie zerbrechen!“ war des Bräutigams Antwort. Allein aus dieser Antwort können wir uns die Zukunft dieses bedauerndswerten Mädchens ausmalen.

Man darf sich auch nicht wundern, wenn Menschen vor der Ehe sich ganz anders verhalten als in der Ehe. Vor der Ehe bemühen sich alle, immer den besten Eindruck zu erwecken. Doch wenn erst der Ehehafen erreicht ist, halten es viele Menschen nicht mehr für notwendig, sich noch weiter zusammenzunehmen, sondern sie lassen sich gehen. Wie oft findet man, daß vor der Ehe ein Mädchen stets sorgfältig auf ihre Erscheinung geachtet hat, aber nach der Heirat sich gar nicht mehr um ihr Aussehen kümmert. Oder ein junger Ehemann erweist sich als vollkommen uninteressiert an allen intellektuellen Dingen, während er vor der Heirat gerade auf diesem Gebiete ganz besonders bewandert schien; er hatte sich nur, um mithalten zu können und Eindruck zu machen, vor der Heirat geistig auffrisiert mit dem Erfolg, daß er sein ersehntes Ziel erreichte.

Wie oft erwarten Eltern, die ihr Kind 20 oder 25 Jahre lang ganz falsch erzogen haben, daß es durch den Ehepartner zum Guten geändert wird. Sie sind dann sehr verärgert, wenn die Bemühungen ihres Schwiegersohnes bzw. ihrer Schwiegertochter keinen Erfolg haben. Sie verstehen nicht, daß der Angeheiratete vor einer unlösbaren Aufgabe steht. Es ist zwecklos, zu versuchen, einige Eigenarten des Partner zu beseitigen, da doch in erster Linie der Lebensstil geändert werden muß. So ist es für den Partner sehr schwierig, selbst wenn er den besten Willen hat, den einen oder den andern Charakterzug isoliert zu ändern. Wohl gelingt es, Äußerlichkeiten wie schlechte Manieren, ungepflegtes Äußeres usw. zum Verschwinden zu bringen, vorausgesetzt, daß sie nicht der Ausdruck eines Protestes sind; aber das Wesen des Menschen wird dadurch nicht geändert.

In andern Fällen können Eltern, ohne es zu ahnen, einen ungünstigen Einfluß auf das Eheglück ihres Kindes dadurch ausüben, daß sie ihr Kind gegen den Ehegatten beeinflussen. Natürlich haben die Eltern recht, ihr Kind vor einem Ehepartner zu warnen, den sie für ungeeignet halten. Ist aber erst einmal die Wahl getroffen, wenn auch gegen ihren Willen, so sollten sie sich, so gut es geht, in die Situation hineinfinden, das Beste daraus machen und nicht dagegen ankämpfen oder düstere Prophezeiungen ausstoßen. Ganz unwillkürlich wird ihr Kind den Warnungen lauschen und mißtrauisch gegen den andern werden. Auf diese Weise ist schon manche Ehe zerstört worden.

Auch zu großer Familienegoismus kann für das Glück in der Ehe schädlich sein. In manchen Familien halten Eltern und Geschwister sehr zueinander. Sie fühlen sich als eine Einheit und lassen das neue Familienmitglied fühlen, daß es nur angeheiratet ist. Alle wichtigen Fragen werden auch weiterhin mit der Familie besprochen und entschieden. Es gibt in einer solchen Ehe kein „Wir", sondern nur ein „Ich und Du". Auf diese Art kann sich nie die „Zweisamkeit" entwickeln, die *Adler* für den Ausdruck einer guten Ehe hält. Die Kluft zwischen den Eheleuten kann sich noch weiter vertiefen, wenn sich die eine Familie besser dünkt als die andere. Dann finden wir sehr häufig, daß der eine Ehepartner einen Minderwertigkeitskomplex entwickelt, weil er als minderwertig, als ein Fremdkörper und Eindringling betrachtet wird. Fängt nun der Angeheiratete an, sich hiergegen aufzulehnen und versucht, seine Gleichberechtigung zu betonen, so kann es zu einem verhängnisvollen Ehestreit kommen. Natürlich schiebt die Familie dem Eindringling die Schuld an der unglücklichen Ehe zu; sie übersieht dabei vollkommen, daß infolge ihres eigenen Familienegoismus die Familienmitglieder nicht richtig für die Ehe vorbereitet waren und daß dadurch die Harmonie der Ehe zerstört wurde.

Besonders häufig ist die Ehe verzärtelter Kinder unglücklich. Sie sind von klein auf gewöhnt, mit offenen Händen dazustehen, nur um zu nehmen, Zärtlichkeiten und Leistungen des andern zu empfangen, ohne selbst etwas zu geben. Solch verkehrte Einstellungen finden wir bei Männern ebenso häufig wie bei Frauen. Zufällig hörte ich einen Ausspruch, der bezeichnend für derartige Ehen ist. Auf dem Bahnhof einer Großstadt kam im letzten Augenblick ein Ehepaar in unser Coupé gekeucht. Kaum konnte die Frau wieder atmen, als sie ihren Mann mit Vorwürfen überhäufte. Sie hätten schon im falschen Zug gesessen und beinahe den richtigen nicht mehr erreicht. Er hätte sich doch rechtzeitig informieren müssen! „Wozu habe ich dich denn geheiratet?"

Auch viele einzige Kinder, die nicht gelernt haben, zu kooperieren, versagen in der Ehe. Folgendes Beispiel ist aus *Adlers* „Sinn des Lebens" entnommen: Ein Mann klagte in ärgerlicher Weise darüber, daß seine Frau alles vergesse. Da eine organische Gehirnerkrankung ausgeschlossen war, untersuchte *Adler* den Lebensstil der Patientin. „Sie stellte sich als eine ruhige, freundliche, verständige Person heraus, die unter Schwierigkeiten von seiten ihrer Schwiegereltern ihre

Ehe mit dem herrschsüchtigen Manne durchsetzen konnte. Er ließ sie im Verlauf der Ehe oft ihre pekuniäre Abhängigkeit fühlen, ebenso ihre Herkunft aus einem niedrigen Stande. Meist ertrug sie seine tadelnden Belehrungen schweigend. Gelegentlich wurde auch von beiden Seiten die Frage einer Scheidung aufgeworfen. Die Möglichkeit einer ungebrochenen Herrschaft über die Frau hielt den herrschsüchtigen Mann immer wieder davon zurück.

Sie war das einzige Kind freundlicher, liebevoller Eltern, die nie etwas Tadelnswertes an ihrer Tochter fanden. Daß sie von Kindheit an ein Spiel, eine Beschäftigung ohne andere Kinder vorzog, erschien ihnen nicht als Fehler, um so weniger, da sie fanden, daß das Mädchen, wenn es einmal in eine freundliche Gesellschaft kam, sich tadellos benahm. Aber auch in der Ehe war sie darauf bedacht, sich ihr Alleinsein, ihre Lesestunde, ihre Muße, wie sie sagte, weder durch den Gemahl noch durch Gesellschaft verkürzen zu lassen, während ihr Gatte lieber mehr Gelegenheit gehabt hätte, an ihr seine Überlegenheit zu beweisen. Es war übrigens ein Übereifer darin zu bemerken, wie sie ihre Hausfrauenpflicht erfüllte. Nur daß sie auffällig häufig vergaß, Aufträge ihres Mannes zu erfüllen.

Aus ihren Kindheitserinnerungen ging hervor, daß sie es immer als große Freude empfand, wenn sie allein ihre Obliegenheiten erfüllen konnte.

Der geschulte Individualpsychologe sieht auf den ersten Blick, daß ihre Lebensform für Leistungen, die sie allein erfüllen konnte, recht gut geeignet war. Nicht aber für eine Aufgabe zu zweit, wie die Liebe und die Ehe. Ihr Gatte war infolge seiner Eigenart nicht geeignet, ihr diese Fähigkeiten beizubringen. Doch benahm sie sich tadellos. Und wer nur diese Seite ins Auge faßte, hätte wohl keinen Fehler an ihr entdecken können. Für die Liebe aber und für die Ehe war sie nicht vorbereitet, dort versagte ihr Mitgehen. Wir können, nur um ein Detail herauszuheben, daraus auch die Form ihrer Sexualität erraten: Frigidität. Jetzt können wir wieder an die Betrachtung des mit Recht zurückgestellten Symptoms gehen. Ja, wir verstehen es bereits. Ihr Vergessen war die wenig aggressive Form ihres Protestes gegen aufgezwungene Mitarbeit, für die sie nicht vorbereitet war, die auch außerhalb ihres Zieles der Vollkommenheit lag."

Das Streben nach persönlicher Überlegenheit kann das Glück jeder Ehe zerstören. Die wichtigste Grundlage für eine glückliche Ehe ist die Auffassung beider Partner, daß sie gleichwertig sind. Für die Führung einer guten Ehe ist es von Bedeutung, daß beide Partner von dem Wunsch und dem festen Willen beseelt sind, bis ans Lebensende zusammenzuhalten. Ganz energisch hat sich *Adler* gegen den Vorschlag des berühmten amerikanischen Richters *Lindsay* gewandt, der eine Probeehe befürwortet hatte; denn an alles, was provisorisch ist, gehen nur die wenigsten mit dem nötigen Ernst heran. So würde man sich auch bei einer Probeehe keine besondere Mühe mit der Auswahl des Partners machen und in der Ehe nicht genau aufeinander eingehen, da man ja weiß, daß man leicht wieder auseinandergehen kann. Es war daher für *Adler* eine große Freude, als er hörte, daß auch *Lindsay* selbst den Gedanken der Probeehe aufgegeben hat.

Über der Ehe sollte nicht nur der Spruch stehen „Erkenne dich selbst“, sondern auch der „Verstehe den andern“. Wieviel eheliches Unglück beruht auf der Unkenntnis der menschlichen Seele und entsteht aus Mißverständnissen. Wenn man das Streben des Menschen nach Geltung versteht, wird man alles vermeiden, wodurch sich der Ehepartner herabgesetzt fühlen könnte. Hört zum Beispiel eine Frau dauernd von ihrem Mann „Du Dummchen, du verstehst davon nichts! Du machst ja alles falsch“, so wird sie stets darauf ungünstig reagieren. Es gibt natürlich zahllose Varianten für ihr Handeln. Um nur einige herauszugreifen, kann sie zum Beispiel dem Manne beweisen wollen, daß er recht hat. Jedes geistige Streben, jedes selbständige Denken hört nach und nach auf, sogar in der Wirtschaft läßt ihre Aktivität nach. Schließlich merkt der Mann zu seinem Schrecken, daß sie nun wirklich so dumm ist, wie er es anfangs behauptet hat, nur um sich seine eigene Überlegenheit zu beweisen. Andere Frauen nehmen ihre Zuflucht zu nervösen Erkrankungen, um ihr zerstörtes Selbstbewußtsein vor sich und andern aufzurichten. Leisten sie nun nichts, so ist daran nicht ihre Dummheit, sondern ihre Krankheit schuld. Andere gehen einen ganz anderen Weg. Man stelle sich einmal folgende Situation vor. Eine Frau, die immer von ihrem Manne entwertet wird, trifft plötzlich einen Menschen, der ihr den Hof macht. Er lobt ihre Klugheit, rühmt ihren Geist und ist von ihrem Charme bezaubert; sie sei die einzige Förderin seiner Arbeit, die einzige, die ihn versteht. Ist es dann nicht zu erklärlich, wenn sie diesen Mann zu ihrem Liebhaber nimmt, um sich den Wert ihrer Persönlichkeit zu beweisen?

Auf etwas andere Art sucht der Mann sein Geltungsstreben durchzusetzen. Häufig heiratet ein Mann mit Überlegenheitsstreben eine starke und herrschsüchtige Frau. Hier reizt es ihn besonders, seine Macht zu zeigen und sie seine Überlegenheit fühlen zu lassen. Doch die Frau wehrt sich mit aller Macht dagegen und versucht ihrerseits, den Mann zu bezwingen. So kommt es zu einem Kampf zwischen den Eheleuten, in dem jeder versucht, seine Überlegenheit über den andern durchzusetzen. Zwischen ihnen besteht eine dauernde Spannung, ein fortwährender Zank und Streit, in dem das Glück der Ehe rettungslos zugrunde geht. Häufig zieht der Mann den kürzeren; durch dauernde Nörgelei wird er langsam zermürbt. Geschäftliche Mißerfolge werden ihm vorgeworfen; alles, was er sagt und tut, wird kritisiert; seine Leistungen werden entwertet. Er weiß, wenn er nach Hause kommt, erwarten ihn Tadel und Herabsetzung. So wird er der dauernden Kämpfe müde und sucht sich einen Menschen, der ihm Wärme und Anerkennung entgegenbringt. Er geht zu einer anderen Frau, zu der „kleinen Frau“, wie sie Fürstin *Mechtilde Lichnowski* so schön in ihrem Buch „An der Leine“ schildert. Sie ist ein ganz unbedeutendes Wesen, aber — und das ist ihr großer Vorzug — sie sieht zu ihm auf und bewundert ihn. Diese kleine Frau fürchtet, daß sie mit andern verglichen werden könnte; daher sucht sie den Mann zu isolieren und versteht es geschickt, seinen alten Kreis zu entwerten und ihn gegen seine früheren Freunde und Bekannten aufzustacheln. So bringt sie ihn selbst schließlich dazu, daß er jeden Verkehr aufgibt. Auf diese Weise löst sich das Rätsel, warum Männer, die ihr Glück bei einer kleinen Frau gefunden haben, sich allmählich von ihren Freunden völlig zurückziehen.

Sehr schön beschreibt eine bekannte ausländische Schriftstellerin in einem wundervollen Roman die Flucht eines verheirateten Mannes zu solch einem kleinen Mädchen. Besonders aufregend ist eine Szene, in der die Frau voll Eifersucht ihren Mann in einem Restaurant ganz verliebt mit einem jungen Mädchen sitzen sieht. Zufällig lernte ich die Schriftstellerin kennen. Ich erzählte ihr, daß ich bei der Lektüre ihres Buches das Gefühl gehabt hätte, sie selbst hätte diese Szene durchlebt, dies sei mit ihrem Herzblut geschrieben. „Leider haben Sie richtig geraten“, antwortete sie. „Mein Mann hat sich von mir scheiden lassen, als ich schon erwachsene Kinder hatte, um ein junges unbedeutendes Mädchen zu heiraten. Diese Szene habe ich selbst erlebt.“ Der Mann hatte offensichtlich die Überlegenheit seiner schönen, geistvollen und liebenswürdigen Frau nicht ertragen können und ein ihm unterlegenes Mädchen gewählt.

Andere Männer, denen die Atmosphäre im Hause verleidet ist, suchen ihr Behagen außer Hause. Wie oft nur das falsche Benehmen der Frau den Mann aus dem Hause treibt, ohne daß ihn ein Magnet von außen anzieht, zeigt ein Erlebnis von *Adler*. Er besuchte in New York einen Bekannten und fand ihn zu seinem Erstaunen in einem sonst leeren Zimmer am Schreibtisch sitzen. „Was machen Sie hier?“ fragte *Adler*. „Zu Hause höre ich nur Nörgelei, hier habe ich eine Stelle, wo ich ruhig sitzen und rauchen kann“, war seine Antwort.

Natürlich gibt es auch Frauen, die durch das unvernünftige Verhalten des Mannes aus dem Hause getrieben werden.

Alle Sinne werden in den Ehekampf einbezogen. So klagt der eine Partner zum Beispiel über das Schnarchen des andern. Bei oberflächlicher Betrachtung wird man solche Beschwerden für berechtigt halten; aber warum werden Menschen mit sehr feinen Ohren nicht durch das Schnarchen des Partners gestört, wenn sie sonst nichts gegen ihn haben? Wir sehen daher in solchen Klagen ein Zeichen dafür, daß der Leidende gegen seinen Partner eingestellt ist.

Man darf sich auch nicht durch allgemein verbreitete Anschauungen über das wahre Kräfteverhältnis im ehelichen Kampf täuschen lassen. So hört und liest man sehr oft, daß die Frau zum Manne aufsehen will und den Trieb nach Unterordnung besitzt. Aber in Wirklichkeit verhält es sich doch anders. Wohl hört man, wie zarte, gebrechliche Frauen häufig betonen, daß ihr Mann ihre Stütze sei; aber bei näherem Zusehen zeigt es sich, daß sie gerade durch ihre Schwäche ihm das Gesetz seines Handelns diktieren. Man soll eben nicht darauf achten, was der Mensch sagt, sondern darauf, wie er handelt.

Im allgemeinen braucht der Mann den Kampf um seine Stellung gar nicht zu führen, da er ja als Ernährer der Familie eine Vorzugsstellung innehat. Doch oft genügt ihm dies nicht; er will seine Machtstellung ganz auskosten. So gibt er zum Beispiel der Frau nur auf ihr Bitten Geld; über jeden Pfennig, den sie ausgibt, muß sie Rechenschaft ablegen und genau über all ihr Tun und Lassen während des Tages Auskunft geben. Er hält sich für berechtigt, so zu handeln, weil er durch seine Arbeit das Geld verdient. Der Mann übersieht dabei völlig, daß seine Frau auch wertvolle, aber unbezahlte Arbeit leistet. Ihre Pflichten als Hausfrau werden als selbstverständlich angesehen. Von ihrer wichtigen Aufgabe der Kindererziehung wird nur dann Notiz genommen, wenn sich bei den Kindern Fehler bemerkbar machen.

Umgekehrt kann auch die Frau den Mann ihre Überlegenheit fühlen lassen, wenn sie durch ihre Arbeit die Familie erhält bzw. wesentliches beisteuert, oder wenn sie, aus wohlhabendem Hause stammend, einen größeren Zuschuß für den Unterhalt der Familie gibt.

Eine mächtige Waffe im Kampf um die Macht ist die Eifersucht. Selbstverständlich gibt es berechtigte Eifersucht, wie das oben geschilderte Beispiel der Schriftstellerin zeigt. Aber ebensooft, wenn nicht öfters, ist die Eifersucht eine Ausgeburt der Phantasie, ein Hirngespinst, das der Mensch grundlos hervorruft. Sie ist ein Zeichen der eigenen großen Unsicherheit. Die Vernunft mag dem Menschen noch so oft sagen: Es sind ja gar keine Gründe vorhanden, aber seine Phantasie spiegelt ihm vor: ich habe doch Ursache zur Eifersucht. Gerade dadurch, daß keine Gründe vorhanden sind, wächst die Eifersucht; sie entwickelt sich zu einem furchtbaren Gespenst, das Tag und Nacht nicht von der Seite weicht. Je grundloser die Eifersucht, desto größer die Qualen. Jeder Blick, jede Handlung des „geliebten Objekts" wird mißtrauisch betrachtet. Welche Eifersucht, wenn es einem anderen Menschen ein nettes Wort sagt, sich mit etwas anderem beschäftigt als mit dem Eifersüchtigen! Ein typisches Bild eines Eifersüchtigen gibt uns der Brief eines Mannes über seine Braut, der aus dem Buch „Wie die Frau den Mann erlebt" von *Sophie Lazarsfeld* *) entnommen ist: „Ich habe sie sehr lieb, ich glaube lieber als mich. Ich bin schrecklich eifersüchtig, ohne einen eigentlichen Grund dafür zu haben, sogar auf Mädchen. Ich will, daß meine Braut mir zuliebe auf alles verzichtet, daß sie nur für unsere Liebe lebt. Da ergeben sich nun bei jeder Kleinigkeit Streitereien zwischen uns. Sagen Sie nicht, ich soll die Sache nicht so tragisch nehmen, ich muß es tun. Ich liebe sie eben so sehr, daß sie nur für mich leben soll. Was soll ich jetzt tun, um glücklich zu sein? Bitte raten, helfen Sie mir."

---

*) Verlag für Sexualwissenschaft, Wien.

Dieser Mann betrachtet seine Braut als seinen Besitz; nur für ihn soll sie leben. Welch grenzenloser Egoismus, welch unbändiges Streben nach Herrschaft spricht aus diesem Briefe! Liebe steht hier für Selbstsucht. Nie denken die Eifersüchtigen an den andern. „Dieser Mensch gehört uns“, ist ihre Auffassung. Ihr ganzes eifersüchtiges Verhalten, ihre dauernden Vorwürfe treiben nun oft den andern zu dem, was sie gerade vermeiden wollen; das, was sie befürchtet haben, tritt ein, ihr Partner wendet sich einem andern zu. Dadurch kann ihre Eifersucht so aufgestachelt werden, daß sie ihrer Sinne nicht mehr mächtig sind und oft die größten Wahnsinnstaten begehen wie Selbstmord oder Mord. Durch Selbstmord glauben sie sich an ihrem Partner zu rächen, aus der Vorstellung heraus, daß ihr Tod ihrem Partner immer auf dem Gewissen lasten wird. Durch Mord des Geliebten aber triumphieren sie über den andern. „Wenn ich ihn nicht haben kann, dann soll auch kein anderer ihn haben!“ *Don José* in der Oper Carmen ist uns ein deutliches Beispiel für diese Auffassung des Besitzers. Die Eifersüchtigen betrachten ihren Partner als ihr Eigentum. Sie sind von klein an nur auf Nehmen und Besitzen trainiert und behalten diese Einstellung auch ihrem Liebespartner gegenüber. Besitz und Liebe lassen sich nicht vereinen, im Gegenteil, sie schließen sich gegenseitig aus. *Galsworthy* beschreibt so wundervoll den Mann *Soames* als „Besitzer“ seiner Frau Irene in der *Forsyte Saga*. Nach dem Tode *Soames'* sagt er über ihn:

„Und wenn ein fahler Besitzer, wie jener arme alte Mann, versuchte und für einen Moment erfolgreich war, zwinkern die Sterne ein wenig mehr nach seinem Tod. Zu besitzen und zu behalten! Als ob man das könnte!“ *(Swansong)* *)

Wie Irene in der *Forsyte Saga* glaubte, daß durch die Heirat mit *Soames* auch die Liebe für ihn erweckt würde, so denken auch viele Menschen im wirklichen Leben, daß Liebe Gegenliebe hervorruft. Aber diese Annahme ist irrig. Ehen, die auf Grund dieser falschen Voraussetzung geschlossen sind, werden meist unglücklich.

Unglückliche Ehen sind aber auch von unheilvollen Folgen für die Kinder. Anstatt in der Atmosphäre der Kooperation wachsen sie in einer Atmosphäre des Kampfes zwischen den Eltern auf und werden oft mit in diesen Kampf hineingezogen. So bilden sie sich

---

*) Heinemann, London.

eine ganz falsche Auffassung von der Liebe und können später die Liebesfrage nicht lösen. Wollen sich aber die Eltern der Kinder wegen nicht scheiden lassen, so müßte man versuchen, eine bessere Ehe zu führen. Der Wunsch ist auch vorhanden, aber die Eheleute allein können keinen Ausweg finden. In der Beratung kommen die Ehegatten zu der Einsicht, daß unglückliche Liebe und Ehe nicht schicksalsbedingt sind, daß vielmehr ihre eigene irrtümliche Einstellung all diese Schwierigkeiten hervorgerufen hat. Diese Einsicht ermöglicht es ihnen, ihre zerrüttete Ehe gemeinsam wieder aufzubauen, neues Glück in ihr zu finden und die Liebe wieder aufleben zu lassen.

Kapitel 5

IRRTÜMLICHE LÖSUNGEN DER LEBENSPROBLEME

Schwererziehbarkeit — Verbrechen — Neurose — Männlicher Protest — Homosexualität — Sadismus — Masochismus — Fetischismus

Schwererziehbarkeit

Soziales Interesse ist unbedingt erforderlich zur erfolgreichen Lösung unserer Lebensprobleme. Ist es nicht vorhanden, so werden immer Fehlschläge eintreten. Betrachten wir schwererziehbare Kinder, Verbrecher, Neurotiker genauer, so finden wir in jedem Falle, daß sie nur wenig Interesse für andere besitzen. *Adler* zieht keinen Trennungsstrich zwischen normalen und anormalen Menschen; für ihn sind die ersteren mit kleineren, die letzteren mit größeren Irrtümern behaftet. Er betrachtet also die Fehlschläge nur als Varianten. Von diesem Gesichtspunkt aus geht er an die Menschen heran, die im Leben teilweise oder ganz versagen. Er sucht nicht nach Schuld, er klagt nicht an, sondern lehrt, wie man diese Menschen verstehen kann, wie sie sich selbst verstehen können, und gibt dadurch ein Mittel zu ihrer Heilung.

Bei jedem Fehlschlag konnte *Adler* Schwererziehbarkeit in der Kindheit feststellen. Daher ist es wichtig, vor allem die Schwererziehbarkeit zu verstehen. Von schwererziehbaren Kindern spricht man nur, „wenn es sich durch längere Zeit gezeigt hat, daß ein Kind sich nicht als gleichberechtigter Teilnehmer zur Mitarbeit einstellt". (Sinn des Lebens.) Dabei möchte ich die imbezillen und idiotischen Kinder hier vollkommen ausschließen, da sie nach ganz anderen Gesichtspunkten beurteilt werden müsen. Es ist manchmal sehr schwer festzustellen, ob ein Kind imbezill ist oder nicht, und so finden wir in den Berichten *Adlers* oft die Bemerkung: „Also handelt es intelligent", ein Satz, der gewissermaßen wie ein Aufatmen klingt; denn nun wissen wir, daß dem Kinde geholfen werden kann.

Die Formen, in denen Schwererziehbarkeit sich äußert, weisen die ganze Skala der Kinderfehler auf wie: Eßschwierigkeiten, Stuhlverhaltung, Bettnässen, Faulheit, Lügen, Feigheit, Ängstlichkeit, Grausamkeit usw. Die Wahl des Symptoms kann auf verschiedenen Wegen zustande kommen. So kann z. B. ein sonst ganz gesundes Kind Eßschwierigkeiten deswegen machen, weil die Eltern oder Erzieher die Wichtigkeit des Essens besonders betonen. Es kann aber auch Eßschwierigkeiten machen, weil eine Organminderwertigkeit des Magens vorliegt. Solch ein minderwertiges Organ spricht oft eine deutlichere Sprache als das Kind selber; diese Sprache des Organs nennt *Adler* „Organdialekt". Ein Kind erbricht z. B. regelmäßig, bevor es zur Schule geht. Die Eltern und das Kind sagen, daß es sehr gern zur Schule geht. Wir aber achten auf den Organdialekt, der uns anzeigt, daß dieses Kind sich in der Schule nicht wohl fühlt. Vor jedem Schulbesuch gerät es in solche Aufregung, daß der ganze Körper in Spannung versetzt wird, wobei das minderwertige Organ, in diesem Falle also der Magen, besonders stark reagiert.

Aber ganz gleichgültig, welchen Fehler diese Kinder zeigen, ob sie nur einen oder mehrere aufweisen, das Wesentliche für das Zustandekommen der Schwererziehbarkeit ist die ungenügende Entwicklung des sozialen Interesses. Das ganze Interesse dieser Kinder ist nur auf sich selbst konzentriert.

Adler teilt die schwererziehbaren Kinder in zwei Gruppen: Die mehr aktiven und die mehr passiven. Ein solch aktives Kind ist z. B. der jetzt siebenjährige Friedrich C., dessen Fall ich einem Arzt verdanke. Er leidet seit seiner Geburt an einer Mißbildung in den untersten Teilen des Darmes, so daß der Stuhlgang nur durch Abführmittel und Einläufe oder Darmspülungen herbeigeführt werden kann. Infolge dieser Krankheit ist er in den ersten Lebensjahren mehrmals in Lebensgefahr gewesen, und nur die aufopfernde Pflege der Mutter hat ihn über diese schwere Zeit hinweggebracht. Natürlich hat ihn die Mutter sehr verzärtelt und ihm jeden Wunsch, wenn irgend möglich, erfüllt. Infolge seiner Krankheit ist er im Wachstum stark zurückgeblieben, ein zartes, blasses

Kind, sehr intelligent. Da er schon mit vier Jahren zu Hause die größten Erziehungsschwierigkeiten machte, sollte er einen Kindergarten besuchen. Doch scheiterte das daran, daß der Junge sich weigerte hinzugehen und die Mutter, aus Angst, es könnte dem Kinde schaden, es nicht durchsetzen konnte. Der Junge besitzt keine Freunde. Mit dem um vier Jahre älteren Bruder steht er sehr schlecht. In der Schule ist er gut und benimmt sich einwandfrei. Zu Hause aber hat er sich zu einem Wüterich entwickelt, der mit allen erreichbaren Gegenständen, sogar mit Messern, nach der Mutter und dem Vater wirft, blind wütend auf die Eltern und den älteren Bruder losgeht und nur mit allergrößter Mühe im Zaum gehalten werden kann. Diese Wutanfälle treten meistens nur auf, wenn man ihm nicht seinen Willen läßt; aber auch sonst stört er oft, indem er die Eltern durch Fragen oder durch Ungezogenheiten zwingen will, sich mit ihm zu beschäftigen. Wir haben es hier also mit einem Kinde zu tun, das infolge einer angeborenen Organminderwertigkeit und einer langdauernden Krankheit die Welt als feindlich ansah und sich zu einem aktiven, schwererziehbaren Kinde entwickelt hat.

Zu den passiv schwererziehbaren Kindern gehört die jetzt 16 Jahre alte Eva M. Sie ist das erste Kind und hat einen um vier Jahre jüngeren Bruder. Sie war stets ängstlich, aber seit dem fünften Lebensjahre ist ihre Ängstlichkeit besonders stark geworden; sie hat Angst vor dem Dunkeln, vor Hunden, selbst vor Fliegen. Sie hat tagelang zu Hause gesessen, um keinen Hund zu sehen, schläft nur bei offener Tür, hat Angst vor Räubern und Einbrechern, Angst vor dem Gas, läßt die Mutter abends nicht fortgehen, ruft sie alle zehn Minuten. Als der Arzt ihr, damit sie abends einschläft, ein leichtes Baldrianpräparat gab, lehnte sie es ab mit der Begründung, daß sie dann nicht mehr alles hören könnte, was vorgeht. Sie besitzt keine Freundin, sitzt meist zu Hause, ist mit sich sehr unzufrieden, findet sich nicht hübsch genug. In der Schule ist sie gut, lernt leicht. Manchmal äußert sie, „ich weiß nicht, wozu ich lebe, ich habe doch nichts von meinem Leben“. Hier handelt es sich also um ein Kind, bei dem ein Jahr nach der Geburt eines Bruders Angst im verstärkten Maße sich entwickelte, so daß sie dadurch die Aufmerksamkeit der Eltern auf sich zog.

Durch ihre Angstvorstellung beherrschte sie das ganze Haus und mußte mehrmals in Heime geschickt werden, weil das häusliche Familienleben durch sie vollkommen gestört wurde. Erst durch individualpsychologische Beratung wurde sie geändert.

Wie *Adler* selber ein schwererziehbares Kind in einer Wiener Lehrerberatungsstelle beriet, schildert die Wiener Lehrerin *Regine Seidler:*

„Frieda, die älteste von drei Schwestern — die Schwestern sind vier Jahre und ein Jahr alt —, ist nach Aussage der Eltern, in höchstem Grade unverträglich, streitsüchtig und boshaft. Sie muß stets ihren Willen durchsetzen und tyrannisiert das ganze Haus. Wehe, wenn beim Austeilen der Suppe der Vater mehr bekommt als Frieda. Ihre Kleider sind ihr niemals schön genug. Werden ihre Wünsche nicht prompt erfüllt, so bekommt sie einen förmlichen Tobsuchtsanfall. Sie schreit, tobt und schlägt um sich. Sie droht damit, das jüngere Schwesterchen aufzuwecken. Die Eltern sind vollkomen ratlos.

Im Gegensatz zu den Berichten der Eltern weiß Friedas Klassenlehrerin nur Schönes zu berichten. Frieda ist in der Schule sehr nett, ordnungsliebend, gehorsam und fleißig. Sie liebt die Lehrerin, der sie jeden Wunsch von den Augen abzulesen sucht. Die Eltern bestätigen auch, daß Frieda leidenschaftlich gern in die Schule geht und schon um 5 Uhr früh sich anziehen will, um rechtzeitig in der Schule zu sein. Sie ist sehr intelligent, eine gute Schülerin und wegen ihrer Liebenswürdigkeit in der Schule allgemein beliebt.

Wie erklärt sich dieser Gegensatz?

Adler: ‚Seit wann benimmt sich die Frieda so widersetzlich?‘

Die Mutter: ‚Wie sie vier Jahre alt war, ist es angegangen. Damals habe ich das zweite Mäderl bekommen, und da habe ich keine Zeit gehabt, mich soviel um sie umzuschauen.‘

Adler: ‚Haben Sie die Frieda vorher nicht ein bissel verwöhnt?‘

Mutter: ‚Es war nicht so arg; die Großmutter ist halt auch im Haus, und die hat ihr mehr angehen lassen.‘

Adler: ‚Sagt die Frieda nicht manchmal, daß Sie die kleineren Schwestern lieber haben.‘

Der Vater: ‚Natürlich. Immer glaubt sie sich benachteiligt. Sie bekommt aber alles, was sie braucht. Sie ist auch sehr grob mit den kleinen Schwestern.‘

Adler: ‚Was tun Sie denn, wenn die Frieda so unfolgsam ist?‘

Vater: ‚Ich bestrafe sie. Ich muß sie ja strafen. Es geht doch nicht an, daß ein Kind im Alter von acht Jahren mit seinen Eltern herumschreit. Wenn ich am Abend aus dem Geschäft komme — wir haben ein kleines Wirkwarengeschäft —, dann will ich meine Ruhe haben. Ich bin nervös, leide an Kopfschmerzen und muß mich zu Hause ausruhen können. Dann geht aber immer der Tanz mit der Frieda an. Tag für Tag die gleiche Aufregung. Dann kriegt sie natürlich ihre Schläge.‘

A d l e r: ‚Aber mit den Schlägen haben Sie ja bis jetzt nichts erreicht. Ich bin überzeugt davon, daß Sie die Frieda gerade so gern haben wie die Schwestern. Hier kommt es aber auf die Meinung der Frieda an. Das Kind ist in dem Irrtum befangen, daß Sie die Schwestern bevorzugen. Sie benimmt sich jetzt ganz so, wie sich ein erwachsener Mensch auch in ihrer Lage benehmen würde. Sie kämpft um ihre Stellung, sie sucht sich zu behaupten, natürlich mit den Mitteln, die sie kennt. Es ist nie von Vorteil, sich mit einem Kind in einen Kampf einzulassen, denn das Kind bleibt immer der Sieger. Es weiß ja genau, daß Sie sie nicht erschlagen können. Sie meinen es freilich sehr gut, wenn Sie das Kind strafen, aber das Kind sieht in seiner Bestrafung nur die Bestätigung für seine vermeintliche Zurücksetzung.‘

M u t t e r: ‚Wir haben es auch schon im guten mit ihr versucht; das hat aber gar nichts genützt.‘

A d l e r: ‚Ja, das kommt daher, weil das Kind ja glaubt, es muß sich behaupten, es muß kämpfen. Diesen Irrtum muß man der Kleinen nehmen. Wenn es Ihnen recht ist, werde ich versuchen, das der Frieda zu erklären. Sie sehen ja, was für ein braves Mäderl die Frieda in der Schule ist. Da ist der Kampf überflüssig, da fühlt sie sich ganz sicher. Sie benimmt sich ganz so, wie es ihrer Auffassung von ihrer Lage entspricht. Wo sie sich bedroht fühlt, da kämpft sie, wo sie sich sicher fühlt, da ist sie ruhig und vollbringt gute Leistungen. Ich würde Ihnen raten, wenn Ihnen das möglich ist, für ein paar Tage mit Frieda wegzufahren, aber mit Frieda ganz allein. Dann erklären Sie ihr einmal auf einem Spaziergang, daß Sie sie ebenso gerne haben wie die Schwestern, die als die Kleinen noch größerer Fürsorge bedürfen; sagen Sie ihr auch, daß Sie auf Ihre große Tochter, die eine so tüchtige Schülerin ist, sehr stolz sind. Ich glaube, wenn Sie mit Frieda in diesem Sinn reden, dann wird sie ihre Kampfstellung aufgeben.‘

Die M u t t e r erklärt sich bereit, den Rat zu befolgen.

Der Berater Dr. A d l e r spricht nun in gleichem Sinne mit der kleinen Frieda. Er verweist sie auch darauf, daß sie, als die Älteste, der Mutter schon helfen könnte, besonders bei der Pflege der kleinen Schwestern. Frieda verspricht gerne, in einem Monat wiederzukommen und zu erzählen, wie es mit dem Helfen gegangen ist.“ [Rivalität der Geschwister. Internationale Zeitschrift für Individualpsychologie. Sonderheft: Die individualpsychologischen Erziehungsberatungsstellen in Wien. 7. Jahrg. Nr. 3. Mai/Juni 1929 *).]

Diese drei Kinder zeigen die drei verschiedenen Quellen des Minderwertigkeitskomplexes: Organminderwertigkeit, Verzärtelung, Vernachlässigung. Tatsächlich findet sich bei allen schwererziehbaren Kindern ein vertieftes Minderwertigkeitsgefühl und ein Streben nach Überlegenheit. Sie haben nicht gelernt zu kooperieren. Alle

* S. Hirzel, Leipzig.

schwererziehbaren Kinder sind gefährdet. Die eher passiven Kinder laufen Gefahr, eine Neurose zu bekommen, die aktiven können sich zu Verbrechern entwickeln. Erstere sind furchtsam, ängstlich, schüchtern, vorsichtig, mißtrauisch; sie sind oft gut in der Schule, übergehorsam, aber hinter diesem Gehorsam versteckt sich eine starke Abhängigkeit. Sie haben keine Freunde, isolieren sich völlig und sitzen am liebsten zu Hause mit einem Buch. Ihr Gehorsam und ihr Ehrgeiz werden von den Eltern als besonders lobenswert angesehen, und sie sind meist der Augapfel ihrer Eltern. Wir aber wissen, dies sind die potentiell neurotischen Kinder, die gute Fortschritte zeigen, bis sie auf ein Problem des Lebens stoßen, auf das sie nicht vorbereitet sind. Wenn der Moment kommt, wo sie kooperieren und Interesse für andere zeigen sollen, dann versagen sie plötzlich. Sie bekommen einen Schock und entwickeln nervöse Symptome. Unter den aktiven Kindern finden sich ungeduldige, herrschsüchtige, grausame; Kinder, die andere angreifen, Diebstähle begehen, sexuell leicht erregbar sind. Viele von diesen Kindern fallen durch ihre antisoziale Aktivität so störend auf, daß sie zur Beratung geschickt und dort geändert werden. Bemerkt aber die Umgebung nicht, daß sie es hier mit potentiell delinquenten Kindern zu tun hat, wird hier nicht rechtzeitig eingegriffen, so können diese schwererziehbaren Kinder Verbrecher werden.

Verbrechen

Adler nähert sich gemäß seinen neuen Ideen der Frage des Verbrechens auf einem neuen Weg. Die Anschauungen anderer Forscher, daß der Mensch durch organische Defekte, durch die Bedingungen der Umwelt oder durch Vererbung zum Verbrecher wird, lehnt er vollkommen ab. Selbstverständlich können organische Defekte, Mißbildungen, Störungen der Drüsen mit innerer Sekretion den Lebensstil ungünstig beeinflussen; das hat *Adler* ja als erster in seiner „Studie über die Minderwertigkeit von Organen“ gezeigt. Aber dieselben Schäden spornen andere Menschen zu Höchstleistungen an, wie es hervorragende Menschen mit solch Anomalien durch ihre Leistungen bewiesen haben. Daher kommen organische Defekte nicht als Ursache für die Entwicklung zum Verbrecher in Betracht.

Auch die Umgebung kann nicht als Quelle hierfür angesehen werden. Denn, wie will man es erklären, daß in derselben schlechtesten Umgebung ein Kind zum Verbrecher wird, während sein Bruder sich ausgezeichnet entwickelt.

Für die Bedeutung der Vererbung als Ursache des Verbrechens werden immer die Familien angeführt, die schon seit Generationen Verbrecher aufweisen. Aber diese Tatsache ist kein Beweis für die Vererbungstheorie, sondern diese Erscheinung läßt sich auch so erklären, daß diese Menschen von frühester Kindheit an falsch trainiert haben. Die Kinder in diesen Familien leben in einer Umgebung, die das Verbrechen als ehrenhaft ansieht, so daß sie von klein auf in einer irrtümlichen Meinung heranwachsen. Da ist es dann kein Wunder, daß sie später Verbrecher werden, zumal sie oft von frühester Jugend an dazu angehalten werden, Diebstähle usw. zu begehen.

Unleugbar führt äußere Not zum Verbrechen; es ist ganz bekannt, daß in Krisenzeiten die Zahl der Verbrechen in erschrekkendem Maße ansteigt. Äußere Not ist aber nur eine starke Verleitung zum Verbrechen; denn wir sehen, daß nicht alle Menschen, die in derselben schlechten Situation sind, Verbrecher werden; es werden nur diejenigen Menschen verlockt, die nicht vorbereitet sind, die Lebensprobleme richtig zu lösen.

Allen Verbrechen ist der Mangel an sozialem Interesse gemeinsam. Es ist daher zu erwarten, daß auch die andern Lebensprobleme, die alle Mitmenschlichkeit voraussetzen, irrtümlich gelöst werden. Und in der Tat zeigt sich, daß das Interesse der Verbrecher für andere sich nur auf einen sehr kleinen Kreis beschränkt. Auch das Liebesproblem lösen sie meistens irrig, wie *Adler* beobachtet hat. Sie betrachten ihren Liebespartner als ihr Objekt. Niemand kann aber, wie Kant sagt, Objekt eines andern sein. 50% aller eingelieferten Verbrecher sind nach *Adler* ungelernte Arbeiter. Diese Zahl genügt, um uns verstehen zu lassen, daß sie meistens auch nicht richtig vorbereitet sind, das Berufsproblem zu lösen.

Dieses Ausweichen vor der Beantwortung der Lebensfragen zeigt eine Feigheit dem Leben gegenüber. Tatsächlich ergibt sich bei näherer Betrachtung, daß die Verbrecher Feiglinge sind. Sie wagen nicht, den geraden Weg zu gehen, sondern suchen auf krummen Seitenwegen, dunklen, heimlichen Pfaden zum Ziel zu gelangen.

Ihr Tollkühnheit, die sie oft an den Tag legen, ist noch lange kein Beweis für Mut. Ist es wirklich eine so mutige Heldentat, mit einem Revolver einen waffenlosen Menschen zu bedrohen, im Dunkel leise und heimlich einzubrechen oder einen wehrlosen Menschen zu ermorden? Welch ein Gefühl billiger Überlegenheit, einem nichts ahnenden Menschen etwas aus der Tasche zu stehlen! Wie bewundernswert, am Tage eine Bank auszurauben, natürlich nicht allein, sondern mit Genossen mit vorgehaltenem Revolver drohend das Geld zu fordern und dann eiligst davonzufahren! Wenn man von ihrem Heldentum eine Schale nach der andern entfernt, wenn man sieht, wie häufig sie abergläubisch sind, wie oft sie sich vor dem Dunkel fürchten, nicht ohne Revolver schlafen, bei all ihren großen Unternehmungen Wachposten aufstellen, dann bleibt von dem ganzen Helden nur ein nackter Feigling übrig. Es wäre schon ein großer Schritt zur Verhütung des Verbrechens, wenn in Filmen und Büchern der Verbrecher nicht mehr als Held, sondern als Feigling dargestellt würde. Wie oft finden wir bei jugendlichen Verbrechern, daß sie durch Gangsterfilme zu ihren „Heldentaten" verlockt worden sind. Wird erst einmal das Verbrechen als Handlung eines Feiglings angesehen, dann ist ihm viel von seinem Reiz genommen: Der Glorienschein fällt fort.

Welche Menschen neigen nun dazu, Verbrecher zu werden? Betrachtet man die Persönlichkeit der Verbrecher, so kann man trotz der Verschiedenheit ihrer Lebensstile doch folgende gemeinsame Charakteristika feststellen. Stets ist ihr soziales Interesse in früher Kindheit nicht entwickelt worden. Daher fehlt es ihnen auch an Mut; denn soziales Interesse und Mut sind eng miteinander verknüpft. Ihre mangelnde Mitmenschlichkeit läßt sie ihr Minderwertigkeitsgefühl nicht überwinden; so entwickeln sie, wenn sie vor Aufgaben stehen, für die sie nicht richtig vorbereitet waren, einen Minderwertigkeitskomplex, den sie meistens durch einen Überlegenheitskomplex überdecken. Am deutlichsten wird uns die seelische Struktur des Verbrechers klar, wenn wir sehen, welchem Ziele er zustrebt. Auf Grund seiner Untersuchungen konnte *Adler* feststellen, daß der Verbrecher sich in seinem Streben nach persönlicher Überlegenheit das Ziel setzt: Sieger zu sein, und, da er ein Feigling ist, natürlich nur Sieger über Schwächere. Um zu diesem Ziel zu gelangen, setzt er seine ganze Aktivität ein. — Diese Aktivität unterscheidet ihn von andern Fehlgehenden. — Da seine Mitmenschlichkeit nicht ausgebildet ist, kann er völlig unbehindert durch Skrupel vorwärts auf sein Ziel losgehen. Für ihn gibt es keine Rücksichtnahme auf andere; selbst ein Menschenleben bedeutet ihm nichts. Abseits vom common sense, nur geleitet von seiner „privaten Intelligenz“, handelt er ganz folgerichtig. Er sieht um sich ja nur Feinde, die er besiegen muß. Feinden gegenüber, sagt er sich, ist jedes Mittel erlaubt. Allgemein gültige Spielregeln gelten für ihn nicht, da er ja nie gelernt hat mitzuspielen. Er wird für die Gemeinschaft so gefährlich, weil er nur den einen Punkt sieht: Sieger zu sein. All seine Kräfte konzentriert er hierauf. Nichts auf der Welt gibt es für ihn als sich und sein Ziel. Tag und Nacht plant er, wie er am besten dorthin gelangen kann. Durch antithetische Vorstellungen wie: Er hat gute Kleider, ich habe keine, deshalb muß ich ihn töten — besiegt er den letzten Rest seines sozialen Interesses und gibt sich den Schwung zur Tat. Stößt er auf ein schwieriges Problem, das er infolge seines Minderwertigkeitskomplexes nicht richtig lösen kann, so begeht er sein erstes Verbrechen. Die schwierige äußere Situation ist also nur das auslösende Moment; innerlich war er schon von Kindheit an darauf vorbereitet, in einer schwierigen Situation ein Verbrechen zu begehen.

Verfolgen wir den Lebenslauf eines Verbrechers bis in die jüngste Kindheit zurück, so wird sich immer eine der Quellen des Minderwertigkeitskomplexes, Organminderwertigkeit, Verzärtelung oder Vernachlässigung, feststellen lassen. Der Mensch mit Organminderwertigkeit glaubt sich von der Natur benachteiligt und sucht sich nun für diese scheinbare Zurücksetzung zu rächen.

Das häufige Auftreten von Krüppeln und besonders häßlichen Menschen unter den Verbrechern hat nun *Lombroso* zu der Ansicht geführt, daß diese Menschen geborene Verbrecher seien. *Adler* lehnt diese Auffassung strikt ab und weist darauf hin, daß man unter bedeutenden Menschen dieselben Anomalien finden kann. Außerdem findet sich unter den Verbrechern eine sehr große Zahl von hübschen Menschen, eine Beobachtung, die sich durch die Theorie *Lombrosos* nicht erklären läßt.

Diese hübschen Menschen sind besonders verzärtelt. Das zeigt z. B. folgende Beobachtung *Adlers*. „N. war solch ein hübscher

Bursche, der nach sechsmonatiger Haft auf Bewährung aus dem Gefängnis entlassen wurde. Sein Delikt war Diebstahl einer ansehnlichen Summe aus der Kasse seines Chefs. Trotz der großen Gefahr, bei einem Straffall seine dreijährige Haft absitzen zu müssen, stahl er nach kurzer Zeit wieder ein kleine Summe. Bevor die Sache ruchbar wurde, sandte man ihn zu mir. Er war der älteste Sohn einer sehr ehrbaren Familie, der verwöhnte Liebling seiner Mutter. Er zeigte sich äußerst ehrgeizig und wollte überall den Führer spielen. Als Freunde suchte er sich nur solche, die unter seinem Niveau standen, und verriet so sein Minderwertigkeitsgefühl. In seinen ältesten Kindheitserinnerungen war er stets der Empfangende. In der Stellung, in der er den großen Diebstahl verübte, sah er die reichsten Leute um sich, in einer Zeit, da sein Vater um seine Stellung gekommen war und für die Familie nicht wie sonst sorgen konnte. Flugträume und geträumte Situationen, in denen er der Held war, kennzeichneten sein ehrgeiziges Streben und zugleich sein Prädestinationsgefühl in bezug auf sicheres Gelingen. Bei einer verlockenden Gelegenheit erfolgte der Diebstahl in dem Gedanken, sich nun dem Vater überlegen zeigen zu können. Der zweite kleine Diebstahl erfolgte im Protest gegen die Bewährungsfrist und gegen die untergeordnete Stellung, die er nun inne hatte. Als er im Gefängnis war, träumte er einst, daß man ihm seine Lieblingsspeise vorgesetzt hätte, erinnert sich aber im Traume, daß dies doch im Gefängnis nicht möglich sei. Man wird außer der Gier in diesem Traume leicht auch seinen Protest gegen das Urteil wahrnehmen können.“ (Sinn des Lebens.)

Den meisten verzärtelten Menschen wurde in der Jugend jeder Wunsch erfüllt, so daß sie in der Ansicht heranwuchsen, vom Leben ihre Wunscherfüllung zu erwarten. Wird ihnen nun einmal ein Wunsch versagt, so fühlen sie sich berechtigt zu nehmen, was ihnen ihrer Meinung nach zusteht, auch wenn sie kein Recht dazu haben. Für die verwöhnten Menschen, die in einer Treibhaustemperatur aufgewachsen sind, ist die normale Temperatur des Lebens ein Eishauch. Sie empfinden die Welt, die ihnen ihre Wünsche nicht erfüllt, als feindlich und reagieren demgemäß.

Diese Anschauung *Adlers*, daß die Mehrzahl der Verbrecher verzärtelte Menschen sind, widerspricht der allgemeinen Auffassung, daß die Verbrecher vernachlässigte Menschen seien. Nach *Adlers*

Untersuchungen besteht der größte Prozentsatz der Verbrecher aus „Menschen mit einem verzärteltem Lebensstil". Diese Menschen brauchen nicht durch zuviel Wärme verzärtelt worden zu sein, sie brauchen nur zur Unselbständigkeit erzogen sein und können auf diese Weise einen verzärtelten Lebensstil entwickeln.

Eine Bestätigung für *Adlers* Ansicht über Verbrecher findet sich in dem sehr lesenswerten Buch: „Persons in Hiding" von *J. Edgar Hoover*, Direktor des Federal Bureaus of Investigation, U. S. A. Dieser erfahrene Kenner weist an einem umfangreichen Material nach, daß in den Vereinigten Staaten die Verbrecher, von deren Leben er Kenntnis hatte, in ihrer Jugend nicht vernachlässigt, sondern verzärtelt wurden; sie denken nur an sich; sie sind meist Feiglinge; manche halten Frauen, sogar ihre Geliebten, zum Schutz vor sich, wenn auf sie geschossen wird.

Von einem ganz krassen Fall hörte ich vor Jahren. Ein Jüngling erschlug seine Mutter. Er war ein uneheliches Kind. Mit wahrer Affenliebe hing die Mutter, eine Schneiderin, an dem Knaben, erfüllte ihm jeden Wunsch und ließ ihn oft nicht zur Schule gehen, weil sie sich von ihm nicht trennen konnte. Aus Angst, ihn aus den Augen zu verlieren, pflegte sie sein Kittelchen mit Nadeln an ihrem Kleide zu befestigen. Doch allmählich konnte auch sie dem Jungen nicht mehr alle Wünsche erfüllen und er betrachtete sie nun als seine Feindin. — Viele von den verzärtelten Menschen wachsen in der Erwartung auf, daß andere für sie arbeiten, ohne daß sie selber einen Finger zu rühren brauchen. Sie empfinden die Arbeit als schwer und versuchen durch Verbrechen ihr Ziel auf leichte Weise zu erreichen. Einen amüsanten Fall erzählt *Adler*: Eines Nachts hörte eine Lehrerin, zu ihrem großen Entsetzen, wie ein Einbrecher zu ihr durchs Fenster einsteigt. Doch als sie merkt, daß es ein ganz gemütlicher Mensch ist, faßt sie Mut und fängt an, sich mit ihm zu unterhalten. Sie bittet ihn, ihr das mühsam ersparte Geld doch zu lassen. „Na schön", sagte der Einbrecher, „wenn Sie mir die richtige Geldsumme sagen, die Sie in der Sparkasse haben, dürfen Sie das Geld behalten, sonst ist es mein." Die Lehrerin nennt eine Summe, während der Dieb eifrig das Geld zählt. Schließlich ruft er triumphierend aus: „Gewonnen!" Es war mehr Geld in der Kassette, als sie angegeben hatte. Noch einmal verlegte sich die Lehrerin aufs Verhandeln. „Wie kommt es denn, daß ein so kräftig gebauter, gesunder Mensch wie Sie keine ehrliche Arbeit finden kann?“ Mit einem tiefen Seufzer antwortete der Einbrecher: „Sie wissen ja gar nicht, wie schwer die Arbeit ist!“

Hier braucht man erst gar nicht weiter zu erklären, daß man es mit einem verzärtelten Menschen zu tun hat. Daß vernachlässigte Kinder sich zu Verbrechern entwickeln können, ist bekannt. Oft versuchen sie sich Liebe und Anerkennung zu erkaufen. Die mangelnde Wärme der Mutter suchen sie bei ihren Kameraden wiederzufinden. Da sie sich häufig minderwertig fühlen und nicht glauben, durch ihre Person Liebe oder Freundschaft gewinnen zu können, hoffen sie, durch Geschenke ihr Ziel zu erreichen. So kommt es dazu, daß sie mit Stehlen beginnen, um auf diesem Wege die nötigen Mittel für ihre Geschenke zu bekommen! Man kann nur zu gut verstehen, daß solch ein Junge allmählich sich zum Verbrecher entwickelt, wie bei der folgenden Beobachtung: Karl C. ist der Älteste einer sehr achtbaren bürgerlichen Familie. Anfangs wurde er sehr verwöhnt; doch mit der Geburt seiner Schwester schien nach seiner Meinung sich das Interesse der Eltern auf die Schwester zu richten. Der Junge fühlte sich vernachlässigt. In den ersten Schuljahren war er ein guter Schüler; als aber die Aufgaben schwieriger wurden, ließ er nach, weil er sich nicht mehr zutraute, sie richtig zu lösen. Die schlechten Noten versetzten seinen Vater stets in Zorn, und der Junge wurde streng bestraft. Daher gab er es auf, dem Vater überhaupt noch seine Noten zu zeigen. Da er sich durch seine Leistungen nicht mehr hervortun konnte, suchte er durch Frechheiten und Ungezogenheiten die Anerkennung seiner Kameraden zu erwerben. Zu Hause begann er Geld zu stehlen, das lose herumlag, um damit Süßigkeiten zu kaufen, die er unter seinen Mitschülern verteilte. Er versuchte, auf jede Weise Anerkennung zu finden. Doch die schlechten Noten und die dauernden Vorhaltungen der Lehrer verleideten ihm die Schule vollkommen. So fing er an, nicht mehr regelmäßig in die Schule zu gehen und bei wichtigen Arbeiten zu fehlen. Zu Hause wagte er es nicht, von seinem Fernbleiben und von seinen schlechten Noten zu erzählen, da er den Zorn seines Vaters fürchtete. Natürlich mußte er Entschuldigungszettel für sein Fehlen in der Schule vorweisen, und weil er niemanden um die Unterschrift bitten konnte, schrieb er sie selber aus. An den Tagen, an denen er der Schule fernblieb, lungerte er in den Straßen herum, ging auf den Rummelplatz, wo er mit den Genossen gleicher Art, die auch die Schule schwänzten, zusammentraf. Von diesen jungen Burschen wurde er als Neuling freudig aufgenommen. Zum erstenmal nach längerer Zeit fühlte er sich willkommen. Hier waren seinesgleichen, Menschen, die ihn verstanden; bei ihnen fühlte er sich endlich wohl. Man muß verstehen, was es für einen Jungen bedeutet, der sich zu Hause verkürzt fühlt und in der Schule nur Mißerfolge hat, nun endlich auf Menschen zu stoßen, die ihm die Anerkennung entgegenbringen, nach der er so lange gehungert hatte. Durch seine Genossen ermutigt, vollführte er weitere „Heldentaten". Er mied die Schule nun völlig und ging mit seinen Kameraden auf kleinere Streifzüge; Gegenstände, die scheinbar eigentümerlos herumstanden, wurden mitgenommen. Im Vorbeigehen wurden in den Auslagen schnell durch einen Handgriff ein Apfel oder eine Apfelsine eingesteckt. Diese kleinen Erfolge und der Beifall seiner Kumpane ermutigten den Jungen, etwas Schwierigeres zu versuchen. Von seinen Freunden hatte er gehört, es sei so leicht, bei *Woolworth* etwas einzustecken. So versuchte er das nächste Mal sein Glück bei *Woolworth*. Interessiert stand er vor den Füllfederhaltern und probierte einen nach dem andern aus. Im Augenblick, wo er sich unbeobachtet glaubte, eine blitzschnelle Handbewegung, und er war um einen Füllfederhalter reicher. Um das Maß seiner Frechheit voll zu machen, sagte er dann dem Fräulein: „Die Füllfederhalter taugen gar nichts", und ging unertappt hinaus. Die Geschichte löste bei seinen Genossen hellen Jubel aus, und er wurde als Held gefeiert. In der Zwischenzeit war aber die Schule nicht untätig geblieben und hatte sich mit den Eltern in Verbindung gesetzt. Der ganze Betrug kam nun ans Licht, und ein furchtbares Strafgericht brach über den Jungen herein. Hiebe, Stubenarrest, Brot und Wasser sollten nach der Ansicht des Vaters den hartgesottenen Sünder kurieren, aber gerade das Gegenteil trat ein, der Junge wurde nur noch verschlagener. Mit seinem Vater hatte er ganz gebrochen; Schläge machten auf ihn keinen Eindruck mehr. Er trieb sich nur noch mit seinen Genossen herum und machte die Nachbarschaft unsicher. Es ist nun leicht, sich ein Bild zu entwerfen, wie der Junge sich weiter entwickeln würde, wenn man ihn nicht änderte. Durch den dauernden Erfolg wird er sich nicht mehr mit kleinen Diebstählen abgeben, sondern versuchen,

„das große Ding zu drehen". Nach langem Planen wird er endlich zur Tat schreiten. Durch Antithesen wie „der Mann hat Geld, ich habe keins, folglich muß ich mir seins nehmen", gibt er sich den entscheidenden Antrieb. Meisterhaft hat *Dostojewskij* dieses antithetische Denken im *„Raskolnikow"* beschrieben, der einen Monat lang auf seinem Sofa liegt und den Mord plant, und durch die Antithese: „bin ich *Napoleon* oder eine Laus?" sich den Schwung zur Tat gibt. Wie alle Verbrecher, benutzt Karl die Antithese, um mit dem durch sie erzeugten Antrieb den letzten Rest seines sozialen Interesses zu töten. Hat Karl bei dem ersten großen Diebstahl Erfolg gehabt, so wird er sich damit nicht begnügen, sondern wie die meisten Verbrecher weitere Diebstähle ausführen, bis er einmal ertappt und festgenommen wird.

Es ist erstaunlich, wie Verbrecher immer nur bei ihrem speziellen Gewerbe bleiben. Wie sehr sie ihren Aktionskreis einschränken, zeigt sich darin, daß der Fälscher stets beim Fälschen, der Dieb beim Stehlen, der Schieber beim Schieben, der Mörder beim Morde usw. bleibt; sie entwickeln sich meistens zu Spezialisten.

Ebenso wie sie ihren Aktionskreis einschränken, engen sie auch ihren Gesichtskreis ein. Sie sehen nur den „kleinen Fehler", den sie ihrer Meinung nach gemacht haben. Im Gefängnis brüten sie immer über diesen Fehler, „hätte ich nicht . . ., so wäre ich nie gefaßt worden". Mit den andern Gefangenen besprechen sie ihren Fehler und lernen begierig, wie sie ihn hätten vermeiden können, so daß ihnen das nächste Mal kein Fehler mehr unterlaufen kann.

Werden sie im Gefängnis streng behandelt, so steigert das nur noch ihre Feindseligkeit und ihren Wunsch, nach ihrer Entlassung der Polizei zu zeigen, daß sie doch klüger und ihr überlegen sind. Anstatt gebessert zu sein, verlassen sie das Gefängnis mit einem neuen fertigen Plan, der ihrer Meinung nach unfehlbar ist. So werden sie rückfällig. Die Rückfälligkeit des Verbrechers wird meist als Beweis für einen verbrecherischen Trieb angesehen. *Adler* lehnt diese Auffassung vollkommen ab; nach seiner Anschauung gibt es keinen verbrecherischen Trieb, der die Verbrecher immer wieder rückfällig werden läßt. Die Rückfälligkeit zeigt nur, daß noch nicht die richtige Methode angewandt wurde, den Lebensstil des Verbrechers zu ändern. Solange ein Verbrecher in seiner irrtümlichen Meinung verharrt, wird ihn auch die schwerste Strafe nicht von der Tat abschrecken. Im Gegenteil bedeutet sie für viele einen Anreiz. Infolge ihres Überlegenheitskomplexes dünkt sie ihr Heldentum um so größer, je höher die Strafe ist. Sie hoffen ja, ihre Überlegenheit selbst über die Polizei beweisen zu können. Voller Erschütterung stellt *Adler* fest, daß Verbrecher sogar vor der Hinrichtung noch von der Idee besessen sind, daß nur der „kleine Fehler" schuld an ihrer Verhaftung ist. „Hätte ich nicht meine Brille zurückgelassen, so wäre ich nicht gefaßt worden", sagte ein Mörder noch kurz vor dem elektrischen Stuhl. *Adler* ist ein Gegner der Todesstrafe. Auch die Prügelstrafe lehnt er ab. Sie bestärkt ja nur die Verbrecher in ihrer traurigen Auffassung, daß die Welt feindlich sei.

Die furchtbare Wirkung, welche die Prügelstrafe auf Jugendliche haben kann, beschreibt *Fritz Kleist*, damaliger Strafanstalts-Oberlehrer und späterer Leiter. Es handelt sich um einen Jungen, der seine Eltern nicht kannte, der vor Hunger gestohlen hatte und in eine Strafanstalt geschickt war. *Kleist* schildert den Zustand des Jungen, nachdem er das vierundzwanzigste Mal weggelaufen und wieder eingefangen war. Von seiner ergreifenden Schilderung gebe ich hier nur den Schluß wieder:

„*Konferenzzimmer.*

Johann steht an der Tür, das Gesicht der Wand zugekehrt. Er will nicht, und doch fährt er sich mit der Hand über das kurzgeschorene Haupt. Sein Blick gleitet an ihm herunter. Es ist wahr, es ist kein böser Spuk. Er trägt wieder das graue Kleid des Fürsorgezögling. Er steht zum 25. Male vor der Tür des Konferenzzimmers. Er kennt die satten und zufriedenen Männer, die hinter der Türe am grünen Tisch über die Strafe für sein letztes Entweichen und über sein weiteres Schicksal beraten. Er weiß, wie alles laufen wird: Nun, Johann, von der Reise bist du ja schnell zurück! Du mußt doch einsehen, daß das nicht geht. Das geht nun nimmer und nimmer an, daß wir dein Weglaufen durchgehen lassen. Wir haben lange überlegt. Die Herren meinen, ich soll es mit 15 Hieben bewenden lassen. Du wirst ja einsehen, daß das wirklich wenig ist. Aber, weil mich die Herren darum bitten, will ich es tun.

Johann weiß, so war es oft und immer. So wird es auch heute sein. Er rechnet mit 20 Hieben.

Johann, herein! Die laute Stimme des Direktors schlägt aus dem Zimmer an sein Ohr. Ein Zittern geht durch seinen Körper. Zaghaft klopft er an und tritt ein. So tritt kein Mensch, den irgendwelche Bande an den Menschen ketten, vor Menschen. So steht die gezüchtigte und in Angst und Schrecken versetzte Bestie vor ihrem Bändiger. Leise winselt Johann. Durch die Fragen des Direktors wird das Winseln zu einem wehen Heulen. Er antwortet nicht. Er spricht nicht. Die Pädagogen stellen fest, daß Verstocktheit und Schuldbewußtsein an ihm deutlich zu erkennen sind. Aus Schuld kann nur Strafe erlösen. Für diesmal mag es noch einmal mit 15 Hieben ausreichend sein.

Jach und heiß springt Johann das Blut in die Schläfen. Eine schwarze Röte steht vor seinen Augen. Ein heller Schrei und ein dumpfes Stöhnen entringen sich seiner Brust. Er sieht nicht, wie einer der Pädagogen sich erhebt. Er sieht nicht, wie dieser einen langen Rohrstock vom Schranke nimmt, ihn hin und her biegt. Er fühlt nicht, daß man ihn, Johann, über einen Stuhl legt, er spürt nicht, daß die Falten seiner dünnen Drillichhose ausgezogen werden. Vor seinen Augen steht eine schwarze Röte. Vor seinen Augen tanzen Funken. In seinen Ohren ist ein dumpfes Summen und Sausen. Der erste klatschende Schlag brennt ihn aus seiner Betäubung heraus. Endlos dehnt sich die Zeit von Schlag zu Schlag. In seinem Innern hämmert es wild, und großes Weh will ihm die Brust zerreißen. Früher sprang er auf, warf sich auf die Erde, wälzte sich, schlug mit den Armen um sich und stieß mit den Beinen. Aber es half ihm alles nichts. Hiebe trafen ihn, wo sie viel heißer brannten und ihn viel stärker schändeten.

Sein Schmerz ist unbeschreiblich, Scham und Schande brennen in ihm heiß und wild. Er wirft sich aber nicht vom Stuhle. Tief beißt er seine Zähne in das harte Holz. Nur einen Gedanken hat er: ‚Ihr gräßlichen, ihr verfluchten Menschen, schlagt mich tot, schlagt mich doch ganz tot!‘ Aus weiter Ferne hört er: ‚Fünfzehn.‘ Noch einmal brennt eine heiße Flamme in ihm auf. Weiß ist das Gesicht. Versteinert sind die Züge, wie Johann das Konferenzzimmer, den Ort pädagogischer Klugheit und Weisheit, verläßt, in dem Pädagogen glauben, einen werdenden Staatsbürger und künftigen Kulturmenschen für den Staat und die Menschheit erzogen zu haben.

Entsetzlich gellt ein Schrei durch die dumpfhallenden Korridore: ‚Ihr gräßlichen, ihr verfluchten Menschen, schlagt mich tot! Schlagt mich doch ganz tot *).“

Die schweren Strafen sind für viele nur eine Herausforderung. Jede Herausforderung ist aber am besten zu vermeiden. Statt abzuschrecken und zu strafen, wäre es besser, zu behandeln und zu heilen. Es könnte schon viel geholfen werden, wenn alle, die mit Verbrechern zu tun hätten, geschult würden, den Lebensstil des einzelnen Verbrechers zu erkennen. Das wäre besonders für die Probation officers wichtig, deren Zahl nach *Adlers* Meinung noch vermehrt werden müßte. Vor allem darf man nicht gleich Leistungen von den Verbrechern erwarten, für die sie nie vorbereitet wurden. Wie sollen sie, die von klein auf kein Interesse für andere entwikkelten, plötzlich Mitmenschlichkeit lernen? Nur langsam kann es gelingen, aus Gegenmenschen Mitmenschen zu machen. Hat man erst einmal die tiefe Entmutigung des Verbrechers verstanden, so wird man besonders bei Jugendlichen es vermeiden, sie als schwere Sünder hinzustellen und ihnen eine düstere Zukunft zu prophezeien, sondern man wird sie ermutigen und ihnen zeigen, daß sie den falschen Weg nicht weiter zu gehen brauchen.

Welche Tragödien enthüllen sich dem Individualpsychologen manchmal im Jugendgericht in einem einzigen Satz! Wenn ein jugendlicher Verbrecher, dessen Mutter ihn in gehässigster Weise beschuldigt, dem Richter, der ihn in ein Heim schicken will, antwortet: „Da will ich ja gerne hingehen, fort von zu Hause“, kann man da den Jüngling verdammen? Wo sollte er Mitmenschlichkeit lernen, wenn seine Mutter kein Mitmensch war!

Damit kommen wir zu dem wichtigsten Punkt; zur Frage, ob Verbrechen verhütet werden kann. *Adler* beantwortet diese Frage mit „Ja“. Er ist der felsenfesten Überzeugung, daß durch richtige Erziehung die Entwicklung des Menschen zum Verbrecher verhindert werden kann.

Adler hat sich von jeher für das Problem des Verbrechens besonders interessiert. Er arbeitete an einem großen Werk über die Psychologie des Verbrechers. In vielen seiner Bücher und in der

---

*) *Fritz Kleist:* Die Jugend, die man prügelt. Internationale Zeitschrift f. Individualpsychologie. 7. Jahrg. Nr. 2. März/April 1929. S. Hirzel, Leipzig.

Zeitschrift für Individualpsychologie hat er seine Beobachtungen und Anschauungen niedergelegt. Namhafte Kriminologen und Juristen haben über ihre praktischen Erfahrungen mit der Anwendung der Individualpsychologie bei Verbrechern in zahlreichen Aufsätzen berichtet, die in dieser Zeitschrift erschienen sind. In Deutschland haben viele Jugendrichter, Gefängnisleiter und andere die individualpsychologische Methode erfolgreich angewandt. Am deutlichsten wird das neuartige Vorgehen der Individualpsychologie aus folgendem Vortrage ersichtlich.

Kriminalkommissarin Frau *Sorge-Böhmke* hielt einen Vortrag in Berlin über die Bedeutung der Individualpsychologie für die Erkenntnis der Persönlichkeit jugendlicher Verbrecher. Als Beweis führte sie zwei verschiedene Beschreibungen desselben Falles an. Es handelte sich um einen jugendlichen Dieb. Die eine Beschreibung, die von einem anderen Polizisten gegeben war, gab nur die Daten des Vergehens. Ihr eigener Bericht handelte von dem Täter. Es handelte sich um einen Jungen, der sehr unglücklich zu Hause war und sich nach seiner Großmutter sehnte. Er stahl ein Rad, das zufällig auf der Straße stand, und radelte zu der Stadt, in der seine Großmutter lebte. Als er sein Ziel erreichte, ließ er das Rad stehen. Der erste Beamte sah nur das Verbrechen, die in Individualpsychologie geschulte Beamtin sah den Lebensstil des Täters und sein Verlangen nach Wärme.

Auch von anderer Seite wurden die guten Resultate der Individualpsychologie bestätigt. So bat uns in Berlin ein Jugendrichter, ein Heim auf individualpsychologischer Grundlage einzurichten, in das er seine jugendlichen Delinquenten schicken könnte. Er hatte in unseren individualpsychologischen Beratungsstellen so gute Erfolge gesehen, daß er ein individualpsychologisches Heim allen anderen Heimen vorziehen würde.

Am besten hat *Adler* selbst in seiner praktischen Arbeit den Wert der Individualpsychologie für die Heilung der Verbrecher bewiesen. Das beredteste Zeugnis für *Adler* nicht nur als Arzt und Psychologen, sondern auch als Mitmenschen gibt uns die Heilung eines für unheilbar erklärten Verbrechers. *Adler* stellte mir auf seinem unbewohnten Laubengrundstück den Patienten vor, der dort als Gärtner arbeitete. Folgender kurze, von ihm selbst geschriebene Lebensbericht, den der Geheilte mir freundlichst zur Verfügung gestellt hat, zeigt, daß aus diesem „hoffnungslosen Fall“ nun ein nützlicher und glücklicher Mensch geworden.

Autobiographie

»Meine erste Kindheitserinnerung reicht zurück, als ich zirka $2^1/_2$ Jahre alt war. Mein jüngerer Bruder und ich saßen am Fußboden vor der heruntergefallenen Tischlade und suchten die Brotkrumen zusammen. Es war Winter und bitter kalt. Es war dies zu einer Zeit, wo uns der Vater wieder verlassen hatte und irgendwo im Lande herumzog. Die Mutter war auf sich ganz allein angewiesen, das heißt, was ihr eben mitleidige Bauern schenkten, wo sie den Sommer über arbeitete. Ich war der Liebling des Vaters, und dennoch haßte ich ihn und besonders dann, wenn er die Mutter schlug. Wenn er zu Hause war, dann arbeitete er gewöhnlich im Steinbruch und verdiente ziemlich gut. Aber der Mutter brachte er wenig oder nichts nach Hause. Er kam meistens Sonntags betrunken heim und schlug dann die Mutter, und nur ich durfte bei ihm in der Wohnung bleiben. Die Kleider warf er in irgend eine Ecke und schlief sofort ein. Diese Gelegenheit benützte ich immer und durchsuchte seine Taschen und nahm immer einiges Geld heraus, mitunter oft sogar einen Gulden, und brachte ihn dann freudestrahlend meiner Mutter. Ich glaube nicht, daß ich mir bewußt war, einen Diebstahl damit zu begehen. Es dürfte eher Mitleid mit der Mutter gewesen sein, der Wunsch, wenigstens im Unterbewußtsein, ihr zu helfen.

Dieser Vorgang wiederholte sich regelmäßig, wurde zur Selbstverständlichkeit, und es war dies oft wochenlang das einzige Geld, welches die Mutter „indirekt“ vom Vater bekam.

Es mag dies auch der Grund sein, daß sich dadurch schon in meiner frühsten Kindheit der Unterschied zwischen mein und dein ziemlich verwischte, und das Mitleid in mir mehr in den Vordergrund trat. Als ich denn sechs Jahre alt war, übersiedelten wir in die nahe Hauptstadt Linz, und meine Mutter sowie die zwei Schwestern arbeiteten in einer Baumwollspinnerei. Ich mußte die Schule besuchen, und dies gab meinem Leben eine entscheidende Wendung. Wir Kinder bekamen früh und abends Brot und Kaffee, mittags gab es nur Samstags etwas zu essen. In die Schule bekamen wir nichts mit. Noch erinnere ich mich, wie ich meine Mitschüler beneidete und — wie ich sie haßte, weil sie sich satt essen konnten und mich ob meiner Armut verhöhnten, Mein jüngerer Bruder und ich bettelten während der Mittagszeit in der Stadt herum, um irgendeinen Bissen Brot zu erhaschen. Dies ging so lang, bis es in der Schule bekannt wurde, daß wir betteln gingen. Man nannte uns immer Bettelbub, und wenn wir unsere Mitschüler auch noch so verprügelten. Auch Erwachsene sagten uns oft: Schäm dich, so ein kleiner Bub und schon betteln gehen! Wir schämten uns auch und gingen nicht mehr betteln. Wir hatten bald heraus, daß es leicht sei, Milch und Brot in den Häusern früh morgens zu stehlen. Die Sachen standen vor der Türe und waren leicht mitzunehmen. Das taten wir auch, und zwar mußte jeden Morgen ein anderer gehen. Wir wechselten auch die Viertel, gingen immer woanders hin. Später bestahlen wir denn auch Transportwagen von Bäckern und Fleischhauern und hatten somit genug zu essen. Wir blieben aber nicht allein, es gesellten sich auch dann andere zu uns, und wir verübten danach schon Ladendiebstähle. Wir wußten bald jedes Geschäft, wo man dies oder jenes nicht bekam oder wo man um einen bestimmten Artikel in irgendeinen Nebenladen gehen mußte. Dies ging einige Jahre so dahin. Mitunter wurden wir irgendeines Diebstahls verdächtigt und zur Polizei gebracht, man versuchte dort, aus uns ein Geständnis herauszuschleppen, was nie gelang. So wuchs auch der Haß gegen alles, was Polizei war, mit uns auf. Nie hat jemand gefragt, ob wir zu essen hatten oder im Winter Schuhe zum Anziehen haben. Dies fiel niemand ein. Man war nur empört über unsere Verstocktheit und über unsere Verwahrlosung. Doch auch das änderte sich, und zwar mit der Zeit, als mein älterer Bruder ein Verhältnis mit einer Prostituierten anknüpfte. Mit einer sogenannten „Wilden", das heißt mit einer solchen, welche nicht unter Kontrolle stand. Ich war damals etwa zehn Jahre alt und mein Bruder nahm mich abends immer mit, um „Schmiere" zu stehen. Wenn ein Polizist in die Nähe kam, mußte ich die Mädels warnen. Ich bekam dafür von den Mädels 20 oder 30 Heller, je nachdem dieselben verdient hatten. Jetzt war ich in meinem Element, konnte der Polizei einen Possen um den andern spielen. Ich kam mit Zuhältern, Betrügern, Einbrechern in Berührung, und man lobte mich allgemein ob meiner Schlauheit und meines Mutes. Ich war stolz über dieses Lob. Die Schule besuchte ich nur, wenn es mich freute, der Lehrer war machtlos und war froh, wenn ich nicht in die Schule kam. Er hielt mich für einen Verbrecher und sagte mir auch vor den andern Schülern, daß ich eine „Zuchthauspflanze" sei.

Donnerstag und Freitag arbeiteten ich und mein jüngerer Bruder am Vieh- und Fleischmarkt, und den Erlös brachten wir voll Stolz unserer ausgeschundenen Mutter. Ich muß noch nachtragen, daß die Mutter von früh bis abends in Arbeit stand und wir Kinder absolut uns selbst überlassen waren. Wenn wir etwas Gestohlenes nach Hause brachten, sagten wir immer auf die Frage der Mutter, wo wir das her hätten, „gefunden". Die Mutter sagte nur immer: Buben, Buben, wenn sie euch erwischen. Aber sie war zu schwach, zu ausgehungert, um uns energisch entgegenzutreten. Einfach resigniert. Erst viel später wurde mir bewußt, wie ungeheure Opfer unsere Mutter gebracht, welch unsäglich bitteres Leid sie zu tragen hatte.

In der Schule lernte ich gut, das heißt, jenen Gegenstand, der mir zusagte. Die Hausaufgaben schrieb ich in der Schule knapp vor dem Unterricht. Erst im letzten Schuljahr änderte sich das. Ich bekam einen neuen Lehrer, welcher mich verstand, mich behandeln konnte. Ich durfte ihm die Hefte nach Hause tragen, beim Korrigieren der Hausaufgaben helfen, kurz, mein Aktivitätsgefühl wurde in fruchtbare Bahnen gelenkt, ohne daß ich es merkte. Aber es war bereits zu spät. Ich wurde aus der Schule entlassen und entrückte somit auch dem günstigen Einfluß dieses verständnisvollen Lehrers. Noch heute entsinne ich mich eines Ausspruches von ihm, als ich einem Mitschüler in seiner Gegenwart, als er mich denunzierte, eine schallende Ohrfeige gab. Er sagte: Du mußt einmal ein großer berühmter Mann oder ein großer berüchtigter Zuchthäusler werden. Er hatte mir zu richtig prophezeit. Nun mußte ich ins Leben hinaus, von einer Arbeit war nicht die Rede bei diesem Ruf, den wir genossen. Ich trieb mich weiter unter Prostituierten und Gaunern herum und war zufrieden. Ich kam mir wunder wie richtig und tüchtig vor, und wenn ich heute daran zurückdenke, schüttelt mich der Ekel. Aber eines freut mich noch heute, daß ich trotz allem Zureden kein Zuhälter wurde und trotz aller Versuche nie mit einer Prostituierten in sexuelle Beziehung kam. Im Unterbewußtsein war immer etwas da, das mich warnte.

Und es war gut so. Dieses Leben dauerte drei Jahre, wo dann wieder ein Wendepunkt in meinem Leben kommen sollte. Meine Mutter wurde krank, der Arzt kam jeden Tag, verordnete Fleisch und andere gute und kräftige Kost. Die Mutter bekam 75 Heller Krankengeld, was nicht einmal für Brot langte. In jener Zeit traf ich einen Schulkollegen (ich war 17 Jahre alt), der Betreffende war gut gekleidet und hatte Geld. Er fragte mich, warum ich so gedrückt sei, und ich klagte ihm mein Leid. Er lud mich ein in ein kleines Volkscafé, zahlte mir Kaffee und Kuchen und nachher eine Flasche Bier. Dann sagte er mir, daß ich leicht 20 bis 30 Kronen verdienen konnte, wenn ich wollte. Er entwickelte mir einen regelrechten Einbruchsplan in einem Elektrowerk, wo im Magazin große Mengen Altmetalle aufgehäuft seien. Ich lehnte entschieden ab. Einen Einbruch, einen regelrechten Einbruch, nein. Die Diebstähle, welche ich bis jetzt begangen hatte, hatte ich gar nicht als solche gewertet, das waren eben nur Bagatellesachen gewesen, aber ein Einbruch, das ist schon was anderes. Man redete mir zu, es sei ganz einfach, nicht zum erwischen usw. Es kam eine Flasche Bier um die andere, und mit jeder Flasche schwanden auch meine Bedenken, so daß ich zuletzt zusagte und zwar gleich für dieselbe Nacht. Nun ist es bei mir eigentümlich, wenn ich etwas verspreche, muß ich es halten, auch wenn es zu meinem Schaden ist und ich dies auch erkenne. So war es auch damals. Als ich etwas nüchtern wurde, waren die Bedenken wieder da, eine Stimme sagte mir immer: Tu's nicht, aber ich hatte mein Wort verpfändet, konnte nicht mehr zurück. Kurz, ich tat mit, die Sache wickelte sich glatt ab, es war eigentlich eine Kinderarbeit. Ich bekam nächsten Tag, nachdem die Beute verkauft war, glaube ich, 30 Kronen. Ich kaufte gleich ein für die Mutter, was gut und teuer war. Was gibt es nun viel zu sagen, das Geld ging zur Neige und ich tat wieder mit, wurde nach und nach der Anführer der Bande. Ich war mutig, konnte gut sperren, war zum Verkauf der Beute tüchtig und wurde somit in die „Gilde“ aufgenommen. Aber es sollte nicht lange dauern, nach einigen Monaten wurden wir alle hoppgenommen und dem Polizeigefängnis eingeliefert. Ich kam in eine große Sammelzelle zu allen möglichen Verbrechern. Da ich der jüngste war, wurde ich von den Leuten verwöhnt, bekam zu rauchen und zu essen und — — Unterricht. Man gab mir Weisungen, was ich zu sagen habe, daß ich meine Komplicen nicht „fallen lassen“ dürfte. Ich wurde verhört in der üblichen Form, strenge Distanz, ich war Verbrecher, er Beamter, der nichts, aber schon gar nichts mit mir gemein hatte. Ich war nimmer Mensch, ich war Verbrecher, A. A. Ein Geständnis sollte ich machen, lächerlich, wo ich mein Wort gegeben hatte, nichts zu sagen. Konnte man denn das überhaupt, ein Wort brechen? Ich wußte von nichts, man verprügelte mich, nun wußte ich erst recht nichts. Man war immer nur bemüht, festzustellen, daß ich das mir zur Last gelegte Verbrechen begangen hatte, aber nicht, warum ich es begangen hatte. Nach einigen Tagen wurde ich dem Landesgerichte überstellt. Es wurde mir ein Untersuchungsrichter zugeteilt, der, wenn er ein wenig mehr Ausdauer gehabt hätte, mich zum Sprechen gebracht hätte. Er sprach mir gut zu, versprach, sich nach meiner Entlassung für mich einzusetzen, mich irgendwo unterzubringen. Aber ich sollte meine Kameraden verraten, nein, das konnte ich nicht. Nächsten Tag ließ er mich wieder holen, legte mir die Aussagen meiner Kameraden vor und sagte: Sie haben jetzt eine Stunde Zeit zum Durchlesen, Sie werden sehen, daß Sie Ihre Komplicen bereits verraten haben und Ihre Schonung nicht mehr am Platze ist. Ich las und fand seine Worte bestätigt. Er fragte mich noch, ob ich ihm nun nichts zu sagen hätte. Ich sagte, nein, ich bleibe bei meiner Aussage. Man kann sich in meine Lage schwer hineinfühlen, bis jetzt sagte ich immer, ich weiß von nichts, nun soll ich auf einmal alles umdrehen, soll zugeben, daß ich gelogen habe. Welcher Mensch tut das so leicht. Ich schämte mich ganz einfach, zuzugeben, daß ich gelogen habe. Und nun wäre der psychologische Moment für den Untersuchungsrichter gewesen, bei etwas Einfühlungsvermögen das Eis zum Schmelzen zu bringen, einen Blick in mein Seelenleben zu bekommen. Heute weiß ich, wenn er mir gut und verstehend zugeredet hätte, von meinen Familienverhältnissen, von der Mutter gesprochen hätte, ich hätte zu weinen begonnen und mein Leben wäre ein wesentlich anderes geworden. Aber auf mein Nein wendete er sich brüsk ab und ließ sich meine Antwort unterschreiben. Der Akt war abgeschlossen, das Urteil über mich gefällt. Nach einigen Wochen war die Verhandlung. Ich figurierte als Hauptangeklagter, obwohl ich der jüngste war. Man war empört über meine Verstocktheit, der Staatsanwalt hielt eine flammende Anklagerede, als mildernd hob er bei mir nur die verwahrloste Erziehung hervor. Bei diesen Worten unterbrach ich ihn und sagte, er dürfte meine Mutter nicht beleidigen, denn sie hatte uns erzogen, so gut sie eben konnte. Heute bin ich mir bewußt, daß wir überhaupt keine Erziehung hatten. Man wies mich ob meiner Frechheit zurecht und drohte mit Disziplinierung. Unter meinen Komplicen befand sich auch ein 40jähriger Bauernsohn, und gerade dieser war die treibende Kraft bei unseren Diebstählen, er konnte nie genug Geld haben. Diesen Bauernburschen nahm der Staatsanwalt unter seine Fittiche. Er sagte unter anderem: Sie sehen hier ein typisches Beispiel, ein braver Bauernsohn kommt in die Stadt, kommt in schlechte Gesellschaft (er wies auf mich) und wird so zum Verbrecher gestempelt. O du heilige Einfalt! Die Verhandlung endete mit meiner Verurteilung zu 18 Monaten schwerem Kerker. Die übrigen wurden zu 6—10 Monaten verurteilt. Gefesselt mußte ich zu Fuß durch die ganz Stadt zum Bahnhof gehen. Mein ganzes Denken während dieses Marsches war nur erfüllt mit der Frage: Wie kann ich mich für dieses Unrecht revanchieren? Aber auch dieser Weg nahm ein Ende und wir kamen in der Anstalt an. Ich wurde umgekleidet, bekam reichliches Essen und kam in eine Einzelzelle. Nächsten Tag kam ich zum Aufnahmsrapport und wurde der verhaßten Arbeit des Strohflechtens zugeteilt. Ich kam in ein Zimmer mit 25 Mann. Ich wurde gut aufgenommen, da ich das Glück hatte, einiges Rauchzeug hineinschmuggeln zu können. Nach ungefähr 14 Tagen wurde das Küchenpersonal strafweise abgelöst und ich wurde erster Koch. Mit diesem Posten hatte ich mir im Hause sozusagen eine Machtstellung errungen. Ich hatte nicht nur für die Gefangenen zu kochen, sondern auch für die ledigen Aufsichtspersonen und für die Landstürmler, welche damals, da Krieg war, ebenfalls Dienst machten. Von mir hing es nun ab, ob die Leute ihre vorgeschriebene Portion bekamen oder etwas darüber. Ich nützte das reichlich aus und hatte nie Mangel an Tabak. Wenn ich aufrichtig sein will, so muß ich sagen, daß es mir in der Anstalt bedeutend besser ging als zu Hause, und das Zuchthaus hatte somit alles Abschreckende für mich verloren. Eines Tages, es war der 14. Oktober 1914, wurde ich zum Direktor gerufen, der teilte mir in kurzen Worten mit, daß meine Mutter heute um fünf Uhr früh verstorben ist. Um neun Uhr wurde ich wieder in die Kanzlei gerufen, und ein Beamter teilte mir mit, daß ich aus Gründen der öffentlichen Sicherheit für immer aus dem Stadtgebiet Linz ausgewiesen sei. Das war ein Schlag für mich, die Mutter tot, ich aus der Stadt verbannt, wo ich groß wurde, alles kannte, eventuell von meiner dort lebenden Schwester Hilfe in der ersten Zeit nach der Entlassung hätte bekommen können. Am 11. November wurde ich entlassen. Der Verdienst reichte gerade zur Fahrt nach Linz. Es glückte mir, durch Vermittlung meines jüngeren Bruders bei einem Fleischhauer in Linz unterzukommen. Ich war dort nicht gemeldet, verdiente ganz schön, hatte wirklich Familienanschluß, und die jüngere Tochter war mir herzlich zugetan, obwohl bekannt war, daß ich eine Strafe verbüßt hatte. Wir hatten damals große Fleischlieferungen nach Wien und der Chef kam mit dem Einkauf nicht nach. Eines Tages gab er mir 10.000 Kronen und sagte, ich solle Kälber kaufen, nichts, kein Wort mehr, kein Mißtrauen, mit der selbstverständlichsten Miene der Welt gab er mir für damalige Begriffe ein Vermögen in die Hand. Am liebsten hätte ich geheult wie ein Schuljunge. Und noch heute steigt es heiß und brennend in meine Augen, wenn ich an diesen Tag zurückdenke. Es war der schönste Tag meines Lebens. Dieses für mich so glückliche Leben dauerte einige Monate. Dann kam eines Tages ein Kriminalinspektor in die Wohnung. Er teilte mir mit, daß man mich denunziert habe, daß ich, trotzdem ich ausgewiesen sei, hier arbeitete. Er gab mir den Rat, so bald wie möglich zu verschwinden. Also mußte ich wieder wandern. Es gelang mir nicht mehr, irgendwo unterzukommen. Meine paar Kronen, die ich mir erspart hatte, gingen zur Neige und ich stand wieder vor dem Nichts. In jener Zeit lernte ich einen

Beamten der Tabakregie kennen und erfuhr von demselben genaue Details über die Lagerbestände in der Fabrik. Ich holte nun jede Woche einige hundert Kilo Tabak und verkaufte ihn. Ich hatte nun Geld genug, konnte mir alles leisten, was ich wollte. Ich wurde auch in Offizierskreisen eingeführt und ein Oberleutnant verschaffte mir die nötigen Ausweispapiere. Es war damals fast eine Manie von mir, mich überall dort einzudrängen, was „bessere Kreise“ hieß. Ich kaufte mir die feinste Wäsche, ließ jeden Tag den Friseur kommen und kaufte die teuersten Parfüms.

Kurz, alles was mir bisher nur vom Hörensagen bekannt war, wollte ich mitmachen. Ich glaube, es war auch ein gewisses Rachegefühl, welches mich drängte, mich in bessere Kreise einzudrängen. Ich dachte mir, was werdet ihr für empörte Gesichter machen, wenn man mich wieder einmal erwischen wird. Und dies war mir eine gewisse Genugtuung. Aber dann fand ich Eingang in eine wirklich gute, altbürgerliche Familie, und ich fand, daß es wirklich noch gute Menschen gab. Ich fuhr einmal mit dem Motorrad von Steyr nach Linz und fand auf halbem Weg ein Mädchen weinend am Wegrand sitzen. Das Mädel war mit ihrer Erzieherin zu einem bekannten Fabriksdirektor gefahren und hatte dort zum Geschenk ein Rad erhalten. Sie wollte damit nach Linz fahren und fuhr beim Ausweichen an einen Stein an. Das Pedal war so verbogen, daß es sich nicht mehr umdrehen ließ. Ich nahm sie nun auf meinem Motorrad ins Schlepptau und brachte sie wohlbehalten nach Linz. Erst vor ihrer Wohnung stellte sie sich vor, wie auch ich. Nächsten Tag hatte ich die Angelegenheit bereits vergessen, als ich in meinem Hotel angerufen wurde. Der Vater der Liesl (so hieß sie) bedankte sich für die Hilfe, die ich seiner Tochter angedeihen ließ, und lud mich für abends ein. Ich wollte absagen, verschiedene Einwände machen, aber er ließ nichts gelten. Abends stand ich nun vor dem Haustor und läutete. Die Tür öffnete sich geräuschlos und ein alter Diener geleitete mich in den Salon. Aufrichtig gesagt war mir etwas unbehaglich zumute. Ich glaube, es war deshalb, weil vom ganzen Haus eine Art Fluidum der Anständigkeit und der Gediegenheit ausging. Aber mein Unbehagen oder Angstgefühl schwand, als mich im Salon ein alter, gütiger Herr mit schneeweißem Haar empfing. Er nahm meine beiden Hände und bedankte sich noch einmal. Ich wurde der Reihe nach den Verwandten vorgestellt, Mutter war keine mehr da. Dann ging es zu Tisch, und es war bald eine anregende Unterhaltung im Gang. Die Liesl war still und schüchtern und wußte fast nichts zu sprechen. Beim Abschiede wurde ich vom Hausherrn aufgefordert, recht bald und oft wieder zu kommen. Ich kam auch bald und oft. Aber je öfter ich kam, um so deutlicher fühlte ich, daß ich Liesl nicht gleichgültig war. Was sollte ich tun? Ich war dort eingeführt mit ganz falschem Namen, falschem militärischem Range, und das Mädel war 17 Jahre alt. Ich hätte sie bloß nehmen brauchen. Jetzt wäre Gelegenheit gewesen, der so von mir gehaßten, anständigen Gesellschaft eins auszuwischen, und jetzt konnte ich es ganz einfach nicht. Ich schrieb dem Vater einen kurzen Brief, wer ich bin, was ich bin sowie daß ich seine Tochter nicht unglücklich machen will, und daher dieser Brief. Schon nächsten Tag erhielt ich vom Vater einen Brief, worin sich derselbe bedankt für meine Anständigkeit und Versicherung, daß er mich trotzdem achte und schätze. Ich war wieder um eine Etappe weiter gekommen.

Es dauerte auch nicht mehr lange und ich wurde, einer „vertraulichen Mitteilung“ nach, wieder verhaftet. Nach einigen Tagen Polizeihaft wurde ich dem Landesgericht überstellt. Nach einigen Wochen Untersuchungshaft fühlte ich, daß ich elend zugrunde gehen müsse, halb verhungert, verdreckt und total verlaust beschloß ich, zu flüchten um jeden Preis, und wenn ich einen Mord begehen müßte. Ich brauchte keinen Mord zu begehen, es gelang auch so. Es war sehr waghalsig, aber es gelang. Ich suchte bekannte Hehler von mir auf, wusch mich und aß mich einmal satt. Nach einigen Tagen konnte ich meinem „Gewerbe“ wieder nachgehen. Es dauerte wieder einige Monate und ich wurde wieder erwischt. Das Urteil lautete auf zwei Jahre Kerker. Diesmal kam ich schon in eine Männeranstalt.

Diese meine zweite Strafe war eigentlich die richtige Hochschule für mich. Mit dreißig Mann in einer Zelle wurde mir ein regelrechter Unterricht erteilt. Aber eine gute Seite hatte diese Haft für mich insofern, als ich da verschiedene Charaktere und Lebensanschauungen kennenlernte. Ich kam zu dem Resultat, daß jeder ein Steckenpferd hatte, jeder einst besserungsfähig war oder wurde. Es lebte fast jeder in dem Wahn, sich durch Verbrechen soviel zusammenzuraffen, um sein Steckenpferd verwirklichen zu können. Eine Ausnahme hiervon machten die Betrüger und Taschendiebe. Und jeder glaubte felsenfest daran, daß er nun nicht mehr erwischt werde. In meiner freien Zeit las ich sehr viel, und zum Großteil Lehrbücher und wissenschaftliche Werke. Beschäftigt war ich im Wagnereibetrieb und brachte es, durch meine „Anstelligkeit“, bald bis zum inoffiziellen Werkführer. Es war insofern günstig für mich, daß ich mir Leute vom Personal dadurch nachsichtiger machen konnte, da auch für das Personal Möbel und diverse Reparaturen gemacht wurden und ich auf die Preisbemessung Einfluß hatte. Es gelang mir auch, einen großangelegten Tabakschmuggel zu bewerkstelligen und war nun für Zuchthausverhältnisse ein König. In meine Hand war es gegeben, ob irgendeine Heereslieferung sabotiert wurde oder nicht. Es hing dies ganz vom Verhalten unseres Vorgesetzten ab. Wenn ich gewollt hätte, so hätte ich jeden Tag eine Revolte heraufbeschwören können für dieses bißchen Nikotin.

Beim Direktor war ich gut angeschrieben, da ich immer, soweit es meine Person betraf, unumwunden die Wahrheit sagte. Diese zwei Jahre gingen verhältnismäßig rasch vorüber.

Der Tag der Entlassung kam heran, und mit einigen Kronen, welche gerade ausreichten, mir ein Mittagessen zu kaufen, wurde ich mit einigen Ermahnungen auf die Straße gesetzt. Es gelang mir in einer Sacharinfabrik ein größerer Einbruch und hatte somit wieder für einige Zeit zu leben. Dieser Einbruch wirbelte sehr viel Staub auf, schon des großen Wertes und auch der geheimnisvollen Umstände halber. Die Polizei setzte alle Hebel in Bewegung und es gelang ihr auch, mich nach einigen Monaten zu fassen. Man legte mir eine Menge Einbrüche zur Last. Ich fiel einem Kriminalbeamten in die Hände, der wirklich Psychologe war und anständige Methoden anwendete. Er nahm mich vor und sagte: Jetzt paß auf, ich will dir einen Vorschlag machen. Wenn du wegen der Sacharingeschichte ein Geständnis machst und meine Arbeit erleichterst, dann lass' ich alle übrigen Einbrüche fallen. Willst du nicht, so muß ich diese und jene Person verhaften. Er gab mir sein Wort und ich machte ein Geständnis. Er hielt sein Wort. Der erste Kriminalist, den ich bisher getroffen, der sein Wort gehalten hat.

Das Urteil war drei Jahre. Ich kam wieder in dieselbe Strafanstalt, in denselben Betrieb und hatte bald meine frühere Stelle wieder. Während dieser drei Jahre ging ich nun heran, mich für das Seelenleben meiner Mitgefangenen zu interessieren. Ich hatte eine besondere Gabe, die Leute unauffällig auszuhören, die Wahrheit zu finden. Was irgendwie von Interesse war, notierte ich und stellte Vergleiche an. Während dieser drei Jahre aber vollzog sich auch in mir eine Umwandlung. Ein Unbehagen, fast Ekel für mein bisheriges Leben stieg in mir auf und die Sehnsucht, mir durch eigene Kraft eine Existenz zu gründen, wurde immer größer. Ich wurde wider mein Erwarten meiner guten Führung halber nach zwei Jahren bedingt entlassen. Und zwar mit dem ernsten Vorsatz, ein ehrliches Leben zu beginnen. Nach meiner Entlassung gelang es mir, bei einem Kleinbauern gegen Kost und etwas Taschengeld unterzukommen. Ich reparierte dort Werkzeug und Wägen, arbeitete auf den Feldern mit, wenn es notwendig war. Dies dauerte einige Monate bis zum Maschinendreschen. Wir hatten aus der Nachbarschaft Leute, welche uns halfen. Es war gerade zur Nachmittagspause, als ein Gendarm auf mich zutrat und in geringschätzigem Ton zu mir sagte: Na, halten Sie sich jetzt da auf? Ich sagte: Nein, ich halte mich hier nicht auf, sondern bin hier in Stellung. Alle Augen waren auf mich gerichtet, als der Gendarm sagte: Na, hoffentlich tun Sie jetzt gut. Dies war genug; bald wußte man im Ort, von wo ich kam, und man wich mir aus, wo es anging. Es wurde dem Bauern nahegelegt, mich zu entlassen, das tat er nicht. (Der Bauer wußte von Anbeginn, von wo ich kam.) Nun schnitt man auch den Bauern. Als auch das nicht half, schickte man ihm einen Drohbrief, daß man ihm das Haus anzünden werde, wenn er mich nicht entlasse. Auf dies hinauf ging ich freiwillig. Ich trieb mich einige Wochen in den Donauauen herum, unschlüssig, was ich beginnen sollte. Ich schlief im Freien und lebte von Kartoffeln, die ich im Feuer briet.

Ich war schon ganz verwahrlost, als mir dieses Leben unerträglich wurde. Ich suchte wieder nach einer Einbruchsmöglichkeit und fand eine solche in einer Schafwollfabrik. Es war nach dem Umsturz als Rohprodukt ein begehrter Artikel. Ich schleppte einmal ein Quantum Wolle weg, soviel ich tragen konnte, und kaufte für den Erlös Pferd und Wagen. Dann fuhr ich um Wolle, sooft ich Geld brauchte. Ich glaube, man würde mich nicht erwischt haben, wenn ich nicht den Fehler gemacht hätte, mir einen Komplicen zu nehmen, ich nahm ihn aus Mitleid. Das Mitleid hat seit jeher in meinem Leben eine entscheidende Rolle gespielt. Kurz, nach einigen Monaten war ich wieder im „Grauen Haus“. Ich wurde zu sieben Jahren verurteilt, dazu ein bedingter Strafrest von einem Jahr. Und zwar wurde ich wegen Gewohnheitsdiebstahl verurteilt. Als erschwerend führte der Staatsanwalt an, daß der Staat mir Gelegenheit gegeben habe, mich zu bessern (durch die bedingte Entlassung), daß ich das in mich gesetzte Vertrauen mißbraucht habe. Als mildernd führte er folgendes Paradoxon an: Meine große Notlage und die derzeitige Arbeitslosigkeit.

Das österr. Strafgesetz bezeichnet nun als Gewohnheitsdiebstahl, wenn jemand, ohne in Notlage zu sein, einen Diebstahl begeht.

Also ich kam wieder in die gleiche Anstalt, im gleichen Betrieb und eroberte mir auch meine alte Stelle wieder. Aber nun hatte ich etwas zum Grübeln. War oder bin ich wirklich unverbesserlich, wer kann das im objektiven Sinne sagen? Hat mir jemand geholfen, den rechten Weg zurück zu finden? Dies und hundert andere Fragen beschäftigten mich. Ich las mehr denn jemand und studierte meine Mitgefangenen. Während dieser sieben Jahre erwarb ich mir noch einen wirklichen Freund. Er war Lustmörder und war zu Lebenslang verurteilt. Er war mein Bettnachbar, ging aber nicht aus sich heraus.

Da war es einmal, daß eine Tabaksendung länger ausblieb, als ich erwartete und ich ziemlich knapp wurde. Ich war daher gezwungen, meinen Vorrat, den ich noch hatte, zu rationieren. Das paßte nun meinen Zellengenossen nicht (es waren, glaube ich, 34 Mann), sie glaubten, ich wolle geizen und „meuterten". Man drohte mir mit dem Gesichtzerschneiden und anderer angenehmer Dinge mehr. Ich blieb ruhig bei meinem Bette und sagte den Leuten, daß sie, falls sie ihre Drohungen zu verwirklichen versuchten, erst recht nicht mehr Tabak bekommen würden. Als die Leute immer bedrohlicher wurden, sprang der Lustmörder auf und schrie die Leute an: „Ihr Schufte ihr, schämt euch; zum Dank, daß er euch jahrelang mit Tabak freigehalten hat, wollt ihr Erpressungen machen. Der erste, der einen Schritt zu dem Bett macht, dem schneide ich den Hals durch." Auf einmal war es ruhig. Die Leute drückten herum und waren nun mit dem wenigen zufrieden. Von diesem Tag an war unsere Freundschaft ohne jede Worte besiegelt. Nun hatte ich eher Gelegenheit, die Motive für sein grausiges Verbrechen zu erfahren. Nach und nach holte ich ihn aus, warf so Brocken hin und stieß so auf den Grund der Seele dieses sonst wirklich guten und aufrechten Menschen.

Er erzählte mir seine Lebensgeschichte.

Er war klein und unansehnlich von Gestalt, und wurde in seinem Heimatort von den Kameraden gehänselt und noch mehr von den Frauen. Er war sehr sinnlich veranlagt und es gelang ihm nie, eine Frau zu bekommen, und so ließ er sich zu einer Notzucht hinreißen bei einem erwachsenen Mädel, die in seiner Begleitung war. Er faßte dafür acht Monate Kerker aus. Als nun Mobilisierung war, mußte er zur Musterung und wurde für tauglich befunden. Es wurde in einem Wirtshaus gezecht und seine Kameraden eiferten ein Mädchen an, so zu tun, als ob sie in ihn verliebt wäre, und sie versprach, ihn auch nach Hause zu begleiten. Er war total verrückt und dazu betrunken. Als es nun an der Zeit gewesen wäre, aufzubrechen, lachten ihn das Mädchen und die Burschen recht aus und hänselten ihn fürchterlich. Ganz liebestoll verließ er das Gasthaus und machte sich auf den Heimweg. Auf dem Wege traf er in einem kleinen Gehölz ein achtjähriges Mäderl. Er überfiel das Kind und vergewaltigte es und schnitt dem bewußtlosen Kind den Hals ab.

Auf meine Frage, wieso er ein Kind vergewaltigte und nicht eine Erwachsene, sagte er mir: „Ich habe den fast schmerzhaften Trieb gehabt, mich zu befriedigen und hätte auch eine Achtzigjährige überfallen, ich sah nimmer die Person, noch den Menschen, sondern lediglich ein Mittel für meine Sinneslust.“ Auf meine weitere Frage, warum er denn das Kind getötet habe, sagte er: „Aus wahnsinniger Angst, nun eingesperrt zu werden und aus Scham vor der Schande.“ Das Kind kannte ihn und würde zweifellos alles gesagt haben. Jedenfalls bin ich überzeugt, daß dieser Mann, dem man nur seine übergroße Sinnlichkeit zum Vorwurf machen konnte, der beste Ehemann geworden wäre, wenn er einer passenden Frau in die Hände gefallen wäre. Auch war er so wie ich ein ausgesprochener Feind aller Homosexuellen, und das Tragische in diesem Fall, er war ein großer Kinderfreund, und dies nicht im sexuellen Sinne, was folgendes Gedicht von ihm erkennen läßt.

Des Kindes Seele

Des Kindes Seele, oh, behüte sie,
Dies zart Gewebe frei und licht,
Oh, zeig ihm nicht zu früh die grause Lebensmelodie,
Damit das Kinderleben nicht zerbricht.
Denn wirklich Leben ist das Kinderleben nur,
Vergessend froh und sonder Pflicht,
Nur dorten wandert es auf Spuren der Natur,
Bis daß es sich die Dornenkrone der Erkenntnis flicht.
Drum sorge, daß dein Kind der Kindheit Leben froh genießt,
Laß sehen es nur was gut und schön in dieser Welt,
Denn des Menschen Kindheit ist sein wirklich Paradies,
So lang bis Gut und Böse ihn dann quält.

Also dieser Mensch war mir wirklich Freund in Freud und Leid und trug auch ein Teil zu meiner Umkehr bei. Als sich meine Strafe ihrem Ende näherte, wurde mein Entschluß, mich ehrlich fortzubringen, immer stärker. Eines Tages schrieb ich 40 Briefe an soziale Hilfsvereine usw. Die Briefe hatten alle fast den gleichen Wortlaut wie ungefähr folgt:

Euer Wohlgeboren.

Im Beginne meines Schreibens bitte ich Sie, mir verzeihen zu wollen, daß ich Ihre vielleicht gemessene Zeit in Anspruch nehme. Aber Not kennt eben kein Gebot! Doch gestatten Sie vorerst, daß ich mich vorstelle: Ich bin aus ärmsten Verhältnissen hervorgegangen, unter Laster und Verbrechen groß geworden und kann mich mit gewisser Deutlichkeit an jeden Tag meiner Jugend erinnern, wo mir ein Mittagessen zuteil wurde, welches ich mir nicht zu betteln oder stehlen brauchte. Ich verbüße hier derzeit eine Kerkerstrafe in der Dauer von acht Jahren. Nicht vielleicht wegen Mordes, nein! Der bloße Wille zum Leben drückte mir das Einbruchswerkzeug in die Hand. Diese Strafe nähert sich nun kommenden Jahres, Gott sei Dank! oder — leider, ihrem Ende! Aktenmäßig wurde mir von meinen Richtern das Prädikat Unverbesserlich zuteil, und dies zu einer Zeit, als ich anfing, mich für die Erziehungsmethoden der sogenannten anständigen Gesellschaft einigermaßen zu interessieren. Meine Richter haben sich darin geirrt, denn unverbesserlich sein heißt eine Stufe erreicht zu haben, hinter der es nichts mehr zu verbessern gehen kann, vor der es aber notwendigerweise noch vieles zu verbessern geben muß, wollen wir uns überhaupt Begriffe vom Guten und Bösen machen und deren Übeln je abhelfen. Nur Gott ist unverbesserlich. Der Gottesbegriff der Idee *Kant*s gedacht, Kritik der reinen Vernunft. Ich bin Verbrecher, gewiß, aber meine Verbrechen sind verschwindend klein im Vergleich zu dem schreienden Unrecht, das mir von meinen Richtern der anständigen Gesellschaft zugefügt ist. Zugefügt durch seelische Unterernährung, in der man mich vegetieren ließ.

Meine Richter mögen mir den Fehdehandschuh hinwerfen und immerhin schreien: Das gibt es nicht, der Mörder unserer Logik, mir erscheinen sie nicht als satisfaktionsfähig. Ich würde der Feder Zolas nicht bedürfen, um ein J'accuse in der Welt zu setzen, sie vor einem Zusammenbruch zu stellen; meine eignen bitteren Erfahrungen, erkauft durch mehr als zehnjähriges Leiden in den traurigsten Asylen menschlicher Verirrungen, würden vollauf genügen. Ich bin Christ, als Schüler Christi ohne Dogmatik, und als Christ habe ich mich durch alle diese Leiden zu einer Erkenntnis durchgerungen, die mir die Freiheit des Geistes, das Gute im Menschen zu verlangen, in einem verklärenden Licht erscheinen und meine Verbrechen mit grausamer Deutlichkeit fühlen läßt. Und ich weiß, daß ich aus diesem Sumpf nicht heraus kann, die wirtschaftliche Not ist so groß, das Vorurteil der Gesellschaft so ungeheuer, um nur die leiseste Hoffnung aufkommen zu lassen. Dieser Seelendualismus ist der fruchtbarste Boden für solche Geschehen wie jenes von *Bia Torbagy*. Ich will heraus aus meiner Bedrängnis, mein Leben auf neuer Basis aufbauen, und ich kann es nicht. Ich weiß, daß der Hunger die befehlende Stimme des Rechtes übertönen, mir das Einbruchswerkzeug wieder in die Hand drücken wird. Können Sie ermessen, immer wieder etwas tun zu müssen, was man im Innersten verabscheut? Oder habe ich nicht das Recht, zu leben? Wenn Sie der sind, für den ich Sie halte, so bitte ich Sie, mir für meinen künftigen Lebensweg einen Rat zuteil werden zu lassen, was ich nach meiner Entlassung tun soll. Ohne Heim, ohne Barmittel, fast ohne Kleider. Ich bitte Sie, mich aber nicht mißzuverstehen und diese Zeilen etwa als Bettelei aufzufassen. Es wäre mir dies sehr peinlich und würde mir weh tun. Für eine Antwort im vornhinein dankend, zeichnet ...

Also von diesen 40 Briefen kam ein einziges Antwortschreiben von Dr. *Adler*. Er schrieb mir kurz nur, ich möchte sofort nach meiner Entlassung zu seiner Assistentin, Frau Dr. *Sicher*, kommen, was ich auch tat. Mit etwas Bangen kam ich hin und wurde angenehm enttäuscht. Nichts, keine Vorwürfe, keine Fragen wieso, warum usw. Nein, nur beraten wurde, wie mir vorerst zu helfen sei. Und es wurde geholfen. Ich kann richtig sagen, daß Frau Dr. *Sicher* meine zweite Mutter wurde. Eine alles verstehende und gütige Mutter. Nach einiger Zeit kam Dr. *Adler* zurück, und er sprach mit mir über meine Zukunft und er „behandelte" mich. Der Wissenschaftler würde sagen, ich war Patient, mag sein, daß mich Dr. *Adler* als solchen betrachtete, jedenfalls fühlte ich es nicht. Dr. *Adler* verstand es ausgezeichnet, die Kluft zwischen uns beiden nicht nur zu überbrücken, sondern dieselbe gar nicht zum Vorschein kommen zu lassen. Es gab keine Distanz, er betrachtete mich als Mitarbeiter, eiferte mich an, etwas zu schreiben, nahm mich zu Ärztezusammenkünften mit, wo Laien sonst keinen Zutritt hatten. Trafen wir uns in der Universität, so grüßte er mich schon von weitem mit „Servus". Er beschäftigte mich bis zu seiner Abreise in seinem Garten, ich baute ihm ein Wochenendhaus und machte in der Wohnung und Villa verschiedene Reparaturen. Er hatte ein unbegrenztes Vertrauen, nahm nie eine Rechnung. Nach seiner Abreise schrieb ich öfters, und jedes Schreiben wurde beantwortet.

Er wies mir nicht den Weg, den ich zu gehen hatte, er verstand es, ihn mir selber finden zu lassen. Es fachte meinen Ehrgeiz an, und es freute mich riesig, wenn er im Garten kam mit seinen Schülern und Schülerinnen und er mich allen vorstellte. Ich mochte noch so verschmutzt sein, das sah er gar nicht. So hat dieser grundgütige Mensch die Umwandlung in mir vollendet, mich wieder zu einem Mitspieler für das soziale Leben gemacht, mir den Glauben an das Gute im Menschen wiedergegeben. Ich kann es ihm nur danken, daß ich in seinem Sinne lebe und handle.

Z. O. Z.

Nun folgend ein Gedicht von mir, welches ich vor meiner Entlassung schrieb:

FREIHEIT!

Nun bist Du frei, es bebend meine Lippe spricht.
Nach langer, langer Zeit umstrahlt mich wieder goldnes Freiheitssonnenlicht.
Nichts hindert mich, kein starrend Gitter und kein Schloß,
Bin ich für immer wohl die Fessel los?
Denn hinter diesem Frei seh' ich schon düstere Gestalten,
Kann ich für immer widerstehn den furchtbaren Gewalten?
Kein Heim, kein Stückchen Brot,
Nichts, nichts als Not und wieder Not.
Ich steh' vor banger Freude stumm,
Und frag mich viele mal was nun, was nun?

WARUM?

Warum, Mütterchen, gingst Du wohl von mir?
Gerade als Du mir am nötigsten warst,
Als all mein Hoffen und Sehnen zerbarst,
Da gingst Du und ließest mich hier.

Hier unter vielen so ganz allein
Zieh' ich nun durch fremde Gassen,
Verstehe dies Leid nicht zu fassen,
Mein Wollen so groß und das Können ach so klein.

Träge fließen meine Lebensstunden, ach so träge,
Irrend suche ich des Rätsels Lösung, Zweck des Seins.
Dies gehe ich wundernd fragend suchen und finde keins,
Oh, wenn ich erst in Charons Fahrzeug läge.

Die Welt von bitterm Leide ach so voll,
Und nicht weiß ich, woher ich komme, wohin ich gehe.
Nur das eine wissend, daß ich nichts verstehe,
Und überall sehe ich mir Haß und Groll.

Ist alles Täuschung, Trug, ist alles Maya,
Kein Körnchen Wahrheit nicht zu sehen,
Alles, alles flüchtig wie die Winde wehen,
Alles Lüge, Zeus, Christus oder Freia?

Oh, Vater, bist Du, so zeig Deine Güte,
Nimm weg die Sorge, Not und Streit.
Bring dafür Liebe und Barmherzigkeit
Und sorg, daß jeder diesen Schatz hüte.«

* * *

Die Autobiographie zeigt deutlich, daß zur Beseitigung des Verbrechens nicht Strenge notwendig ist, sondern Mitmenschlichkeit und eine psychologische Behandlung.

Neurose

Eine umfassende Darstellung von *Adler*s Bedeutung für die Neurosenforschung kann nur ein Arzt für Ärzte geben. Ich will hier nur den Teil seiner Lehre darstellen, der von allgemeinem Interesse ist. *Adler* selbst war der Meinung, daß die Kenntnis über Wesen und Entstehen der Neurose in weiteste Kreise dringen müßte, damit schon die ersten Anzeichen erkannt würden und alle Erzieher dafür sorgen könnten, daß rechtzeitig Schritte zur Verhütung dieses schweren Leidens getan werden.

Für das Verständnis wird es am besten sein, wenn ich gleich hier an einem Beispiel schildere, wie eine Neurose entstehen kann. Eine achtunddreißigjährige Frau verliert eine geliebte Angehörige durch den Tod. Kurze Zeit danach treten Magenbeschwerden auf, die von einem sehr erfahrenen Arzt mit Diät und Medikamenten behandelt werden. Die Beschwerden bessern sich, aber nur vorübergehend; es kommt immer wieder zu Rückfällen. Da wendet sie sich an *Adler*; *Adler* macht ihr klar, daß sie als sehr verzärtelter Mensch den Verlust derjenigen Person, die sie am meisten verzärtelt hatte, nicht vertragen konnte; sie wollte noch weiter verzärtelt werden und zielt mit ihrer Krankheit darauf hin, daß ihr Mann sich mehr um sie kümmern und sie mehr verzärteln sollte. Als sie zu dieser Einsicht gelangt war, verschwanden alle Beschwerden, ohne daß sie es nötig hatte, irgendeine Diät zu gebrauchen; sie war wieder gesund.

Die Erschütterung durch den Trauerfall ist ganz natürlich. Das ist noch kein Zeichen von Neurose; auch daß der Magen, wahrscheinlich ein minderwertiges Organ, dadurch in Mitleidenschaft gezogen wurde, ist auch kein neurotisches Anzeichen. Erst das monatelange Anhalten der Magenschmerzen, die jeder Behandlung trotzten, zeigt uns die Neurose. Wenn jemand erschüttert ist, der im Beruf Geld verliert oder dessen Freund sich von ihm wendet oder dem ein geliebtes Wesen untreu wird, so ist das selbstverständlich. Wenn er aber an den körperlichen und seelischen Störungen, die sich daran anschließen, festhält, dann ist eine Neurose eingetreten. Nach *Adler* ist die Neurose „die Ausnutzung des Schockerlebnisses zum Schutze des bedrohten Nimbus". (Sinn des Lebens.) Im Kriege zeigte sich deutlich, daß eine Schockwirkung keine Neurose nach sich ziehen muß. Jeder Soldat erlebte im Trommelfeuer einen Schock, aber nur ein kleiner Teil zeigte danach neurotische Symptome. Dasselbe äußere Ereignis kann für den einen Menschen ohne schädliche Wirkung sein, bei dem andern aber eine Neurose herbeiführen, je nach seinem Lebensstil.

Obwohl *Adler* betonte, daß der kunstvolle Aufbau einer jeden Neurose etwas Einmaliges darstellt und daher bei jedem Neurotiker stets etwas Neues bietet, suchte er doch nach Zügen, welche allen Nervösen gemeinsam sind. Die Nervösen fühlen sich nicht auf dieser „armen Erdkruste" zu Hause; oft sagen sie selber, daß sie sich nicht heimisch in dieser Welt finden. Sie ziehen es daher vor, in einer Scheinwelt zu leben. Immer zeigen sie von Kindheit an einen auffallenden Mangel an Aktivität und Mitmenschlichkeit. Um ihrem Minderwertigkeitskomplex zu entgehen, entwickeln sie einen Überlegenheitskomplex. Von großem Ehrgeiz beseelt, stecken sie das Ziel ihrer persönlichen Überlegenheit sehr hoch. Stets finden wir bei ihnen Erscheinungen wie: Überempfindlichkeit, Ungeduld, Entmutigung, Zweifel, gesteigerte Affekte; in hochgradigen Fällen auch Mißtrauen, Neid, Eifersucht, Gier. Kommt nun der unvermeidliche Zusammenprall mit den Problemen des wirklichen Lebens, für deren Lösung sie nicht vorbereitet sind, so erleben sie einen Schock und halten an den Schocksymptomen fest. Die äußeren Momente, die den Ausbruch der Neurose hervorrufen, sind ganz verschieden; so tritt sie zum Beispiel kurz vor Beginn einer Berufstätigkeit, vor der Heirat, im Klimakterium usw. auf. *Adler* meint, daß die Neurose, die während des Klimakteriums ausbricht, vor allem bei Frauen auftritt, die glauben, daß ihr Wert nur auf ihrer Schönheit und

Jugend beruhe, und nun fürchten, wertlos zu werden. Oft hat *Adler* betont, daß man sich in unserer Kultur sehr unschön alten Leuten, besonders alten Frauen, gegenüber benimmt. Man sollte ihnen immer anrechnen, was sie früher geleistet haben und sie nicht einfach zur Seite schieben. Viele wirklich unangenehmen Züge alter Leute und viele Altersneurosen würden nicht auftreten, wenn sie sich nicht so zurückgesetzt fühlen würden. In solchen Situationen, in denen der Nervöse keinen Ausweg findet, wie zum Beispiel in der Frage einer Heirat, sucht er den Arzt auf wie in folgendem Fall:

Zu *Adler* kam ein 30jähriger Mann mit folgenden Klagen: Auf Gesellschaften sei er immer sehr schüchtern, spreche nur wenig und erröte bei jeder Gelegenheit (Errötungszwang). Er gehe auch sehr ungern unter Menschen. Er habe einen Freund, stehe aber mit ihm auf gespanntem Fuße, weil er immer argwöhne, dieser könnte einen andern vorziehen. In seinem Beruf überanstrenge er sich, er arbeite Tag und Nacht, weil er fürchte, nicht genug Erfolg zu haben; trotzdem könne er nicht genug leisten. Er stehe kurz vor seiner Verlobung, aber er könne sich nicht entschließen, sich endgültig zu entscheiden, da er fürchte, das Mädchen könnte jemand anderen vorziehen. Dabei habe das Mädchen ihm noch nie Anlaß zur Eifersucht gegeben. Außerdem liebe er noch ein anderes Mädchen und wisse nicht, für welche er sich entscheiden soll. Nach seiner Kindheitserinnerung gefragt, erzählte er: An einem Regentag gingen seine Mutter, sein jüngerer Bruder und er auf den Markt. Dort nahm ihn die Mutter auf den Arm; sie setzte ihn aber sofort nieder, als sie merkte, daß es nicht der kleinere sei, und nahm den jüngeren Bruder auf den Arm, während er nebenher gehen mußte. Diese Erinnerung läßt die ganze Tragödie dieses Menschen erkennen. Er erinnert sich, daß die Mutter den jüngeren Bruder auf den Arm nahm und meint also, daß der Bruder vorgezogen würde. Sein ganzes Leben lang hat er nun die Meinung, daß immer ein anderer ihm vorgezogen wird. So erklärt sich seine Haltung in der Gesellschaft und gegenüber Freundschaft, Beruf und Liebe. In Gesellschaft sieht er sich ängstlich um, ob nicht ein anderer vorgezogen wird; dadurch gerät er in solche Spannung, daß er errötet und nicht sprechen kann. Sein ewiges Mißtrauen seinem Freunde gegenüber verhindert ein richtiges Freundschaftsverhältnis. Auch im Beruf denkt er, ein anderer könnte ihm vorgezogen werden, und überanstrengt sich dermaßen, daß er seinen Beruf nicht mehr gut ausfüllen kann. In der Liebesfrage zeigt sich dasselbe Bild; auch da fürchtet er, ein anderer könnte ihm vorgezogen werden. Um der Lösung der Liebesprobleme ganz auszuweichen, verliebt er sich in zwei Mädchen. „Zwei Mädchen sind weniger als eins." Dieser Mann hat einen Minderwertigkeitskomplex und weicht der Lösung der Lebensprobleme im letzten Moment aus. Sein Leiden ist also ganz sinnvoll; da er durch sein Erröten keinen angenehmen und sympathischen Eindruck macht, hat er einen Vorwand, Gesellschaft zu meiden und sich von seiner Braut zurückzuziehen.

Der Sinn der Neurose wird uns am besten klar, wenn wir uns an die *Adler*sche finale Fragestellung halten, wohin zielt die Neurose? Dann erkennen wir ganz deutlich: Hat ein Mensch eine Neurose, so kann er die Aufgaben, deren Erfüllung er sich nicht zutraut, unter Hinweis auf seine Erkrankung ungelöst lassen. Wie einleuchtend einem die Neurose wird, wenn man erkennt, wohin sie zielt, zeigt *Crookshank* in seiner Vorrede zu *Adler*s Buch „Problems of Neurosis":

„Die andere und nicht weniger reizende und kultivierte Frau, die mit 60 Jahren noch an dauernd auftauchender Migräne litt, sagte mir, daß ihr Leben vollkommen glücklich gewesen sei, hätten nicht ‚diese schrecklichen Kopfschmerzen' sie seit ihrer Heirat geplagt. Nichts anderes, versicherte sie mir, wollte sie geändert haben. Nach einer Viertelstunde erzählte sie mir, daß ihr Ehemann — ein Mann in gehobener Stellung —, die Fehler seiner Eigenschaften hätte. ‚Aber', fügte sie ganz natürlich hinzu, ‚wissen Sie, wenn ich meine Kopfschmerzen habe, ist er reizend zu mir und ich vergesse sie'."

Nur darf man nicht glauben, daß jemand mit Absicht seine Krankheit erzeugt. Der Nervöse täuscht keine Krankheit vor; denn er kennt ja nicht diese Zusammenhänge. Sein Leiden ist wirklich echt; er weiß nichts davon, daß er seine Beschwerden und Schmerzen lieber auf sich nimmt, als daß sich das düstere Geheimnis seiner Unvollkommenheit offenbart. Er hat durch Entmutigung von Kindheit an darauf trainiert, sich vor Aufgaben zurückzuziehen, die ihm eine Niederlage bereiten können, und zeigt meistens, was *Adler* eine „zögernde Attitude" nennt. Zwar erkennt er die Probleme des Lebens an, deren Lösung Mitmenschlichkeit erfordert, aber er sichert sich durch seine Erkrankung vor ihrer Lösung. „Die Stimmungslage des Neurotikers gestaltet sich zu einem ‚Ja — aber'. Im ‚Ja' steckt die Anerkennung des Gemeinschaftsgefühles, im ‚Aber' der Rückzug und seine Sicherung." (Sinn des Lebens.) *Adler* führte dieses „Ja — aber" gern als Bewegung vor. „Ja" — ein Schritt vor, „aber" — ein Schritt zurück, so daß er auf der Stelle bleibt. „Ich will ja gern mein Examen machen", sagt der Student; „aber die starken Kopfschmerzen hindern mich an den richtigen Vorarbeiten."

Diese Sicherung spielt im Leben des Nervösen eine große Rolle; kann der Student trotz Kopfschmerzen sein Examen bestehen, so wird seine Leistung doppelt anerkannt; fällt er durch oder bleibt er dem Examen fern, so ist er durch seine Krankheit entschuldigt. Auf jeden Fall bleibt er im Hinterland. „Diese Vorliebe für das Hinterland des Lebens ist durch die Denkweise und Argumentation des Individuums, gelegentlich durch Zwangsdenken oder durch unfruchtbare Schuldgefühle namhaft gesichert. Es kann leicht begriffen werden, daß nicht die Schuldgefühle die Distanz bewerkstelligen, sondern daß die mangelhafte Neigung und Vorbereitung der ganzen Persönlichkeit Schuldgefühle vorteilhaft findet, um den Vormarsch zu hindern. Die grundlose Selbstbeschuldigung wegen Masturbation zum Beispiel ergibt dafür einen geeigneten Vorwand. Auch der Umstand, daß jeder Mensch, wenn er auf sein Leben zurückblickt, manches gern ungeschehen machen möchte, dient solchen Individuen zur gelungenen Ausrede, nicht mitzutun. Fehlschläge wie die Neurose oder das Verbrechen auf solch trickhafte Schuldgefühle zurückführen zu wollen, heißt den Ernst der Situation verkennen." (Sinn des Lebens.)

Für *Adler* sind „Gefühle keine Argumente". Je nach der Zielsetzung eines Individuums werden Gefühle arrangiert, Schuldgefühle können bei einem Nervösen bedeuten, „edel bin ich auch"! Er fühlt sich erhaben, wenn er seine Schuld eingesteht. Bei andern kann es Zeitvertrödelung sein; statt etwas besser zu machen, verliert er seine Zeit mit Klagen über vergangene Schuld.

Der Neurotiker befindet sich nach *Adler* in einem Hexenkreis, aus dem er keinen Ausweg finden kann. Durch seelische Spannungen werden das vegetative und das endokrine System in Erregung versetzt; dadurch kommt es zu Veränderungen im ganzen Körper wie zum Beispiel zu Störungen bei den Sekretionsvorgängen, zu Veränderungen der Hormonproduktion usw. So hat zum Beispiel „der amerikanische Forscher *Cannon* an Tierversuchen gezeigt, daß bei Zornausbrüchen eine Vermehrung des Adrenalingehaltes eintritt. Das führt zur Verstärkung der Herztätigkeit und anderer Veränderungen, so daß man verstehen kann, daß Kopfschmerzen, Gesichtsschmerzen, vielleicht epileptische Anfälle, durch einen psychischen Anlaß hervorgerufen werden können.“ (Sinn des Lebens.) Dr. med. *E. Wittkower,* der kein Anhänger einer bestimmten psychologischen Schule ist, fand bei einer großen Anzahl von Heufieberkranken die Kennzeichen des von *Adler* geschilderten nervösen Charakters *). Diese neuen Versuche und Beobachtungen bestätigen *Adlers* alte Auffassung von dem großen Einfluß, den seelische Erlebnisse auf den Körper haben. Die seelische Erregung kann also organische Störungen hervorrufen oder schon vorhandene leichte Krankheiten verschlimmern. Durch die körperliche Erkrankung wird aber die Reizbarkeit des Neurotikers weiter erhöht.

Der Arzt verordnet daher: „Vor allem keine Aufregungen.“ Diesen richtigen Rat kann aber der Patient nicht befolgen — er regt sich auf. Er sagt, „und wenn die Aufregung vom Himmel kommt“! Für den unbefangenen Angehörigen des Nervösen erscheint es wirklich oft so, daß die Aufregung vom Himmel kam. In einem Gespräch über harmlose Dinge kann der Nervöse plötzlich eine Spitze gegen sich entdecken, da er ja stets alles auf sich bezieht. Seine Aufregung mit Vernunftgründen besänftigen zu wollen, ist zwecklos. Vernunftgründen ist der Nervöse nicht zugänglich, da er ja nur seine private Intelligenz besitzt und in einer Scheinwelt lebt, die nicht den Gesetzen des Common sense unterworfen ist.

Gerade darin liegt die große Gefahr für die Allgemeinheit. Oft sucht der Nervöse sein eigenes Versagen dadurch zu entschuldigen, daß er Lehrern, Eltern und Erziehern oder seiner gesamten Umgebung die Schuld zuschiebt und sie anklagt. Häufig wird von Nervösen in Beratungen oder Diskussionen hervorgehoben, daß das falsche Benehmen eines Lehrers einen unheilvollen Einfluß auf seine Entwicklung hatte. Auch *Adler* hatte ein solches Erlebnis, nahm es aber nicht als Ursache für eine Neurose, sondern hat entsprechend

*) Studie in Hayfever Patients. The allergic Personality. Journal of Mental Science, March 1938.

seinem Lebensstil aus dieser negativen Erfahrung positive Folgerungen gezogen. Als sein Mathematiklehrer ihn durch seinen Rat, Schuster zu werden, beinahe um seine Zukunft brachte, hätte er zu der Auffassung kommen können, daß alle Lehrer zu verdammen seien, eine Verallgemeinerung, wie wir sie oft von Neurotikern hören. Er wurde aber im Gegenteil der Fürsprecher der Lehrer. Vielleicht machte ihm gerade diese Begebenheit klar, welch ungeheure Macht in den Händen der Lehrer liegt.

In Berufung auf eine „nervöse Disposition" in ihrer Familie lassen sich viele Neurotiker gar nicht behandeln. „Da mein Vater und meine Großmutter nervös waren, liegt hier eine Vererbung vor", hören wir immer und immer wieder. „Die Individualpsychologie leugnet die Vererbung von Neurosen und Psychosen. Die von ihr erwiesenen Tatsachen der ererbten Organminderwertigkeit und deren seelische Folgen, das Minderwertigkeitsgefühl, bedeuten keinen Zwang, keine Verpflichtung zur Neurose, wohl aber in unserer Machtkultur eine ungeheure Verlockung und Verführung zur seelischen Erkrankung." (Über den nervösen Charakter.)

Allerdings wird häufig der Eindruck einer Vererbung durch die Verkettung folgender Umstände hervorgerufen: Wenn ein Elternteil eine Neurose hat, so werden oft durch seine falsche Einstellung auch die Kinder nicht richtig für das Leben vorbereitet und zeigen selber nervöse Züge, die sie fälschlich für vererbt halten. Auch bei ihren Kindern können aus demselben Grunde nervöse Störungen auftreten, und so scheint dann eine nervöse Disposition in der Familie vorzuliegen. Aber wir finden eine neurotische Einstellung auch bei adoptierten Kindern, die bei neurotischen Adoptiveltern von dem ersten Lebensjahr an aufgewachsen sind. Aus dieser Beobachtung geht hervor, daß keine Vererbung vorzuliegen braucht, sondern daß der fehlerhafte Lebensstil der Kinder und Enkel nur auf den Einfluß eines neurotischen Vorfahren zurückzuführen ist.

Der Nervöse begnügt sich aber nicht mit der Wirkung auf seine Familie, sondern sucht häufig auch andere in seine Scheinwelt hineinzuziehen. Gerade weil er nur ein eingeengtes Gesichtsfeld hat, kann er mit größerer Intensität für seine Ideen eintreten als ein Mensch mit weitem Horizont. Obwohl er selbst passiv ist, versteht er es ausgezeichnet, andere zur Aktivität anzuspornen. In seinem verzärtelten Lebensstil wurde er von früh an trainiert, stets die

Beitragsleistung von andern auszunutzen. In seinem Gottähnlichkeitsstreben hält er sich für berechtigt, den andern die Gesetze ihres Handelns zu diktieren. So findet man häufig, daß ein neurotisches Kind eine ganze Klasse gegen den Lehrer aufwiegelt, oder daß in anderen kleinen Gemeinschaften immer ein Neurotiker an der Spitze steht, wenn es Händel gibt. Doch auch auf die Massen kann er wirken. Man hat es in der Geschichte aller Zeiten erlebt, daß ein Neurotiker die Massen entflammen und zu verhängnisvollen Taten führen kann. Dieses Streben nach Gottähnlichkeit wird von Geisteskranken übertroffen, die sich oft einbilden, Gott oder der Heiland zu sein. *Adler* weist zum Beispiel darauf hin, daß *Nietzsche* nach Ausbruch seiner Geisteskrankheit einen Brief an Strindberg als der „Gekreuzigte" unterzeichnete.

Auf *Adler*s Anschauung von der Zwangsneurose und Angstneurose kann ich hier nicht näher eingehen. Nur möchte ich eine Episode zur Beleuchtung der schnellen Menschenkenntnis *Adler*s auch auf diesem Gebiet anführen. Ich war in einem Vortrag *Adler*s über Neurose, den er fern von Wien vor Ärzten hielt. Er setzte auseinander, daß die Zwangsneurose sich bei Menschen findet, bei denen das Gedankliche die Hauptrolle spielt, während eine Angstneurose bei Menschen auftritt, bei denen das Gefühlsmäßige im Vordergrund steht. Auf eine Diskussionsbemerkung eines jungen Arztes antwortete *Adler*: „Wenn dieser Kollege eine Neurose bekäme, könnte es nur eine Zwangsneurose sein, da bei ihm das Gedankliche vorherrscht." Am nächsten Tage erzählte er mir, wie unangenehm es sei, daß er diesen Scherz gemacht habe. Kollegen hätten ihm gesagt, daß dieser Arzt wegen Zwangsneurose behandelt worden sei, es sehe nun aus, als ob er ihn habe verletzen wollen. Der junge Arzt sei ihm aber ganz fremd gewesen, er halte ihn für intelligent und vielversprechend und hätte diese Bemerkung ganz ahnungslos gemacht.

Auch auf seine Beiträge zur Kriegsneurose kann ich nicht näher eingehen. Eine interessante Arbeit hierüber findet sich in „Praxis und Theorie der Individualpsychologie".

Von größter Bedeutung für alle, die sich für Neurose interessieren, ist *Adler*s Buch: „Über den nervösen Charakter." *Adler* legt darin zum erstenmal nach dem Bruch mit *Freud,* gestützt auf ein großes Krankenmaterial, seine eigene Theorie über die Neurose dar. „Weniger einer kritischen Neigung folgend, als um den eigenen Standpunkt hervorzuheben, mag es mir gestattet sein, aus den fruchtbaren und wertvollen Leistungen *Freud*s vor allem drei seiner fundamentalen Anschauungen als irrtümlich abzusondern, da sie den Fortschritt im Verständnis der Neurose zu versperren drohen." (Über den nervösen Charakter.) Er präzisiert hier nicht nur seine Stellungnahme zu *Freud*, sondern auch zu anderen großen Forschern. Der „nervöse Charakter", mit dem *Adler* sich um die Habilitation an der Universität Wien bewarb, aber abgelehnt wurde, gehört zu den grundlegenden Werken auf dem Gebiete der Neurose.

„Es gibt kaum ein Gebiet in der Medizin, das sich nicht geändert hat, als Resultat von *Adler*s Lehre. Sie hat sogar eine Wirkung auf die Ansichten von vielen, die ihn nie gelesen haben, aber die doch gewahr wurden von dem Wechsel in der medizinischen Atmosphäre, die sie umgibt!" schrieb Sir *Walter Langdon-Brown*, ehemaliger Regius Professor an der Cambridge University. [*Adler*s Contribution to General Medicine *).] Wohl zum erstenmal treten einem aus einem wissenschaftlichen Buch lebendige Menschen entgegen, man fühlt, wie sie leiden, wie sie „ans Kreuz ihrer Fiktion geschlagen sind". Wie der Nervöse aus seinem vertieften Minderwertigkeitsgefühl von Kindheit an nach Macht und persönlicher Überlegenheit strebt, wie er, dessen soziales Interesse nicht rechtzeitig entwickelt wurde, nur an sich denkt, wie er sich durch die Antithese „alles oder nichts" dazu antreibt, alles erlangen zu wollen, unbekümmert um das Wohl der andern, der erste sein zu wollen, wie er dann ganz richtig auf sein Ziel losgeht, mit Scheuklappen versehen, nichts anders als dieses Ziel sieht, wie er in seiner mangelnden Aktivität seinen Aktionsradius immer mehr einschränkt, wie er, wenn er auf Hindernisse stößt oder, wenn ihm eine Niederlage droht, sich durch nervöse Erkrankung vor der Lösung seiner Aufgabe sichert, all das tritt klar und deutlich vor das Auge des Lesers. Die wundervolle Harmonie von Leib und Seele, die Einheit hinter all den scheinbaren Widersprüchen ist plastisch herausgearbeitet. Man sieht, wie all die Charakterzüge, die dem Nervösen soviel Leid bereiten, nicht angeboren sind, sondern sich im Streben auf sein Ziel entwickeln.

---

*) The Contribution of Alfred Adler. London 1938. The C. W. Daniel Company Ltd.

Adlers vorsichtige Stellungnahme gegenüber der Bedeutung der Erblichkeit, die früher so angefeindet wurde, findet eine Bestätigung in der Auffassung bedeutender moderner Erbforscher. So schreibt zum Beispiel der bekannte Erbforscher Professor *Luxenburger*, München: „Nur Anlagen vererben sich, nicht Eigenschaften. Demgemäß gibt es eigentlich keine Erbleiden, sondern lediglich erbliche Ursachengruppen im Ursachengesamt der Leiden. Die Leiden selber sind die Ergebnisse einer Reaktion von Anlage (Genotypus) auf Umwelt. Ein Leiden kann nur entstehen, wenn sich die Anlage unter dem Einfluß von Umweltreizen durchsetzt. Diese Umweltreize vermögen die Manifestation einer Anlage zu fördern oder zu hemmen. Hier sei noch einmal betont, daß die Umwelt dabei als echte Ursache wirkt und nicht etwa nur die Rolle eines ‚auslösenden Momentes' spielt. Die Erkenntnis dieser Tatsache bedeutet geradezu den Schlüssel für das richtige Verständnis der psychiatrischen Erbforschung und ihrer Resultate *)."

Welche Bedeutung die Umwelt für das Entstehen oder Nichtentstehen einer Krankheit hat, zeigen die Erfolge der modernen Rachitisbehandlung. Mit Recht wird allgemein angenommen, daß für das Zustandekommen der Rachitis eine erbliche Anlage notwendig ist. In früheren Jahren erkrankte eine sehr große Anzahl junger Kinder an Rachitis. Heute ist es durch richtige Ernährung und Darreichung eines Vitaminpräparates möglich, das Auftreten der Rachitis bei den meisten Kindern zu verhüten. Es sind also die Umweltbedingungen so geändert worden, daß die erbliche Anlage sich nicht durchsetzen kann. Was könnten für gute Resultate erzielt werden, wenn wir ebenso energisch daran gingen, die Neurose zu verhüten und zu beseitigen.

Adler nahm den Kampf gegen die Neurose so energisch auf, weil er von Beginn seiner ärztlichen Tätigkeit an erkannt hatte, wieviel man auf diesem Gebiet helfen könne. Damals sagten viele Ärzte zu den Patienten: „Sie sind nur nervös" und schickten sie fort, ohne auf die Beschwerden näher einzugehen. Dies schien *Adler* so, als ob ein Arzt zu jemandem, der hilflos mit gebrochenem Bein dalag, sagen würde: „Sie haben einen Beinbruch" und dann weitergehen würde. Dagegen hielten sich viele Laien für befugt, ihren Ver-

*) Kurzer Abriß der psychiatrischen Erblehre und Erbgesundheitspflege.

wandten, Freunden oder Ehepartnern die Neurose „auszutreiben“. Der „nur Nervöse“ ist ein schwer Leidender, der sich und andere unglücklich macht. Ihm kann nur der Psychotherapeut helfen.

Adler vergleicht die Neurotiker mit Menschen, die in einem dunklen Zimmer sitzen und den Ausweg nicht finden können. Die Individualpsychologie erleuchtet das Zimmer, so daß sie den Ausweg sehen, und ermutigt sie, den Weg in die wirkliche Welt zu gehen, eine Welt, in der es auch Niederlagen gibt, eine Welt, in der auch andere gleichwertig und gleichberechtigt leben, in der man nicht nur nehmen kann, ohne zu geben, in der man mitarbeitet, mitleidet und mitliebt.

Männlicher Protest

Einen ganz eigenartigen Weg zur irrtümlichen Lösung der Lebensfragen sieht *Adler* im „männlichen Protest“, im „betont Männlichseinwollen.“ Dieser Protest findet sich sowohl bei Männern wie bei Frauen. In unserer heutigen Kultur werden die Kinder oft schon von klein an dazu erzogen, das männliche Geschlecht als groß, stark und oben anzusehen, das weibliche dagegen als minderwertig, schwach und unten zu betrachten. Wenn ehrgeizige Knaben glauben, daß bei ihnen solch gefürchtete weibliche Züge entstehen, kompensieren sie, indem sie übertrieben männliche Züge entwickeln. Diesen Lebensstil behalten sie natürlich als Erwachsene und zeigen stets eine herrschsüchtige Haltung dem andern Geschlecht gegenüber. So hörte ich von einem sehr häßlichen Ehemann, der ein hübsches, aber armes Mädchen geheiratet hatte und seiner Frau die Schlüssel vor die Füße warf, mit den Worten: „heb sie auf.“ In ihrem Wunsche, ein voller Mann zu sein, suchen sie oft sich und andern ihre große Männlichkeit durch eine besonders starke Sexualität zu beweisen.

Bei den Mädchen zeigt sich der männliche Protest in der Ablehnung der Frauenrolle. Von Kindheit an setzen sie sich gegen jeden Zwang zur Wehr und wollen sich auf keine Weise fügen. Manche tragen mit Vorliebe Knabenkleidung und zeichnen sich durch jungenhaftes Betragen aus. In der Pubertätszeit lehnen sie oft jede männliche Gesellschaft ab oder vermeiden es, mit gleichaltrigen oder älteren männlichen Wesen zusammenzukommen. In dieser Zeit nehmen sie auch besonders Gewohnheiten an, die sie für männlich halten; so trinken und rauchen sie im Übermaß, um es den männlichen Altersgenossen gleichzutun.

Wenn bei diesen Mädchen während der Menstruation Beschwerden auftreten, liegen sehr häufig gar keine organischen Ursachen vor, auf die diese Krankheitserscheinungen zurückgeführt werden können. Nun hat *Adler* gezeigt, daß diese Beschwerden durch die Ablehnung der Frauenrolle hervorgerufen werden können. Eine Frauenärztin zeigte in einem Vortrage an Kurven, daß manche Mädchen und Frauen an bestimmten Tagen ihrer Menstruation Schmerzen oder nervöse Erscheinungen bekommen. Sie stellte die Frage: „Ist dies wirklich rein organisch bedingt? Sollte diese Erscheinung nur auf Hormonwirkung beruhen?“ Auf diese Frage hat bereits vor langer Zeit *Adler* die Antwort gegeben. Von seiner Auffassung von der Leib-Seele-Einheit ausgehend, wies er nach, daß die psychische Einstellung der Frau sich auch körperlich auswirkt. Wenn ein Mädchen ihre Frauenrolle ablehnt, so gerät sie in der Zeit der Menstruation, die sie an ihre inferiore Frauenrolle besonders stark erinnert, in eine Spannung. Diese Spannung kann krankhafte Erscheinungen und Übelbefinden hervorrufen, und so kommt es zu Menstruationsbeschwerden. Auch bei Mädchen, die keinen männlichen Protest haben, können Beschwerden auftreten, wenn man sie in dem irrigen Glauben erzogen hat, daß sie in dieser Zeit krank sein müssen.

Die Richtigkeit der Theorie *Adler*s wird durch die Erfahrungen der Praxis bestätigt. Oft schicken Frauenärzte Patientinnen mit Menstruationsbeschwerden, bei denen ein organischer Befund sich nicht nachweisen läßt, zu uns Individualpsychologen. Durch unsere Beratung werden die Menstruationsbeschwerden zum Verschwinden gebracht. Auch wenn uns Patientinnen wegen anderer Beschwerden zugesandt werden, hören wir oft später von ihnen, daß im Laufe der Beratung Menstruationsstörungen, unter denen sie vorher gelitten haben, verschwunden sind, ohne daß sie diese Beschwerden in der Beratung überhaupt erwähnt haben. Durch unsere Beratung werden die Patientinnen zu der Überzeugung gebracht, daß sie nicht minderwertig sind, daß sie, auch wenn sie die Frauenrolle übernehmen, dem Mann gegenüber vollkommen ebenbürtig sind. Und mit dieser Überzeugung verschwinden ihre Beschwerden.

In ihrem Bestreben, dem Manne gleichwertig zu sein, leisten Frauen mit männlichem Protest im Beruf oft Hervorragendes. Dagegen können sie das Liebesproblem nicht richtig lösen. Man muß aber nicht denken, daß sie mit der Ablehnung der Frauenrolle auch jede sexuelle Beziehung ablehnen. Ihre Einstellung zur Sexualität ist je nach ihrem Lebensstil ganz verschieden. Manche lehnen jede sexuelle Beziehung zum Manne ab. Andere heiraten, führen aber keine glückliche Ehe, da sie ihren Mann beherrschen wollen oder durch kühle Ablehnung ihren Mann in Distanz halten. Manchmal trifft man in Gesellschaft ein hübsches, kluges junges Mädchen; stillschweigend mag sich mancher wundern, daß dieses Mädchen noch ledig ist. Der Individualpsychologe erkennt aus ihrem ganzen Verhalten ihren männlichen Protest. Äußerungen wie: „Ich würde ja gerne heiraten, aber...", und über die bevorzugte Stellung der Männer und ähnliches ließen mich bei einem Mädchen vermuten, daß bei ihr der männliche Protest auf die Bevorzugung eines Bruders zurückzuführen war. Sie bestätigt, daß sie einen Bruder hat, aber deutlich konnte ich ihr das Erstaunen über die ganz unerklärliche Frage anmerken. Der männliche Protest ist nicht immer auf die Bevorzugung eines Bruders zurückzuführen. Der frühe Kindheitseindruck, daß Knaben bevorzugt werden, kann ihr ganzes Leben nachwirken. So verschieden auch die Ursachen für das Entstehen des männlichen Protestes sein mögen, das Ziel ist immer, männlich zu sein. Unter Mannsein verstehen oft Mädchen, sich sexuell auszuleben. Sie lehnen jede feste Bindung ab und unterhalten mehrere sexuelle Beziehungen, vielfach ohne je Liebe zu fühlen.

Hierfür ist folgender Bericht *Adlers* ein gutes Beispiel.

Ein junges Mädchen aus guter Familie bat ihn um seinen Rat. Von Kindheit an hatte sie gefühlt, daß sie ihrer Mutter unerwünscht war. Eines Tages fand sie einen an ihre Mutter gerichteten Brief voller Trostworte einer Freundin über die traurige Tatsache, daß sie nur eine Tochter hätte, und voll guter Wünsche, daß der ersehnte Sohn noch geboren werden würde. Dieses Mädchen entwickelte einen männlichen Protest. Um sich selbst zu beweisen, daß sie doch von Wert sei, knüpfte sie eine Liebesbeziehung nach der anderen an. Sie erzählte *Adler*, sie liebe ihre Liebhaber nicht und fühle sich sehr unglücklich. *Adler* gelang es, sie mit ihrem Frausein zu versöhnen und sie von ihrem männlichen Protest zu heilen.

Prostitution

Die schärfste Form der Ablehnung der Frauenrolle findet *Adler* bei der Prostituierten. In „Praxis und Theorie der Individualpsychologie" hat er dem Problem der Prostitution ein Kapitel gewidmet. Darin lenkt er die Aufmerksamkeit auf die Tatsache, daß die Prostitution nur in einer Gesellschaft möglich ist, die die Bedürfnisbefriedigung des Mannes zum Ziel hat, und in der Frau nur ein Mittel zur Befriedigung der Geschlechtslust, ein Objekt sieht. Dieselben Männer, die die Prostitution befürworten, haben gleichzeitig eine „unmenschliche Mißachtung" für die Prostituierte. Er geht dann näher auf die drei Gruppen von Menschen ein, die man verstehen müßte, wenn man das psychologische Problem der Prostitution begreifen will: die Männer, die zu Prostituierten gehen, die Zuhälter und die Prostituierten. Sie alle wenden den Kunstgriff an: „aus der Sexualbeziehung auf leichte, widerstandslose Weise die Empfindung, den subjektiven Eindruck einer Erhöhung der eigenen Persönlichkeit zu gewinnen."

Ich will hier nur kurz auf seine Beschreibung der Persönlichkeit der Prostituierten eingehen. *Lombrosos* Theorie vom „angeborenen Dirnentum" lehnt *Adler* ab. Weder erhöhte Sinnlichkeit noch Not und Elend sind seiner Meinung nach ausschlaggebend dafür, daß ein Mädchen der Prostitution verfällt. Natürlich ist die Not ein wichtiger Faktor. Ich hörte selber *Adler* sagen, als er einen Bericht über ein schwererziehbares, vernachlässigtes Kind deutete: „Nehmen wir an, dieses Kind aus armen Verhältnissen, frierend, hungernd, hoffnungslos, im Punkt der Beschäftigung nicht zuversichtlich, wächst auf, suchend nach Liebe und Zärtlichkeit. Was wird daraus werden? Es hat keinen Menschen, der es beschützt, nirgends einen sicheren Ort. Nehmen wir an, daß das Kind den Glauben verliert, Liebe finden zu können. Wenn es nun älter wird, wird ein Mann sich finden, der ihm schöntut und ihm so entgegentritt, als ob er ihm Zärtlichkeit geben würde, wie es nicht selten geschieht. Da es sich für völlig wertlos hält, kann es leicht bei der Prostitution enden." Nur ein weibliches Wesen, das tief von der Minderwertigkeit der Frau überzeugt ist, kann sich verkaufen. Stets findet sich bei Prostituierten ein Minderwertigkeitskomplex. Sie können alle drei Lebensprobleme nicht richtig lösen. Die Ausübung eines Berufes trauen sie sich nicht zu, sind auch oft nicht dafür vorbereitet. Von Kindheit an halten sie sich für völlig wertlos. Meist ist ein tyrannischer Vater da, und das Los ihrer unterdrückten Mutter schreckt sie von der Frauenrolle ab, oder es findet sich ein überlegener Bruder. So kommt es, daß der einzige Weg, der ihnen Geltung zu verschaffen scheint, ist, sich der Prostitution in die Arme zu werfen. Es ist nicht nur ein Mittel für sie, Geld zu erwerben, denn viele Prostituierte gehen ihrem Gewerbe weiter nach, obwohl sie reich geworden sind, sondern es ist ein Weg zur persönlichen Überlegenheit. Dünkte sich die Prostituierte, als sie verführt wurde, ein passives Opfer des überlegenen Mannes, so wird sie nun aktiv und gleicht ihr Benehmen dem Manne an. Sie ist die Werbende, ihren Verlockungen erliegt der Mann. „In ihrem Beruf spielt sie nur für den gläubigen Partner ein weibliches Wesen, für ihre eigene Empfindung aber steht sie fern der weiblichen Rolle, ist bloß Verkäufer und bleibt frigid. Und während der Mann, der die Prostituierte aufsucht, seine männliche Überlegenheit über ein Weib zu fühlen glaubt, wird sie sich nur ihrer Werbekraft und ihrer Forderung, demnach ihres Wertbesitzes inne und degradiert den Mann zum abhängigen Mittel ihres Unterhaltes. So gelangen beide auf dem Wege einer Fiktion zum täuschenden Empfinden ihres persönlichen Vorranges.“ (Praxis und Theorie der Individualpsychologie.) Ihre Sexualität kommt oft nur in homosexuellen Beziehungen zur Geltung.

Homosexualität

*Adler*s Anschauungen über Homosexualität und andere Perversionen sind am ausführlichsten in seinem 1930 erschienenen Buch: „Das Problem der Homosexualität. Erotisches Training und Erotischer Rückzug“ enthalten, in dem er auch Krankengeschichten und Literaturangaben bringt. In folgendem werde ich mich besonders an dieses Buch anlehnen und eine Krankengeschichte und Zitate daraus entnehmen.

Schon bis in die ältesten Zeiten läßt sich die Homosexualität zurückverfolgen. Zeitweise findet sie sich als Massenerscheinung, wie im alten Griechenland zur Zeit des griechischen Eros. Heute lassen sich die Erscheinungen überall bei Mann und Frau in allen Altersklassen in Stadt und Land finden. Oft ist Homosexualität und Heterosexualität gleichzeitig bei denselben Menschen anzutreffen.

Im Gegensatz zu andern Wissenschaftlern nimmt *Adler* den Standpunkt ein, daß die Homosexualität nicht angeboren ist. Als Hauptstützen für ihre Theorie einer angeborenen Homosexualität betrachten viele Forscher der Neuzeit die Beobachtungen, daß sieben Charakteristika häufig bei Homosexuellen zu finden sind. *Adler* widerlegt diese Argumente folgendermaßen:

1. Der Habitus homosexueller Männer wird als weiblich geschildert, der solcher Frauen als männlich. — Diese Erscheinung findet man aber nicht nur bei Homosexuellen, sondern auch bei Heterosexuellen. Häufig sind Frauen mit tiefer Stimme, starkem Schnurrbart und andern männlichen Kennzeichen völlig normal. Dasselbe trifft auch auf Männer mit weiblichen Kennzeichen zu. Nicht die körperliche Anomalie, sondern die Meinung, die der Träger von ihr hat, bewirkt die erotische Stellungnahme. Außerdem findet man unter den Homosexuellen Männer, die einen ausgeprägt männlichen, und Frauen, die einen ausgeprägt weiblichen Habitus haben.

2. Das Benehmen des Homosexuellen ähnelt dem des andern Geschlechts. — „Es sind Entlehnungen zu einem bestimmten Zweck, schauspielerische Darstellungen, ein geziertes Wesen, schmachtende Blicke, gespielte Ängstlichkeit, Anlehnungsbedürfnis, Koketterie bei Männern, burschikose Haltung, Zynismus, Draufgängerei, Befehlshaberei bei Frauen.“ All diese Ausdrucksformen lassen sich auf ein Training zurückführen, sich dem andern Geschlecht anzugleichen, und sind nur bei einem Teil der Homosexuellen zu finden. Ebenso häufig findet sich das zum eignen Geschlecht gehörige Benehmen.

3. Anomalien der Geschlechtsorgane — findet man ebenso häufig bei Normalen. Auch hier ist die Meinung, die der Betreffende von der Anomalie hat, von ausschlaggebender Bedeutung für seine Erotik. Nur derjenige, der glaubt, von der Natur nicht genügend ausgerüstet zu sein, wird diese Anomalie zum Anlaß nehmen, sich der Homosexualität zuzuwenden.

4. Die frühzeitige Geringschätzung des andern Geschlechts — ist nur eine „tendenziöse Sicherung gegen die

Norm“. Man findet diese Geringschätzung besonders häufig bei Kindern, die in Furcht vor dem andersgeschlechtlichen Elternteil aufwachsen und bei zu stark verzärtelten Kindern.

5. Homosexuelle Träume und Phantasien — zeigen nur, daß der Träumer sogar im Traum die Hinwendung zu Homosexualität trainiert. Da der Mensch sich im Traum mit der Lösung seiner Probleme beschäftigt, läßt ein homosexueller Traum darauf schließen, daß der Träumer sich einen Schwung hin zur Homosexualität gibt. Manche homosexuellen Träume können auch nur symbolisch aufzufassen sein.

6. Frühzeitige Anzeichen in der Kindheit — lassen auf eine schlechte Vorbereitung auf die Geschlechtsrolle schließen. Daß viele Homosexuelle in der Kindheit Gewohnheiten und Spiele des andern Geschlechts bevorzugt haben, zeigt eine unrichtige Erziehung. Oft finden wir, daß Eltern, die sich einen Sohn gewünscht haben, ihre Tochter absichtlich oder unabsichtlich dazu bringen, sich wie ein Junge zu verhalten.

7. Familiäres Vorkommen — zeigt die gleiche Unsicherheit von verschiedenen Familienmitgliedern oder auch die gleiche fehlerhafte Erziehung. — „Ich habe öfters perverse Kinder bei Schwestern gefunden, die sich gleichmäßig durch Strenge und Herrschsucht auszeichneten.“

Gegen das Angeborensein der Homosexualität sprechen auch die häufigen Mischformen von Homosexualität und Heterosexualität. Aus diesen Mischformen und aus dem vorübergehenden Auftreten von Homosexualität in Pensionaten, Gefängnissen, auf langen Seereisen schließt *Adler*, daß der Homosexuelle nicht willenlos einem angeborenen Trieb ausgeliefert ist, sondern sich nur den Anschein der Unverantwortlichkeit gibt.

Um *Adler*s Auffassung der Homosexualität zu illustrieren, führe ich eine von ihm mitgeteilte Krankengeschichte an:

„Ein 26jähriger, etwas verträumt und schüchtern aussehender Mann stellt sich als Homosexueller vor, mit der Frage, ob ich ihm die Heirat gestatten würde. Derlei Fragen, an den Nervenarzt gestellt, sind immer nur Vorwände. Er hätte nie gefragt, wenn er wirklich gewollt hätte. Gleich die nächsten. Erkundigungen ergaben, daß er die Homosexualität für etwas Unabänderliches halte, und er belegte seine Anschauung mit einer ganzen Reihe von Zitaten bekannter Autoren. Ich will nicht sagen, daß diese weitverbreitete, unrichtige Auffassung der Autoren einen greifbaren Schaden bringt. Aber bei der Perversion, die sich auf einen Wust von Irrtümern aufbaut und so den Patienten im Aberglauben gefangen hält, sind solche autoritative Behauptungen wie von der ‚Unheilbarkeit der Homosexualität' sehr geeignet, das Truggebäude des Patienten zu stützen. Es wird sich demnach empfehlen, mit dieser Behauptung entsprechend unserem Standpunkt ein wenig zurückzuhalten.

Über seinen Lebensgang befragt, erzählt er, er sei das uneheliche Kind einer Bauerntochter, und sein Vater sei ihm unbekannt. Seine Mutter habe ein zweites uneheliches Kind zur Welt gebracht und dann in einer Ehe noch zwei Mädchen, die er als kleiner Junge Tag und Nacht überwachen mußte. Diese Aufgabe erfüllte ihn mit größtem Unbehagen, und er erinnerte sich recht gut, wie er nicht bloß die zwei kleinen Mädchen, sondern Mädchen und Frauen insgesamt als ihm feindlich gesinnte Wesen angesehen habe, die an seinem verachteten Lose die Schuld trügen. Zu dieser Weltanschauung hatten außerdem noch Bemerkungen der Großmutter beigetragen, die ganz offen vor dem Knaben die Mutter brandmarkten. Gleichzeitig mit diesem Angriff und mit seinen eignen traurigen Erfahrungen, wie ihn die Mutter selbst der Erniedrigung entgegenführte und zum Dienst für die kleinen Mädchen bestimmte, hörte er unausgesetzt, vor allem durch die Großmutter, wie verwerflich Liebesbeziehungen seien. Nicht anders wie andere Knaben und Männer verstand er darunter: wie sehr man sich vor Frauen hüten müsse! Und dazu hatte er wohl durch sein eignes Schicksal die geeignete Vorbereitung gewonnen.

Die Art seiner Reaktion auf Gefühle der Herabsetzung können wir vielleicht am besten verstehen lernen, wenn wir hören, daß er, der allseits verachtete Knabe, den festen Entschluß gefaßt hatte, Pfarrer zu werden, was in seinem Dorfe nicht weniger bedeutete, als der erste Mann im Dorfe zu sein. Gleichzeitig weist uns diese kindliche Berufswahlphantasie darauf hin, daß er bereits frühzeitig sein Ziel (als Katholik) fern von Frau und

Liebe suchte. In der Volksschule erwies er sich als der Fleißigste und Begabteste und setzte es nach vieler Mühe durch, ins Gymnasium gebracht zu werden. Aber nach der zweiten Klasse, die er wieder mit gutem Erfolg beendet hatte, nahm ihn sein Vormund aus der Schule und verwendete ihn zum Gänsehüten.

Das Schicksal dieses Knaben war, wie man sieht, durchaus nicht geeignet, ihn zu einem guten Mitspieler der Gesellschaft zu machen. Zwei Jahre lang hütete er nun die Gänse, bis Fremde sich seiner annahmen und seinen Vormund bewogen, den begabten Jungen einem Berufe zuzuführen. Er wollte Mechaniker werden. Sein Vormund zwang ihn, als Weberlehrling einzutreten. Nach dreijähriger Lehrzeit — er war indes 17 Jahre alt geworden — entsagte er gemäß einem schon früher gefaßten Entschluß der Weberei und ging als Lehrling in eine technische Fabrik. Gleichzeitig begann er intensiv an einer Gewerbeschule zu studieren und gelangte nach vieler Mühe zu seiner derzeit günstigen Position.

Schon als Weberlehrling hatte er einen Freund gefunden, dem er, anders wie den andern Leuten, volles Vertrauen entgegenbringen konnte. Gleichzeitig war es ihm nun möglich, sein Persönlichkeitsgefühl soweit zu erstrecken, daß er, der bisher von allen gedrückt wurde, einen Einfluß auf einen Menschen bekam. Es nimmt uns nicht wunder, daß auch sein erwachter Sexualtrieb die Richtung annahm, die dem Patienten durch seine bisherige, endgültig gewonnene Haltung zum Leben nahegerückt war: durch die Distanz und durch die furchtsame Abneigung gegenüber der Frau, durch besonders innige Zuneigung zum Freund als dem ersten Menschen, der ihm liebevoll entgegenkam. Er wurde der Verführer seines Freundes und ein aktiver Homosexueller.

Gelegentliche heterosexuelle Versuche waren ihm in seinem späteren Leben geglückt. Aber er fand immer eine Wendung, um sie als mißglückt zu buchen. So zum Beispiel, wenn er nach einem normalen Geschlechtsverkehr mit einer Prostituierten diesen Akt als ‚ekelhaft' empfand. Man findet dieses Verhalten nicht gerade nur bei Homosexuellen; unser Patient aber nimmt einen Ekel als Beweis seiner „angeborenen perversen Richtung" — und fühlt sich weiter zu ihr verpflichtet.

Man hatte ihm vor einiger Zeit zu einer Heirat zugeredet. Er verlobte sich auch mit dem ihm vorgestellten Mädchen, benahm sich aber derart abstoßend und linkisch, daß man ihm gerne wieder Gelegenheit gab, sich zurückzuziehen. Kaum hatte er sich verlobt, so kam er zu mir, um sich mit seiner ‚angeborenen Homosexualität' vorzustellen. Sicherlich weniger um Heilung zu suchen, als um die Krankheitslegitimation und mit ihr die Verpflichtung zum Rücktritt von der Heirat zu erwerben." —

Schon in der Kindheit dieses Patienten finden sich: vertieftes Minderwertigkeitsgefühl, ehrgeiziges Streben, feindselige Einstellung gegen seine Familie, Ablehnung des weiblichen Geschlechts, Vorstellungen von den Gefahren der Heterosexualität und vor allem mangelnde Ausbildung seines Interesses für andere. Dies sind typische Merkmale, die sich bei allen Homosexuellen nachweisen lassen. Ein Zug ist bei diesem jungen Mann nicht erwähnt, der ein Eckstein beim Aufbau des Lebensstils aller Homosexuellen ist, nämlich die durch unrichtige Erziehung hervorgerufene Unsicherheit über die eigne Geschlechtsrolle, die sich auf viele Kindheitsjahre erstrecken kann. Natürlich muß man bei jedem Homosexuellen seine besondere Eigenart aufdecken, seinen Lebensstil herausfinden. Doch kann man ganz allgemein die Entwicklung der Homosexuellen folgendermaßen aufzeigen: Zur Zeit der Formung ihres Lebensstils ist stets eine der drei Quellen des Minderwertigkeitskomplexes aufzufinden. Aus ihrem vertieften Minderwertigkeitsgefühl heraus fangen sie an, nach persönlicher Überlegenheit zu streben. Tief entmutigt trauen sie sich die Lösung ihrer Probleme nur teilweise zu. Ihr Bewegungsgesetz zeigt eine „verengerte Aufmarschbreite". Die Berufsfrage wird am leichtesten beantwortet. Das Problem des sozialen Interesses wird teilweise gelöst. Stets findet man Eigenliebe und Interesse für wenige, vereinzelte Personen. *Adler* weist darauf hin, daß die Homosexuellen auffallend gerne begönnern. Er sieht in der übertriebenen Begönnerung eine herrschsüchtige Attitüde und wie bei jedem Übermaß eine zugrunde liegende Unsicherheit. Es läßt sich also schon aus ihrer Gesamthaltung erkennen, daß sie auch schlecht vorbereitet sind, die Liebesfrage richtig zu lösen. Da sie in ihrem vertieften Minderwertigkeitsgefühl und übermäßigen Streben nach persönlicher Überlegenheit eine Niederlage nicht ertragen können, so versuchen sie auch der möglichen sexuellen Niederlage durch Ausschaltung des andern Geschlechts zu entgehen.

Ihre irrtümliche Meinung über die Gefahren der Heterosexualität läßt sich bis in ihre Kindheit zurückverfolgen. Die Ursachen hierfür können ganz verschieden sein. Begreiflich ist, daß ein Sohn einer herrschsüchtigen Mutter, die laut schaltet und waltet, Angst vor ihr bekommt. Sein Irrtum ist nur, daß er falsch verallgemeinert und alle Frauen für immer ablehnt. Häufig findet man bei Mädchen, daß eine unglückliche Ehe der Mutter sie das Frauenlos fürchten läßt. Sie beginnen nun ein Training gegen die Frauenrolle. Dieses Training gegen die eigne Geschlechtsrolle, sowohl im Wachen wie im Traum, spielt bei den Homosexuellen eine wichtige Rolle. Alle ihre Erfahrungen machen sie tendenziös. Mit Bienenfleiß sammeln sie Beweise gegen das andere Geschlecht. Sie lassen warnende Stimmen in sich ertönen — Männer klagen zum Beispiel über den „mangelnden Reiz der Frau" —, um die Distanz zu vergrößern. Verschärft wird dieses Training noch durch Warnungen vor dem gefährlichen andern Geschlecht, die sie von Eltern und Erziehern oft zu hören bekommen und später auch in der Literatur antreffen. So warnte die Mutter eine Patientin von mir endlos, daß Männer unflätige Bestien seien und Frauen ihre „Opfer". Wie kommt es, daß sie gerade homosexuell werden? Sollte da die Fixierung an ein frühkindliches Erlebnis, wie andere psychologische Richtungen meinen, die Ursache sein? *Adler* glaubt nicht, daß diese Fixierung zur Homosexualität führt. Wie ich schon in dem Kapitel „Erste Kindheitserinnerungen" darlegte, ist nicht das äußere Ereignis maßgebend für die Weiterentwicklung, sondern maßgebend ist, wie der Lebensstil das Ereignis verarbeitet. Unzählige Menschen haben in der Kindheit homosexuelle Erlebnisse und entwickeln sich heterosexuell. Es ist schon ein Zeichen einer falschen Einstellung, wenn man dies Erlebnis fixiert. Doch ist auch für den Individualpsychologen das Erlebnis von Interesse, weil es eine Verlockung für diese Kinder darstellt, nun auf Homosexualität zu trainieren. Dieses Training wird dadurch begünstigt, daß sie in Unkenntnis ihrer Geschlechtsrolle gehalten wurden. Viele Mädchen, die statt eines gewünschten Knaben geboren wurden, werden von den Eltern als Knabe angezogen und wie ein Knabe erzogen. Jüngste Söhne, die ein Mädchen hätten werden sollen, müssen oft bis zum vierten Lebensjahr Mädchenkleider tragen, sich lange Locken wachsen lassen und werden von der Mutter angehalten, weibliche Handarbeiten zu verrichten und mit Puppen zu spielen. Solch ein Knabe hört oft Äußerungen, welch reizendes Mädchen er sei. Daher trainiert er dann auf Liebreiz, Koketterie und mädchenhafte Bewegungen und kann es sogar so weit bringen, daß später sein Äußeres tatsächlich mädchenhaft wird. Selbstverständlich muß das unrichtige Verhalten der Eltern die Kinder nicht zur Homosexualität bringen. Es ist aber ein Anreiz zum falschen Training.

„Der Wunsch, ein bevorzugtes Mädchen zu sein, wird nicht nur den Geist, sondern auch die Haltung und sogar den Körper beeinflussen..." „Es ist wahr, daß die Geschlechtsdrüsen einen intensiven Einfluß auf den Körper haben, aber sie haben nur eine begrenzte Macht, die Auffassung des Individuums von Überlegenheit zu determinieren. Dieses individuelle Ziel, überlegen zu sein, ist hauptsächlich verantwortlich für die Verwirrung eines Menschen über seine wahre sexuelle Funktion. Wenn wir die geistigen Symptome der invertierten Sexualität erörtern, müssen wir uns daran erinnern und nicht die Drüsen zu sehr verantwortlich machen. Es ist wahrscheinlich ebenso wahr, daß das geistige Streben allmählich die Drüsen beeinflußt. Vor allem müssen wir sehen, wie der Patient seine Idee der Sexualität auf sein Ziel bezieht." (Problems of Neurosis.)

Diese Ausführungen zeigen *Adler*s Erkenntnis, „daß die Homosexualität ein Training des entmutigten Menschen seit seiner Kindheit darstellt, um auf dem Wege der Ausschließung von Möglichkeiten einer Niederlage, im Falle der Homosexualität also auf dem Wege der Ausschaltung des andern Geschlechts, der normalen Lösung der Liebesfrage auszuweichen". Er sieht in ihr kein Verbrechen und hält Bestrafung für unberechtigt. Auch hebt er hervor, daß die Gefahr der Bestrafung sogar bei der Eigenart ihres Lebensstils aufreizend wirken kann. Eine weitere Ausbreitung der Homosexualität, die allmählich zu einem Aussterben der Menschheit führen würde, kann nur durch Verhütung und Heilung verhindert werden.

An dieser Stelle möchte ich einen bisher unveröffentlichten Versuch von dem verstorbenen Dr. h. c. *Oscar Pfungst* anführen, der Biologie an der Universität Berlin las. Er war ein Tierpsychologe von Weltruf und sein Buch über das Wunderpferd „Der kluge Hans" ist auch im Ausland bekannt. Ich bin zu dieser Publikation ermächtigt, da *Adler* mir aus New York am 13. November 1929 schrieb: „... bitte ich Sie, etwas über die Beobachtungen von *Pfungst* zu schreiben, falls er es nicht selbst tun will", und *Pfungst* mich daraufhin bat, diesen Affenversuch zu veröffentlichen.

Adler und *Pfungst* diskutierten in unserm Hause über die Homosexualität. *Pfungst* legte die Ansicht vieler Tierforscher dar, die Homosexualität als eine Degenerationserscheinung domestizierter Tiere betrachteten, da bei Tieren, die frei in der Natur leben, keine Homosexualität auftrete — wie ja überhaupt durch die Domestikation die Instinkte und Triebe abgeschwächt würden. *Adlers* Auffassung, daß die Homosexualität nicht angeboren sei, nie ein isoliertes Problem darstellte, sondern nur aus dem Lebensstil eines tief entmutigten Menschen zu erklären sei, teilte *Pfungst* nicht. Jedoch um *Adlers* Ansicht über die Entmutigung nachzuprüfen, stellte er den folgenden Versuch an:

Pfungst nahm aus einem Käfig einen männlichen Affen heraus, dessen Verhalten er schon lange studiert hatte. Dieser kräftige Affe hatte nur Sexualverkehr mit Weibchen und war bei ihnen sehr beliebt. *Pfungst* verprügelte diesen Affen tüchtig und setzte ihn in seinen Käfig zurück. Der Affe, der vorher herumgetollt hatte, war ganz verwandelt, zog sich verängstigt in eine Ecke zurück und saß jämmerlich da. Nun mieden ihn die Weibchen, während die männlichen Affen ihn zu homosexuellem Verkehr benutzten. —

Man kann nicht annehmen, daß der Sexualtrieb dieses Affen sich plötzlich durch die Schläge geändert hat. Der Versuch zeigt ganz klar, daß er, der bisher eine Herrscherrolle gespielt hatte, durch die Schläge entmutigt wurde, sich nichts mehr zutraute und dadurch ein Objekt für homosexuelle Akte wurde. Auch weitere Affenversuche, die in U. S. A. unternommen wurden, bestätigten dieses Resultat.

Sadismus — Masochismus — Fetischismus.

Nur kurz will ich *Adlers* Auffassung von Sadismus, Masochismus und Fetischismus erwähnen. Das Wort „Sadismus" ist nach dem Marquis *de Sade* geprägt, der seine eignen sexuellen Greueltaten in seinen Büchern beschrieben hat. Das Wort „Masochismus" leitet

Krafft-Ebing von dem Namen des Schriftstellers *Sacher-Masoch* ab. Auch dessen Lebenshaltung — bewußte Unterwerfung unter eine starke Frau — spiegelt sich in seinen Werken wider.

Adler bestreitet, daß man diese Perversionen auf angeborene Faktoren zurückführen muß. Die weitverbreitete Annahme einer angeborenen Triebanomalie entkräftet er durch den Hinweis darauf, daß man öfters bei einem Menschen gleichzeitig mehrere Perversionen antreffen könne, die Übergänge von Sadismus zu Masochismus oder von Homosexualität zu andern Perversionen seien fließend. Auch seien die Scheußlichkeiten, die Masochisten auf eignen Wunsch erdulden und die Sadisten begehen, oft so raffiniert, daß sie nur psychisch bedingt sein könnten.

Wieder zeigt sich bei Aufdeckung des ganzen Lebensstils eine tiefe Entmutigung. Meist haben die Perversen einen Minderwertigkeitskomplex und lösen alle drei Lebensfragen nur kümmerlich. Auffallend ist ihr verminderter Kontakt mit andern. — „Einen richtigen Mitmenschen wird man bei diesem Typus wohl niemals finden." Stets ist in früher Kindheit die Kontaktfähigkeit durch falsche Erziehung nicht entwickelt worden. Entweder hatten die Perversen als Kinder durch zu große Verwöhnung nur Kontakt mit der verzärtelnden Person und schalteten alle andern aus, oder sie wurden durch zu große Strenge und Härte von jedem Kontakt zurückgeschreckt. Auf diesen Druck reagierten sie entweder mit unbändigem Trotz oder mit übertriebenem Gehorsam. Voll Feindseligkeit trainieren sie nun auf das Ziel zu: „vorsichtige Ausschaltung und Entwertung der Norm." Warum wenden sie sich nun gerade dieser Perversion zu? *Adler* fand, daß ein bestimmter Typ zu dieser Perversion verlockt werden kann, der Typ, bei dem ängstliche Spannung Sexualerregung herbeiführt. „Es scheint mir eine nicht zu leugnende Tatsache zu sein, daß die Angst nicht bloß die Nervenbahnen des Herzens, des Darmes, der Blase, der Schweißdrüsen usw., sondern auch des Geschlechtsapparates erregen kann. Wie mir scheint, betrifft dieser Zusammenhang nur einen bestimmten Typus der Menschheit oder hat nur bei ihm eine deutliche Ausprägung. Vielleicht liegt hier ein Minderwertigkeitszeichen vor, wie ich ähnliche in meiner ‚Studie über Minderwertigkeit von Organen' beschrieben habe." Nicht alle Menschen, bei denen Angst und Sexualerregung zusammenhängen, müssen Masochisten oder Sadisten werden, wenn sie falsch erzogen sind. Die Verlockung zu einem fehlerhaften Training ist aber bei diesem Typus besonders stark. Erleben sie im sechsten oder siebenten Jahr beim Anhören von Märchen mit grausamem Inhalt oder bei Prügelstrafe sexuelle Erregung, so rufen sie später durch sadistische oder masochistische Phantasien ängstliche Spannung hervor, um diese Erregung wieder zu spüren. Allmählich aber begnügen sie sich nicht mehr mit Phantasien von Schlagen, Geschlagenwerden oder andern Mißhandlungen und gehen zur Tat über. Die Masochisten erzeugen die ängstliche Spannung, indem sie andern — meist Prostituierten — befehlen, sie zu peinigen. Die Sadisten erzeugen sie, indem sie sich mit ihrem Opfer identifizieren. Daß nur Schwachmütige, die sich die normale Lösung der Liebesfrage nicht zutrauen, diesen Weg wählen, wird oft bestritten, unter Hinweis, daß Sadisten brutal und gewalttätig sind. Doch „immer sind Kinder oder Wehrlose die Opfer, immer bewegt sich ihr Sexualwunsch in der Richtung des geringsten Widerstandes". Es ist verständlich, daß Menschen voll Auflehnung und Feindseligkeit sich überlegen dünken, wenn sie andern Grausamkeiten zufügen. Viel schwerer läßt sich das Überlegenheitsstreben bei den Masochisten feststellen, die ihre Schwäche so betonen. Auch hier läßt es sich nachweisen, denn die Masochisten sind ja keine willenlosen Opfer, sondern diktieren dem Partner die Peinigungen. „The masochist attitude signifies: ‚I am not governed by your power of attraction, it is you who must do what I would have you do.' " (Problems of Neurosis.) — So fühlen sie sich im Unterliegen noch überlegen.

Man könnte nun rückschließend leicht vermuten, daß Kinder, die gerne gruselige Geschichten hören, sadistisch oder masochistisch sind. Das trifft nicht zu. „Die Neigung von Kindern und Erwachsenen, bei Greuelszenen anwesend zu sein, Tiere zu quälen, gruselige Geschichten anzuhören, stammt oft ausschließlich aus der Tendenz, eine als schwachmütig empfundene Weichheit durch ein Training zu beseitigen." Auch glaubt *Adler* nicht, daß, wie öfters behauptet wird, jeder übertriebene Gehorsam masochistischer Natur ist, und daß grausame Handlungen einzelner Menschen oder Völker auf Sadismus zurückzuführen sind. Nur wenn sich bei psychologischer Untersuchung ergibt, daß sexuelle Erregungen beigemengt sind, schließt er auf Sadismus und Masochismus.

Auch bei Fetischismus fragen wir wieder: Wohin zielt diese Perversion? — Das Ziel ist: Entwertung des Partners. Für den Fetischisten hat nicht der ganze Mensch sexuellen Reiz, sondern ein Körperteil, wie Auge, Hand, Fuß, Haar oder ein Kleidungsstück oder auch ein Gebrauchsgegenstand von ihm. „Da ergibt sich nun, daß durch die Verschiebung des sexuellen Akzents auf den Fetisch der Geschlechtspartner eine Herabsetzung erfährt, entwertet wird." Die Überwertung eines Teils bringt den Fetischisten in geringere Abhängigkeit von dem Partner und mildert seine Furcht vor dem andern Geschlecht. Auch hier sieht man deutlich die irrige Kompensation eines vertieften Minderwertigkeitsgefühls.

„Das Gemeinsame an den Erscheinungen jeder sexuellen Perversion (Homosexualität, Sadismus, Masochismus, Masturbation, Fetischismus usw.) läßt sich nach den Ergebnissen der Individualpsychologie in folgenden Punkten zusammenfassen:

I. Jede Perversion ist der Ausdruck einer vergrößerten Distanz zwischen Mann und Frau.

II. Sie deutet gleichzeitig eine mehr oder weniger tiefgehende Revolte gegen die Einfügung in die normale Geschlechtsrolle an und äußert sich als ein planmäßiger, aber unbewußter Kunstgriff zur Erhöhung des eignen gesunkenen Persönlichkeitsgefühls.

III. Niemals fehlt dabei die Tendenz der Entwertung des normal zu erwartenden Partners, so daß bei genauem Einblick die Züge der Gehässigkeit und des Kampfes gegen diesen als wesentlich für die Haltung des Perversen hervortreten.

IV. Perversionsneigungen der Männer erweisen sich als kompensatorische Bestrebungen, die zur Behebung eines Gefühls der Minderwertigkeit gegenüber der überschätzten Macht der Frau eingeleitet und erprobt wurden. Perversionen der Frauen sind in gleicher Weise kompensatorische Versuche, das Gefühl der weiblichen Minderwertigkeit gegenüber dem als stärker empfundenen Manne wettzumachen.

V. Die Perversion erwächst regelmäßig aus einem Seelenleben, das durchwegs Züge verstärkter Überempfindlichkeit, überstiegenen Ehrgeizes und Trotzes aufweist. Mängel tieferer Kameradschaftlichkeit, gegenseitigen Wohlwollens, der Gemeinschaftsbestrebungen treten stärker hervor, als man gemeiniglich erwartet. Egozentrische Regungen, Mißtrauen und Herrschsucht prävalieren. Die Neigung ‚mitzuspielen', sowohl Männern als Frauen gegenüber, ist gering. Infolgedessen finden wir auch starke Begrenzung des gesellschaftlichen Interesses."

Die Perversionen sind heilbar, doch ist ihre Heilung sehr schwierig. Daher ist es von großer Bedeutung, dem Auftreten von Perversionen durch eine richtige Erziehung vorzubeugen. Frühzeitige Vorbereitung des Kindes auf seine Geschlechtsrolle, Ermutigung und Ausbreitung seines sozialen Interesses sind die wichtigsten Erziehungsfaktoren, um Perversionen zu verhüten.

Teil III.

Praktische Anwendung der Individualpsychologie

Kapitel 1

ERZIEHUNG

Den Tod und das Leiden zu bekämpfen, hatte sich *Adler* als Ziel gesetzt; er sah in der Theorie seiner Lehre nur das Fundament für die Praxis. Der wichtigste Unterschied zwischen seiner Lehre und anderen psychologischen Schulen liegt darin, daß die Individualpsychologie den größten Nachdruck auf die Praxis legt. Noch nie konnte eine wissenschaftliche Methodik von jedem Menschen im Alltag derart praktisch angewandt werden. Sogar Gegner der *Adler*schen Theorie erkennen die erstaunlichen Erfolge in der Praxis an.

Für *Adler* ist der Charakter nie „Gegenstand moralischer Beurteilung". In seiner ganzen Lehre findet sich kein „Du sollst". Seine feste Überzeugung war, die Menschen würden den richtigen Weg ganz ohne Zwang gehen, wenn sie erst zur Einsicht kämen, daß die andern Wege zu Neurose, Selbstmord, Verbrechen, Kampf und schließlich Ausrottung der Menschheit führen. So hellte er erst die verschlungenen Pfade der menschlichen Wege und Irrwege auf und brachte Licht in das Dunkel. Ganz harmonisch baute er dann auf diese Erkenntnis die praktische Lehre auf, wie man für sich und seine Kinder Irrwege vermeiden kann oder von falschen Wegen zurück auf den Weg zur Mitmenschlichkeit kommen kann. In seinem Bestreben, den Menschen praktisch zu helfen, schuf er eine neue Pädagogik, Heilpädagogik und Psychotherapie.

Für die ganze Entwicklung des Menschen ist es ungeheuer wichtig, daß er von frühester Kindheit an richtig erzogen wird. Um ein Kind richtig zu erziehen, muß man es aber verstehen. Es ist schon schwer, einen Erwachsenen zu verstehen, wie nun aber erst ein Kind. Die Erwachsenen sehen ein Kind immer nur mit ihren Augen, daher können sie nie ganz erfassen, wie das Kind die Erwachsenen und die Welt erlebt.

Besonders besteht die Gefahr, etwas in das Kind hineinzudeuten, was gar nicht in ihm vorhanden ist. Viele Menschen sehen nur das, was sie in einem Kinde finden wollen. So passierte mir folgendes: Ich wohnte der Unterhaltung einer Beobachterin und eines Kindes in einer psychologischen Spielstube bei. Das Kind spielte mit einer Puppe; die Beobachterin forderte das Kind auf, die Puppe zu küssen, doch das Kind weigerte sich, es zu tun. „Du hast wohl Angst, die Puppe zu beißen?“ fragte die Beobachterin. „Nein, aber ich habe Angst, die Puppe könnte mich beißen“, war die Antwort des Kindes. „So gib ihr doch einen Kuß.“ Das Kind beugte sich gehorsam nieder und gab der Puppe vor meinen Augen einen Kuß. Die Beobachterin aber sagte triumphierend, „Du hast die Puppe gebissen“, und schrieb in ihrem Bericht, daß das Kind die Puppe gebissen hat, was nicht den Tatsachen entsprach.

Ein weiterer Beweis dafür, wie sehr Beobachter sich irren können, ist folgende Beobachtung, die mir die bekannten Psychologieprofessoren der Yale-Universität, U. S. A., bei meinem Besuch dort erzählten. Sie stellten ihren Mitarbeitern die Aufgabe, Kinder zu beobachten und ihre Beobachtungen schriftlich niederzulegen. Ohne ihr Wissen wurden die Beobachter und die Kinder gefilmt; die Berichte wurden mit dem Film verglichen, und fast immer konnte man nachweisen, daß die Berichte von den tatsächlichen Vorgängen abwichen. Diese Feststellung ist von grundlegender Bedeutung. Sie zeigt klar, daß der Beobachter meistens nicht objektiv ist.

Selbstverständlich befinden sich die Beobachter im besten Glauben, daß das, was sie niedergeschrieben haben, den Tatsachen entspricht. So liegt es auch bei der Beobachterin in dem oben erwähnten Falle mit dem Kind und der Puppe. Weil sie nach sadistischen Trieben fahndete, sah sie, daß das Kind die Puppe biß. *Adler* hat diese Erscheinung so schön in folgendem Satze ausgedrückt: „Sie legen erst in das Kind hinein, was sie nachher wieder herausholen.“

Bei der Betrachtung eines Kindes geht die Individualpsychologie ganz anders vor. Sie versucht den Lebensstil des Kindes aufzudecken und seine Zielsetzung zu erkennen. *Adler* verstand wie kein anderer die Seele des Kindes. Erst dann kann man das Kind völlig verstehen, wenn man dessen Gedankengängen zu folgen imstande ist, lehrte er. „Wäre ich an Stelle dieses Kindes und hätte genau diese irrige Meinung vom Leben, dann würde ich genau so handeln“, hörte ich ihn öfters nach der Beratung eines schwierigen Kindes sagen. *Adlers* Erkenntnis, daß ein Kind nicht mit fertigen Charakterzügen zur Welt kommt, sondern daß es erst mit selbstschöpferischer Kraft seine angeborenen Fähigkeiten entwickelt, gibt der Erziehung ganz neue Möglichkeiten. Die Aufgabe der individualpsychologischen Erziehung ist es, das Kind anzuleiten, von seinen Fähigkeiten jene zu entwickeln, die für eine günstige Charakterformung nötig sind, und es darauf vorzubereiten, die Probleme des Lebens mutig und richtig zu lösen. Da sich der Lebensstil in den ersten 4—5 Jahren formt, ist gerade in dieser Zeit die Erziehung von besonderer Bedeutung. Der Einfluß des Vaters auf die Erziehung in diesem wichtigen Lebensalter ist verhältnismäßig gering, da er infolge seiner Berufstätigkeit meist viel weniger mit dem Kinde zusammen ist als die Mutter. Die Mutter ist es also, die in erster Linie die Erziehung leitet; ihr Einfluß ist von größter Bedeutung auf die Entwicklung der Kinder; im täglichen Zusammensein mit der Mutter bildet sich das Kind. So sagt z. B. *Nietzsche*: „Jeder Mann trägt ein Bild des Weibes von der Mutter her in sich; davon wird er bestimmt, die Weiber überhaupt zu verehren oder sie gering zu schätzen oder gegen sie im allgemeinen gleichgültig zu sein."

Adler betont immer wieder und wieder die Wichtigkeit der Erziehung. Man hat ihm oft vorgeworfen, daß er die Bedeutung der Mutter zu stark betont. Aber *Adler* steht hier nicht allein. Wenn wir Selbstbiographien oder Lebensbeschreibungen berühmter Menschen lesen, immer sehen wir, welch einen großen Einfluß — sei es in positiver, sei es in negativer Richtung — der Mutter für die Entwicklung dieser Menschen zugeschrieben wird. Auch zahlreiche Philosophen, Dichter und Schriftsteller heben die große Bedeutung der Mutter für die Entwicklung des Kindes hervor. Durch einen glücklichen Zufall hatte ich Gelegenheit, mit genialen Menschen über dieses Thema zu sprechen. Hofrat Professor Dr. *Moll*, der verstorbene Wiener Kinderarzt, Direktor der Reichsanstalt für Mütter- und Säuglingsfürsorge, der ein Buch über die Vererbung des Genies schreiben wollte, bat mich, ihm bei der Stoffsammlung für sein Buch behilflich zu sein und mir von genialen Persönlichkeiten Berichte über ihre Eltern geben zu lassen. So sprach ich auf seinen Wunsch mit Professor *Alfred Adler*, Professor *Adalbert Czerny*, der Großes auf dem Gebiet der Kinderheilkunde geleistet hat, den Nobelpreisträgern Professor *Albert Einstein* und Professor *Otto Warburg*, dem Maler *Max Liebermann* und anderen. Alle berichteten, daß die Mutter, selbst wenn nicht geistig hervorragend, stets bemüht war, dem Sohn die bestmögliche Erziehung zu geben. Auch *Moll* selbst kam bei seinen Studien über die Eltern verstorbener genialer Menschen zu seinem Erstaunen zu dem Schluß, daß mit Ausnahme der großen Musiker alle andern Genies von ihrer Mutter entscheidend beeinflußt wären.

Leider aber sind die meisten Mütter über die Wichtigkeit ihrer Erzieherrolle gar nicht im klaren. Viele halten die Rolle der Mutter für minderwertig, lehnen sie ab und kümmern sich nicht um die Erziehung. Selbst wenn die Mütter die Wichtigkeit der Erziehung einsehen, gehen sie selten den richtigen Weg; sie haben ja meistens nichts über Erziehung gelernt. Wie sehr manche Kinder diesen Mangel empfinden, geht aus der Äußerung eines 14jährigen Mädchens hervor: „Unsere heutigen Eltern verstehen nicht viel von Erziehung, jedes Mädchen müßte, bevor es heiratet, einen Kursus über Erziehung durchmachen.“

Viele Mütter berufen sich darauf, daß sie ihr Kind instinktiv erziehen, und daß diese Erziehung die richtige artgemäße sei; sie lehnen daher ab, moderne Erziehungsmethoden anzuwenden. Die Resultate dieser instinktiven Methode sind meist nicht gut; jedenfalls finden wir unter den schwererziehbaren Kindern viele, die solch eine instinktive Erziehung genossen haben. Ungünstig für die Erziehung ist ferner, wenn jeder Elternteil seine eigne Erziehungsmethode hat. Oft können sich die Eltern nicht einigen, wessen Methode angewendet werden soll, und so wird das Kind mal nach der einen, mal nach der andern Methode erzogen.

Natürlich wendet sich die Individualpsychologie nicht nur an die Eltern, sondern an alle, die mit der Erziehung von Kindern zu tun haben, so vor allem an die Lehrer. Eine Vorbedingung für richtige Erziehung ist die Selbsterziehung der Erzieher. In erster Linie muß der Erzieher es vermeiden, dem Kinde seine Überlegenheit vor Augen zu führen; er muß also sein eignes Machtstreben abbauen, damit das Kind nicht unter dem fortwährenden Druck seiner Unterlegenheit steht. Der ideale Erzieher besitzt Verständnis, Wohlwollen, Heiterkeit, Zuverlässigkeit, Geduld und vor allem Optimismus. Nur ein Mensch, der fest von der Macht der Erziehung überzeugt ist, wird aus den Kindern alles herausholen können, was in ihnen steckt.

Erziehung aber heißt nicht nur, gute Eindrücke zu vermitteln und richtige Ziele zu setzen, sondern man muß auch darauf achten, was das Kind aus diesen Einflüssen macht. Viele Eltern, die ihr Kind wirklich gut erziehen, sind oft erstaunt, daß es Schwierigkeiten macht. Diese Beobachtung, die oft als Beweis für die Bedeutung der Vererbung angeführt wird, ist in der Tat sehr beachtenswert. Aber sie erklärt sich ganz ungezwungen dadurch, daß das Kind mit seiner eignen schöpferischen Kraft die von außen einwirkenden Eindrücke verarbeitet; es ist eben kein Wachs in der Hand des Erziehers, wie viele meinen, sondern nimmt aktiv am Erziehungsprozeß teil. Daher genügt es nicht, wenn der Erzieher sein Bestes tut, er muß außerdem darauf achten, wie das Kind alles aufnimmt und eine eventuelle irrige Meinung sofort ändern.

Schon von klein an muß man das Kind auf die zukünftigen Lebensprobleme vorbereiten; um ein Versagen auszuschließen, müssen die Quellen des Minderwertigkeitskomplexes verstopft werden. Beschwerden, die infolge von Organminderwertigkeiten auftreten, können oft durch den Arzt beseitigt werden. In Fällen, in denen der Arzt wegen der Natur des Leidens nicht imstande ist zu helfen, kann das Kind durch starke Ermutigung angeleitet werden, das vertiefte Minderwertigkeitsgefühl, das durch die Organminderwertigkeit hervorgerufen wird, zu kompensieren.

*Adler*s unermüdlicher Hinweis auf die oft sehr schlechten Folgen der Verzärtelung hat ihm viel Feindschaft eingetragen. Irrtümlicherweise glaubt man, daß er die Zärtlichkeit bekämpfen wollte. Aber im Gegenteil, er, der so voll Zartheit und Zärtlichkeit war, räumte der Zärtlichkeit eine bedeutende Stellung ein. So schreibt er schon in „Heilen und Bilden“, in dem einige seiner Arbeiten aus den Jahren 1904—1913 zu finden sind, einen Aufsatz über „Das Zärtlichkeitsbedürfnis des Kindes“ und später, in “What life should mean to you”, erklärt er die Furcht mancher Erwachsener vor der Liebe folgendermaßen: „Wenn wir lieben, müssen wir zärtlich sein, und unser Interesse für einen andern Menschen macht uns anfällig für Störungen.“

Unter Verzärtelung versteht er: ein Kind unselbständig machen, ihm jede Leistung abnehmen, es hindern, seine eignen Kräfte zu gebrauchen und es so zu einem Parasiten zu erziehen. Verzärtelung und Zärtlichkeit sind also zwei ganz verschiedene Dinge. Man kann zu einem Kind sehr zärtlich sein und braucht es nicht zu verzärteln, indem man es möglichst früh selbständig werden läßt, und umgekehrt kann man ein Kind, ohne zärtlich zu sein, verzärteln, indem man es zur Unselbständigkeit erzieht. Besonders oft treten die Folgen der Verzärtelung nach einer schweren Krankheit auf, wenn die Eltern nicht darauf achten, ihre berechtigte Sorge vor dem Kinde zu verheimlichen. Das Kind hat die Eltern besorgt gesehen, hat oft jeden Wunsch erfüllt bekommen und war die Hauptperson, um die sich alles drehte. Wenn es nach der Krankheit diesen schönen Zustand schwinden sieht, sucht es mit aller Macht möglichst lange noch seine Stellung zu behalten. Es wird versuchen, aus seiner Krankheit Kapital zu schlagen.

Auch den Ödipuskomplex hält *Adler* für das Kunstprodukt einer verzärtelnden Erziehung. *Freud* hat die Haßregungen gegen den Vater, die man oft bei Knaben findet, als Ödipuskomplex bezeichnet. Der Sohn hat den Wunsch, den Vater zu töten, um die Mutter zu besitzen. *Adler* meint, daß hier nur in ganz seltenen Fällen der Sohn sexuelle Wünsche hat, die Mutter zu besitzen. Es handelt sich vielmehr um das unbegrenzte Machtstreben eines verzärtelten Kindes, das durch den Vater seinen Machtbereich eingeschränkt sieht. Diese Auffassung *Adlers* wird durch folgende Ausführungen des englischen Gelehrten Professor *Banister* bestätigt: „Wenn der Komplex, wie *Freud* behauptet, aus der sexuellen Liebe für seine Mutter entspringt und aus dem Haß gegen seinen Vater, seinen Rivalen, so sollte dieser Komplex in allen Gesellschaften gefunden werden, wo Kinder mit ihren Eltern leben. *Malinowski* (1927) behauptet, daß er nicht imstande war, die Spur eines solchen Komplexes in den *Trobriand*-Inseln zu finden, wo der Vater keine Rechte über seine Söhne hat; aber er fand viele Beweise für einen ‚avuncular'-Komplex *). Auf jenen Inseln hat der Onkel mütterlicherseits, der in einem andern Dorf lebt, dieselben Verpflichtungen zu den Kindern seiner Schwester, die in den meisten anderen Gesellschaften vom Vater ausgeübt werden **)."

*) Onkel. — **) *H. Banister:* Lecturer in Experimental Psychology in the University of Cambridge. Psychology and Health. Cambridge. At the University Press. 1935 Chapter V. Infantile Sexuality.

Daß Vernachlässigung nicht die richtige Form der Erziehung ist, braucht wohl nicht besonders hervorgehoben zu werden. Vernachlässigte Kinder stellen sich meist feindlich zur Welt ein. Die schlechten Folgen der Vernachlässigung und der lieblosen Erziehung für die Entwicklung des Kindes habe ich ausführlich an anderer Stelle beschrieben. Nur einen Fall möchte ich hier noch anführen. Zu *Adler* kam in seine Beratung eine Frau, die vor ihrem Sohn aufschrie: „Ich habe ja dieses Kind nie gewollt.“ Ist es dann nicht verständlich, daß solch ein Kind feindliche Gefühle entwickelt! Sie beklagte sich, daß dieser Junge sich nachts herumtriebe und ihr öfters Geld entwendet hätte. „Ich habe ihm auch immer prophezeit, daß es ein schlechtes Ende mit ihm nehmen würde.“ Du hast es nicht nur prophezeit, sondern ihn sogar dazu getrieben, dachte *Adler*.

Zu den vernachlässigten Kindern muß man auch jene rechnen, die, ohne wirklich vernachlässigt zu sein, sich vernachlässigt oder verkürzt fühlen. So erzählt uns oft eine Mutter, daß sie ihr ältestes Kind am liebsten habe. Das Kind aber fühlt sich vernachlässigt und glaubt, daß die jüngeren vorgezogen werden. Da es nicht auf die Tatsachen ankommt, sondern auf die Meinung, die das Kind von ihnen hat, muß die Mutter die irrige Ansicht des Kindes ändern, sonst kann es denselben Weg wie ein wirklich vernachlässigtes Kind gehen.

Auf jede Weise muß man verhüten, das Minderwertigkeitsgefühl des Kindes zu vertiefen. So sollte man es nie in ungünstigem Sinn mit andern vergleichen, nicht über es spotten, es auslachen, ihm Ungeschicklichkeit vorwerfen usw. Ungeschicklichkeit zum Beispiel kann durch Ermutigung und Training beseitigt werden. Wie oft nur die falsche Erziehungsmethode Kinder ungeschickt macht, zeigt folgendes Beispiel: Ein Junge war bei seinen Verwandten seit mehreren Wochen zu Besuch, ohne daß er sich einmal ungeschickt benommen hatte. Eines Tages kam sein Vater, der den jüngeren Bruder vorzog, überraschend an und sah, wie der Junge vor Aufregung über den Teppich stolperte und hinfiel. „Natürlich deine Ungeschicklichkeit!“ warf ihm der Vater vor mit dem Resultat, daß der Junge erst einen Stuhl umwarf, dann ein Glas Wasser vergoß und den ganzen Abend weitere Fehlhandlungen machte. Als man nun dem Vater sagte, daß während all der Wochen nie eine Ungeschicklichkeit passiert wäre, wollte er es gar nicht glauben. Er ahnte nicht, daß sein dauerndes Kritisieren seinen Sohn so unsicher machte, daß er all die Fehlhandlungen beging.

Die so beliebten Erziehungsmittel wie dauerndes Nörgeln, Tadeln und Ermahnen haben bei den meisten Kindern nur den Effekt, daß dadurch ihr Minderwertigkeitsgefühl vertieft wird; aber nicht alle reagieren in dieser Weise, viele lassen die ganzen Ermahnungen ruhig an sich herunterplätschern wie Regen und achten gar nicht mehr darauf. So beklagte sich eine Großmutter bei ihrer Tochter, bei der sie seit längerer Zeit zu Besuch war, daß ihr Enkel ihren Auftrag, Schokolade für sich zu besorgen, einfach überhört hatte. Die Großmutter ahnte natürlich nicht, daß der Junge als Schutzmaßnahme gegen ihre ewigen Ermahnungen gar nicht mehr hinhörte, wenn sie zu ihm sprach, und daher diesen angenehmen Auftrag überhört hatte. Andere Kinder lehnen sich voll Trotz gegen Vorwürfe auf; man sieht oft, wie sie den Kopf zurückwerfen oder die Hände zur Faust ballen.

Natürlich darf man Fehler oder Ungezogenheit den Kindern nicht durchgehen lassen. Aber man braucht nicht zu tadeln, wenn man ein Kind korrigieren will; besser ist es, in indirekter Form auf seine Fehler aufmerksam zu machen, wie zum Beispiel: „Na, das hast du ja heute ganz gut gemacht, aber das nächste Mal wirst du es noch besser machen.“ Ein Tadel spornt kein Kind an, er entmutigt nur; aber eine Ermutigung treibt das Kind vorwärts. Vor allem sind Schläge nicht nur fruchtlos, sondern haben darüber hinaus eine schlechte Wirkung auf das Kind. Man kann verstehen, daß manchmal dem Erzieher die Hand „ausrutscht“; aber muß sich klar darüber sein, daß diese Entladung nur ihm gut tut, daß aber das Kind dadurch in keiner Weise gebessert wird. Durch Schläge kann man keinem Kind erklären, warum es falsch gehandelt hat. Es wird auf diese Weise nie seinen Irrtum einsehen lernen. Wer kann glauben, daß ein Kind aus Furcht vor Schlägen Besseres leisten würde, als wenn man es ermutigt! Die Aussicht, Prügel zu bekommen, wenn es eine schlechte Note nach Hause bringt, ist wohl keine verlockende Ermutigung, um ein Kind innerlich zu stärken. Es wird sich nur seiner Schwäche, seiner Minderwertigkeit dem Erwachsenen gegenüber bewußt, wenn es ihm hilflos und wehrlos ausgeliefert ist; es wird Angst bekommen. Angst ist aber keine gute Mitgift für das Leben. Andere Kinder werden verstockt und bockig werden. Die

Verstocktheit wird dann wieder der Anlaß zu neuen Prügeln sein, was die Verstocktheit des Kindes nur weiter erhöht. Bei manchen Kindern wird der Wunsch erweckt, möglichst rasch erwachsen zu sein, um dann selber schlagen zu können. So sagte bei Bekannten in meiner Gegenwart ein Kind weinend am Mittagstisch, als ihm wegen schlechter Schularbeiten vom Vater Schläge angedroht wurden: „Wenn ich groß bin, dann werde ich heiraten, dann bin ich Pappi, dann haue ich.“

Viele Eltern schlagen ihre Kinder mit der Begründung: „Es wird ihnen nichts schaden, ich wurde auch geschlagen und mir hat es nichts geschadet.“ Nach der Ansicht der Individualpsychologie kennen sich die meisten Menschen nicht selbst. Sie können also nicht darüber urteilen, ob es ihnen geschadet hat oder nicht; außerdem wissen sie ja nicht, wie sie sich ohne Schläge entwickelt hätten. Selbst wenn sie keinen Schaden davongetragen haben, kann niemand dafür bürgen, daß es auch ihrem Kinde nicht schaden würde. Das Kind kann ganz anders auf Schläge reagieren, wenn es einen andern Lebensstil hat.

In manchen Ländern treten besonders Lehrer in Diskussionen über die Prügelstrafe für sie ein, da sie glauben, daß auf diese Weise das Kind am schnellsten Vernunft annimmt. Wir können verstehen, daß die Lehrer nach der schnellsten Methode suchen, um eine Klasse in Ordnung zu halten. Aber es fragt sich, ob die schnellste Methode auch die beste ist; denn die Wirkung auf das Kind ist das Wichtigste. Wenn die Lehrer die individualpsychologische Erziehungsmethode annehmen würden, würden sie erkennen, daß die Prügelstrafe ganz überflüssig ist. Man bringt bestenfalls ein Symptom zum Verschwinden und übersieht oft das Auftreten eines neuen Symptoms; denn die Schläge ändern ja nicht die falsche Gesamteinstellung des Kindes. Einige Kinder lassen sich sogar gern schlagen, manche aus Triumph darüber, den Vater oder Erzieher geärgert und ihn aus seinem Gleichgewicht gebracht zu haben, andere aus Freude an sexueller Erregung, die durch die ängstliche Spannung bei manchen Kindern hervorgerufen wird.

Unter dem Vorwand der „gerechten Züchtigung“ mißhandeln Sadisten oft Kinder. Besonders nehmen sadistische Eltern, Pflegeeltern oder Erzieher, wie *Adler* berichtet, das Bettnässen gern zum Vorwand, um die Kinder in entsetzlicher Weise zu verprügeln. Die

Individualpsychologie lehnt das Schlagen in jeder Form ab; sie zeigt, daß man, ohne zu schlagen, die Kinder zu guten Mitmenschen erziehen kann.

Einen sehr interessanten Beitrag zum Problem der Prügelstrafe liefern Berichte namhafter Ethnologen, aus denen hervorgeht, daß Kinder auch ohne Schläge zu freundlichen und hilfsbereiten Menschen erzogen werden können. So fand man, daß viele Naturvölker, wie zum Beispiel die Eskimos, die Prügelstrafe gar nicht kennen, und daß sie ihre Kinder sehr wenig strafen. All diese Völker sind freundlich und hilfsbereit zueinander und zu Fremden.

Kinder, die viel geschlagen werden, laufen Gefahr, später selbst hart und lieblos zu werden. Diese Art der Erziehung macht die Kinder nicht zu Mitmenschen.

Die Erziehung zur Mitmenschlichkeit soll bereits vom Tage der Geburt an beginnen. Schon der Säugling lernt, sich in seine Umgebung einzuordnen; denn er wird schon vom ersten Lebenstage daran gewöhnt, die Nahrung nur in regelmäßigen Abständen zu bekommen und die Nacht durchzuschlafen. Die Mutter hat die beiden wichtigen Aufgaben, den Kontakt mit dem Kinde herzustellen und später das Kind von sich loszulösen. „Wahrscheinlich verdanken wir dem mütterlichen Kontaktgefühl den größten Teil des menschlichen Gemeinschaftsgefühls und damit auch den wesentlichen Bestand der menschlichen Kultur.“ (Sinn des Lebens.) Die Loslösung fällt der Mutter oft sehr schwer, doch ist es für die richtige Entwicklung des Kindes notwendig, daß sie sein Interesse auf Vater, Geschwister und Bekannte und später auf Staat und Menschheit lenkt.

Oft erscheint aber der Vater dem Kinde als Rachegott, da die Mutter dem Kinde, wenn es etwas verbrochen hat, droht: „Wenn du das wieder tust, dann werde ich es dem Vater sagen!“ Oder: „Warte, bis Vater nach Hause kommt!“ und ähnliches. So lernt das Kind oft den Vater zu fürchten anstatt zu lieben. Es ist wichtig, daß die Kinder die Eltern als Mitmenschen erleben. Die Harmonie zwischen den Eheleuten klingt auch im Kinde mit. Wenn sie sich vor dem Kinde zanken, andere Menschen herunterziehen, lernt das Kind, die Welt als feindlich anzusehen und entwickelt sich demgemäß. In einer friedlichen, heiteren und wohlwollenden Atmosphäre sieht das Kind die Welt mit ganz andern Augen. *Adler* legt besonderen Wert darauf, daß eine solche Atmosphäre bei Tisch herrschen soll, wo alle Familienmitglieder beisammen sind. Gerade in der heutigen Zeit, wo das geschäftige Leben an die Nerven der Menschen so hohe Anforderungen stellt, sollte das gemeinsame Mahl besonders erholsam wirken. Leider ist aber oft das Gegenteil der Fall. *Adler* malte sich aus, wie es wäre, wenn er zur Zeit der Mittagsmahlzeit in die verschiedenen Häuser hineinblicken könnte. Müde und abgespannt trifft der Vater ein, sofort überfällt die Frau ihn mit Neuigkeiten, die ihn gar nicht interessieren, die Kinder zanken sich untereinander. Bei Tisch klagt die Mutter über eins der Kinder. Eins der Familienmitglieder muß eiligst fort, schaut dauernd auf die Uhr und bringt die ganze Familie in Unruhe. Die Schulnoten werden getadelt. Manche sitzen ganz schweigsam oder lesend am Tisch. Sind die Kinder unartig, so werden sie vom Tisch fortgeschickt. All dies und vieles andere spielt sich statt einer friedlichen Mahlzeit ab. Viel besser wäre es, all die häuslichen Unannehmlichkeiten vor Tisch zu erledigen und während des Essens harmlose Unterhaltung zu führen, an der die Kinder sich beteiligen können. *Adlers* fast unerfüllbarer Wunsch ist das gemeinsame Frühstück der Familie um 7 Uhr in guter Laune. Hat man den Tag erst mal in guter Laune begonnen, so ist damit schon viel gewonnen.

Für das Verhältnis der Geschwister untereinander ist es wichtig, daß die Eltern es vermeiden, Rivalitäten zwischen ihnen hervorzurufen. Wir hatten schon bei der Stellung des Kindes in der Geschwisterreihe gesehen, daß der Erstgeborene in dem zweiten einen Rivalen sieht, und darauf hingewiesen, wie notwendig es ist, ihn auf die Geburt des Babys vorzubereiten. Man wird ihn, der bisher eine bevorzugte Stellung in der Familie als Einziger eingenommen hat, die Entthronung dadurch schmackhaft machen, indem man ihm ausmalt, daß er nun einen Spielgefährten bekommt, auf den er aufpassen kann. Später kann man ihn zu kleinen Hilfsleistungen heranziehen, zum Beispiel, daß er der Mutter beim Baden des Babys hilft usw. So lernt er frühzeitig sich für andere zu interessieren und andern zu helfen. Sind die Kinder älter, so stellen manche Eltern, um ein Kind anzuspornen, ihm Bruder oder Schwester als Vorbild hin, mit dem Resultat, daß die Geschwister nicht gut miteinander stehen. Bestehen wie so oft Unterschiede in den Leistungen der Geschwister, dann empfiehlt es sich, die Kinder darauf aufmerksam zu machen, daß ihre Vorzüge und ihre Fehler sich gegenseitig ausgleichen. Auch ist es gut, wenn man das Interesse der Kinder auf verschiedene Gebiete lenkt, damit sich keines in seinem Gebiete durch das andere eingeengt fühlt. Jedes kann sich dann frei entwikkeln, ohne die Konkurrenz des andern zu fürchten.

Im Verkehr mit andern Kindern soll ein Kind sich nicht besser dünken als andere, auf andere nicht herabsehen oder sie entwerten. Solche Kinder schließen sich dann andern nicht an und entwickeln auch nicht genug Interesse für andere. Für die Ausbreitung dieses Interesses ist es sehr gut, wenn man das Kind viel mit andern zusammenbringt und dafür sorgt, daß es Freunde hat. Gerade im Spiel und später im Sport lernt das Kind sich einzuordnen und zu kooperieren. Denn wenn es sich den Regeln nicht fügt, wird es von der Gruppe ausgeschlossen. Spiel und Sport sind wertvolle Faktoren, um das Interesse des Kindes für andere zu entwickeln. Das Kind, das sich diesen Spielen fernhält, ein Einzelgänger ist, sollte der Erzieher sofort beraten lassen, da es offensichtlich nicht auf Kooperation vorbereitet ist. Aus solchen Kindern können sich später die größten Egoisten entwickeln, die nur an ihren eignen Vorteil denken, da sie in der Jugend nicht gelernt haben „mitzuspielen".

Schon frühzeitig sollen die Kinder sich daran gewöhnen, Regeln zu beachten und Rücksicht zu nehmen; sie sollen sich nicht „ausleben", wie so oft gelehrt wird. Wie kann man von einem Kinde, das gelernt hat, sich auszuleben, später verlangen, daß es Rücksicht auf andere nimmt, da es ja hierfür nicht vorbereitet ist. Wenn zum Beispiel ein Kind in einer Spielstube mit Sand spielt und dabei vor sich hinsagt: „Ich brate meine Mutter", so genügt uns die Erklärung von andern Psychologen nicht, daß das Kind im Spiele seine Haßgefühle abreagiert. Wird nämlich dieses Kind nicht geändert, so bleibt seine feindliche Einstellung den Menschen gegenüber immer bestehen. Man müßte also zuerst aufdecken, wieso das Kind zu dieser feindlichen Einstellung gekommen ist, und dann sowohl bei der Mutter wie bei dem Kinde darauf hinwirken, daß sie ihre Einstellung ändern.

Um Kinder richtig auf den Beruf vorzubereiten, sollen sie von klein an lernen, Freude an der eignen Leistung zu empfinden. Schon von den ersten Lebensjahren an läßt man sie kleine Handreichungen machen, legt ihnen kleine Schwierigkeiten in den Weg, die sie überwinden können. Wenn man dann die Leistung und nicht das Kind lobt, wird das Kind ermutigt, weitere Leistungen zu vollbringen und weitere Schwierigkeiten zu überwinden. Viele Erzieher aber fürchten, daß durch ein uneingeschränktes Lob das Kind übermütig werden könnte und loben daher nur mit Einschränkungen. Nun haben die meisten Kinder ein sehr feines Verständnis für den Wert ihrer Leistungen. Sie wissen ziemlich genau, ob und wieweit ein Lob berechtigt ist. Daher empfinden sie die Einschränkung eines berechtigten Lobes als eine Ungerechtigkeit.

Ferner glauben viele Lehrer, daß sie durch schlechte Noten ein Kind zu besseren Leistungen anspornen können. Aber damit erreichen sie oft das Gegenteil, die Schüler geben es auf zu arbeiten. Besonders brauchen verzärtelte Kinder bei Schulbeginn kleine Erfolge, damit sie freudig mitarbeiten. Ein kleiner Erfolg läßt die Kinder Interesse an ihrer Arbeit gewinnen, und sie werden gern ihre Aufgaben bewältigen, um weitere Erfolge zu erzielen.

Für die Arbeitsfreudigkeit des Kindes ist es auch sehr schlecht, wenn man in ihm die Vorstellung erweckt, daß es für etwas unbegabt ist. Wie häufig ist ein sogenannter Mangel an Begabung nur Mangel an Interesse. Das sieht man oft, wenn das Kind zu einem neuen Lehrer kommt, der versteht, das Interesse des Kindes zu wecken. Dann verschwindet der Mangel an Begabung, das Kind beginnt zu trainieren und erreicht die Leistung seiner Mitschüler, ja kann sie sogar übertreffen.

Scheinbare Unbegabtheit kann auch ganz andere Ursachen haben. Der Lehrer muß immer die ganze Situation des Kindes ins Auge fassen. Nachforschungen in Wien sowie in vielen andern Orten haben gezeigt, daß viele Kinder, die in Klassen für Minderbegabte waren, aus armen Kreisen stammen. Es zeigt sich hier also ganz deutlich, daß nicht Minderbegabung, sondern Unterernährung, Elend, Arbeitsüberlastung und mangelndes geistiges Training im Hause diese Kinder an guten Schulleistungen hindern. Oft ist die scheinbare Unbegabtheit auf einen Mangel an Selbstvertrauen oder auf tiefe Hoffnungslosigkeit zurückzuführen. Dies zeigt am besten folgender Bericht von *Adler*.

„Es handelt sich um ein Geschwisterpaar, von dem der jüngere Bruder als unfähig galt, während die ältere Schwester im Ruf äußerster Tüchtigkeit stand. Als der Bruder die Konkurrenz mit ihr nicht mehr bestehen konnte, gab er das Rennen auf. Er war von Anfang an immer zurückgesetzt worden, und obwohl man jetzt versuchte, ihm die Schwierigkeiten aus dem Weg zu räumen, so lag doch noch immer auf ihm eine große Last, die für ihn die scheinbare Erkenntnis bedeutete, unfähig zu sein. Man hatte ihm nämlich von Kindheit an beigebracht, daß seine Schwester die Schwierigkeiten des Lebens immer werde leichter überwinden können, während er selbst nur für die geringeren Dinge der Welt bestimmt sei. So hatte man ihm durch eine günstigere Position der Schwester eine Unzulänglichkeit vorgetäuscht, die in keiner Weise zutraf. Mit dieser großen Last kam er in die Schule, machte dort den Lauf eines pessimistisch gerichteten Kindes durch, das ein Bekenntnis seiner Unfähigkeit um jeden Preis zu vermeiden sucht. Mit zunehmendem Alter wuchs auch die Sehnsucht, nicht mehr den dummen Jungen abgeben zu müssen, sondern wie ein Erwachsener behandelt zu werden. Er brachte es schon mit 14 Jahren dahin, daß er öfters an der Gesellschaft von Erwachsenen teilnahm. Das tiefe Minderwertigkeitsgefühl war für ihn ein ewiger Stachel, der ihn fortwährend dazu trieb, nachzusinnen, wie er jetzt schon den großen Herrn spielen könnte. Da führte ihn eines Tages sein Weg in den Kreis der Prostitution, wo er seitdem verblieb. Da nun damit Geldausgaben verbunden waren, seine Großmannsucht aber nicht duldete, vom Vater Geld zu verlangen, kam er dazu, die Gelegenheit auszukundschaften, ihm das Geld zu entwenden. Diese Diebstähle schmerzten ihn durchaus nicht, er kam sich dabei, wie er erzählte, wie ein großer Mann vor, der die Verfügung über die Kasse des Vaters erhalten hat. Das ging so fort, bis er einmal in der Schule von einer schweren Niederlage bedroht war. Durchzufallen wäre für ihn ein Beweis seiner Unfähigkeit gewesen, den er auf keinen Fall zulassen durfte. Da traten bei ihm folgende Erscheinungen auf. Er bekam plötzlich Gewissensbisse, die ihn schließlich so sehr bedrängten, daß sie ihn völlig am Studium hinderten. Dadurch hatte sich für ihn die Situation gebessert. Denn falls er jetzt durchfallen sollte, hatte er vor sich und vor den andern die Entschuldigung, er sei durch seine Gewissensbisse derart gefoltert worden, daß jeder andere in einer solchen Lage auch durchgefallen wäre. Beim Studium hinderte ihn noch eine hochgradige Zerstreutheit, die ihn zwang, fortwährend an andere Dinge zu denken. So verrann die Tageszeit, es wurde Nacht, und er ging ermüdet schlafen, mit dem Bewußtsein, er habe studieren wollen, in Wirklichkeit aber war er einer, der sich um seine Aufgaben gar nicht gekümmert hatte. Auch was weiter folgte, half ihm, seine Rolle durchzuführen. Er mußte zeitig aufstehen, so daß er den ganzen Tag über schläfrig und müde war und schließlich überhaupt keine Aufmerksamkeit mehr aufbringen konnte. Von so einem Menschen könnte man, wie er dachte, doch nicht verlangen, er solle mit der tüchtigeren Schwester konkurrieren. Nicht seine Unfähigkeit war daran schuld, sondern die fatalen Begleitumstände, seine Reue, seine Gewissensbisse, die ihm keine Ruhe ließen. So war er eigentlich für alles gerüstet und gegen alle Seiten geschützt, es konnte ihm nichts geschehen. Fiel er durch, so hatte er mildernde Umstände, und niemand durfte behaupten, daß er unfähig sei. Kam er aber durch, so war das nur ein Beweis für seine Tüchtigkeit, die man ihm nicht zuerkennen wollte.

Zu solchen Sprüngen verleitet den Menschen die Eitelkeit. Man sieht an diesem Fall, wie der Mensch so weit gelangen kann, daß er in die Gefahr kommt, der Verwahrlosung anheimzufallen, nur um der Aufdeckung einer vermeintlichen, gar nicht bestehenden Unfähigkeit auszuweichen." (Menschenkenntnis *).

Einem solchen Kinde könnte ein verständnisvoller Lehrer viel helfen. Unter keinen Umständen darf ein Erzieher es zulassen, daß ein Kind Hoffnung verliert. Der böse Wille ist niemals der Beginn, sondern immer die Folge einer Entmutigung. Es ist daher „die heilige Pflicht des Erziehers, das Kind zu ermutigen".

Welch wichtige Rolle Mut und Selbstvertrauen spielen bei den Schulleistungen, zeigen die Untersuchungen einer individualpsychologischen Ärztin in U. S. A. Durch Tests fand sie, daß Mädchen, die einen besonderen Grad von Intelligenz zeigten, Töchter berufstätiger Frauen waren.

Entmutigend wirkt es auch auf Kinder, wenn der Vater sich als unfehlbar hinstellt und den Kindern immer seine großen Leistungen vorhält. Der Vater wird, weil er der Ernährer der Familie ist, von den Kindern besonders hochgeschätzt; wird er ihnen nun immer als leuchtendes Ideal hingestellt, so empfinden sie die eigene Schwäche viel stärker und können so entmutigt werden, daß sie zu streben aufhören und später in ihrem Beruf versagen.

Bei der Vorbereitung für die Liebesfrage ist es außer der Entwicklung des sozialen Interesses wesentlich, daß das Kind schon vom zweiten Lebensjahr weiß, ob es ein Junge oder ein Mädchen ist, und daß seine Geschlechtsrolle unabänderlich ist. Das Kind darf nie in Zweifel über seine Geschlechtszugehörigkeit sein; es empfiehlt sich daher, alles sorgfältig zu vermeiden, was das Kind in diesem Punkte irrig machen könnte, wie zum Beispiel, wenn man zu einem Jungen sagt: „Du siehst aus wie ein Mädchen", oder umgekehrt. Die Mädchen sollen von Anfang an lernen, auf ihre Frauenrolle zu trainieren und sollen die feste Überzeugung gewinnen, daß die Frauen- und Mutterrolle nicht minderwertig ist. Jungen und Mädchen sollen in dem Gedanken aufwachsen, daß sie zwar verschieden voneinander, aber gleichwertig sind. Da *Adler* in der Liebe eine Aufgabe für

---

*) S. Hirzel, Leipzig.

zwei sieht, tritt er besonders für Spiele ein, in denen zwei Kinder miteinander spielen müssen. Auch empfiehlt er den Tanz zu zweien, da, um in vollendeter Harmonie zu tanzen, der eine Partner völlig auf den andern eingehen muß.

Alles ist zu vermeiden, was die Sexualität der Kinder stimulieren könnte. Daher sollen sie möglichst nicht im Bett oder im Zimmer der Eltern schlafen oder Zeuge der elterlichen Zärtlichkeiten sein. Auch zuviel überschwengliche Liebkosungen sind nicht gut. Besonders im Jugendalter findet *Adler* sie direkt „grausam". Er ist auch gegen die Aufklärungsfanatiker, die dem Kind zu einer Zeit, da es noch nicht reif dafür ist, die Aufklärung aufdrängen. Hier müßte man die rechte Zeit abpassen. Wenn das Kind fragt, oder man dem Kinde anmerkt, daß es Bescheid wissen möchte, so sollte man dem Kind nur sagen, was es gerade verstehen kann. Genau wie man ihm Nahrung abgepaßt für sein Alter gibt, sollte man ihm auch bei der Aufklärung nur soviel geben, wie es gerade verdauen kann. Je natürlicher man Kindern solch einen natürlichen Hergang erzählt, um so natürlicher werden sie sich ihr ganzes Leben lang zur sexuellen Frage verhalten. Vor allem sollte man sie nicht darüber belügen. Sie können dann das Zutrauen nicht nur zu diesem Menschen verlieren, sondern durch falsche Verallgemeinerung zu allen Menschen. Kinder, die so erzogen werden, daß sie die Sexualität weder überschätzen noch unterschätzen, werden auch in der Pubertät darin keine Schwierigkeiten haben.

Gerade die Zeit der Pubertät und des Jugendalters stellt dem Erzieher schwere Probleme. In dieser Zeit des Übergangs, in der der Jugendliche von Unsicherheit und Zweifel erfüllt ist, wo alles ihm zu schwanken scheint, muß der Erzieher der unbedingt „zuverlässige Kamerad" sein. Voll Erstaunen sehen die Erzieher oft die Veränderungen des Kindes. Ein vielversprechendes Kind läßt plötzlich in seinen Leistungen nach; ein Kind, das wenig befähigt schien, leistet auf einmal Vorzügliches. *Adler* trat der allgemein verbreiteten Ansicht entgegen, daß hier eine Charakteränderung des Kindes vorliegt. Was vorher schon verdeckt und nur dem Kenner ersichtlich vorhanden war, tritt jetzt an den Tag. Durch die Entfaltung seiner Kräfte und durch die größere äußere Freiheit hat der Jugendliche mehr Möglichkeiten, sich auszudrücken. Sein Ziel ist, zu beweisen, daß er kein Kind mehr ist. Wie man stets ins Extrem geht, um etwas zu beweisen, so schießt der Jugendliche auch über dieses Ziel hinaus. Viele beginnen zu rauchen, zu trinken, nachts lange wegzubleiben, sexuelle Beziehungen anzuknüpfen, kurz alles zu verwirklichen, was sie sich schon lange unter Erwachsensein vorgestellt haben. Am besten also gestehen die Erzieher den Jugendlichen zu, daß sie nicht mehr Kinder sind, geben ihnen Freiheit und vermeiden alles, was Protest hervorrufen kann. Mit Recht lehnt sich der Jugendliche dagegen auf, daß man ihn nicht für voll ansieht. *Adler* lehrte nicht nur theoretisch, daß man Kinder und Jugendliche ernst nehmen sollte. Wie stets gab es für ihn auch hierbei keinen Unterschied zwischen Theorie und Praxis. Er erzählte mir, er hätte bei einer Beratung gehört, daß ein Jugendlicher die Klasse wiederholen sollte. Er ließ sich die Erlaubnis vom Vater geben, selber mit dem Direktor zu verhandeln und im Notfall den Jüngling von der Schule abzumelden. Er machte dem Direktor so klar, daß der Jüngling nicht unbefähigt war, sondern nur eine falsche Einstellung hatte, daß der Jugendliche versetzt wurde. *Adler* opferte seine kostbare Zeit für einen Jugendlichen, der nie etwas davon erfuhr, weil er die Nöte der Kinder und Jugendlichen genau so ernst nahm wie die von Erwachsenen. Eltern können sich erklärlicherweise besonders schwer daran gewöhnen, in ihren Kindern eine Persönlichkeit zu sehen, ihnen ein Eigenleben zuzugestehen. Wie schrecklich wirkt es auf die Jugendlichen, wenn ihre Schränke durchstöbert, wenn ihre heiligsten Schätze ausgekundschaftet, wenn ihre Briefe gelesen werden, oder ein Geheimnis, das einem Elternteil anvertraut wurde, weitererzählt wird. Sie sind ja in der Zeit der körperlichen Veränderungen besonders reizbar. So sind viele Störungen, die auftreten, nicht Begleiterscheinungen der Pubertät, sondern Folgen von Erziehungsfehlern. Manche Störungen lassen sich auch auf die irrige Ansicht zurückführen, daß während der Zeit der Pubertät naturgemäß seelische Schwierigkeiten auftreten müssen. Von dieser Anschauung, die sich nur in unserer Kultur findet, lassen sich die Jugendlichen beeinflussen, und ihre irrige Meinung bringt dann oft Schwierigkeiten hervor. Versagt ein befähigtes Kind plötzlich in seinen Leistungen, so ist das keine Verdummung durch die Pubertät. Dieses Kind war schlecht vorbereitet und sieht sich jetzt, wo es die Probleme des Lebens lösen soll, vor einem Abgrund. Manche verzärtelten Kinder weichen dann so weit zurück, daß sie sich kindlich gebärden in Sprache und Wesen. Dieses „Klein-sein-Wollen“ erscheint dem Adlerianer sehr ungünstig. Viele Eltern, die gerne noch ein kleines Kind hätten, züchten dieses Kleinsein bei ihrem Jüngsten. Sie nennen es den „Kleinen“ und sagen oft vor ihm, sie wünschten, er bliebe immer klein. Die dauernde Betonung der Kleinheit kann bei manchen Jugendlichen den Wunsch hervorrufen, klein zu bleiben, bei andern, zu zeigen, daß sie nicht klein, sondern groß sind. Das findet man besonders bei Jugendlichen, die für ihr Alter körperlich zu klein sind. Durch Vergleiche mit Gleichaltrigen oder Jüngeren und gute Wünsche suchen die Erzieher sie zum Wachsen anzustacheln. Oft hört man Erzieher sagen: „Versprich mir zu wachsen!“ Nun haben besonders Jungen oft ein vertieftes Minderwertigkeitsgefühl durch ihre Kleinheit. Im Jugendalter, wo sie groß sein wollen, ist diese Körperkleinheit ihr wunder Punkt. Wenn der Erzieher sie gerade in diesem Punkte verletzt, darf er sich nicht wundern, wenn sie besonders heftig reagieren. Auch ungeschickte Bewegungen, der keimende Bart, Stimmwechsel, bei Mädchen die schwellenden Formen werden zur Zielscheibe des Spottes gemacht und bringen die Jugendlichen dazu, sich für unverstanden und unbeliebt zu halten und ungünstig zu reagieren. In ihrem Protest treffen sie ihrerseits den wunden Punkt des Erziehers. Mädchen nehmen sich zum Beispiel oft nur einen Liebhaber, um die Eltern zu kränken. Auch der „männliche Protest“ tritt in der Pubertät besonders deutlich hervor. Gerade in dieser Zeit soll man besonders bemüht sein, das Mädchen mit seiner Frauenrolle auszusöhnen.

Besonders schlecht bewährt sich die alte Autoritätsmethode. Jugendliche, die dauernd parieren sollen, antworten darauf in verschiedenster Weise. Manche, die früher sehr gehorsam waren, lehnen sich plötzlich voll Trotz gegen Befehle auf. Der Trotz, der besonders in der Pubertät und zur Zeit der Ichfindung schon bei dem kleinen Kind auftritt, ist nach *Adler* kein „normales“ Stadium. Die falsche Einstellung ist schon vorher vorhanden, nur tritt sie besonders stark in Zeiten hervor, in denen die Kinder sich ihrer Persönlichkeit bewußt werden. Es hat daher keinen Sinn zu versuchen, den Trotz zu brechen, sondern man muß die ganze Einstellung des Jugendlichen zu ändern suchen und am besten alles vermeiden, was den Trotz hervorrufen kann. So ist es ratsamer, mit einem Jugendlichen über die Gefahren des zu frühen Rauchens zu sprechen und es seiner eignen

Vernunft zu überlassen, ob er rauchen will oder nicht, als kategorisch mit schweren Strafandrohungen dem Jungen das Rauchen zu verbieten. Diese Drohungen haben dann nur den umgekehrten Erfolg, daß der Junge heimlich zu rauchen beginnt. Andere gewöhnen sich so an den blinden Gehorsam, daß sie als Erwachsene nie mehr die Initiative ergreifen, sondern stets darauf warten, daß ein anderer anordnet.

Es geht ihnen dann so, wie dem „Rattenfänger von Hameln“ in der deutschen Sage, der aus Rache darüber, daß er nach der Befreiung der Stadt von einer großen Rattenplage die ausgesetzte Belohnung nicht erhielt, auf seiner Flöte liebliche Melodien spielend die Kinder aus der Stadt lockte. Blindlings folgten ihm die Kinder, und er führte sie in einen Berg, aus dem kein einziges mehr zurückkehrte. Wie in diesem Märchen die Kinder einem Menschen folgten, ohne danach zu fragen, wohin er sie führt, so folgen im Leben selbst Erwachsene blindlings einem Menschen, ohne zu fragen oder zu überlegen, wohin sie geführt werden, ob ins Glück oder ins Verderben. Nur Menschen, die nie gelernt haben, selbst zu denken und selbst zu handeln, können so urteilslos jemandem folgen. Vor diesem blinden Vertrauen soll die Erziehung den Menschen bewahren.

Eine Verführung ihrer Kinder können Eltern durch größte äußere Schutzmaßnahmen nicht verhindern. Dagegen gibt es nur ein Mittel: für eine günstige Entwicklung des Lebensstils zu sorgen und die Autoritätserziehung abzubauen. Nur ein Kind, das gelernt hat, selbständig zu denken und Verantwortung zu übernehmen, wird als Jugendlicher Verführungen widerstehen können.

Die individualpsychologische Erziehung ist eine Kunst, die gelernt werden kann. Die Kunst der Individualpsychologie besteht darin, das Kind vollständig zu verstehen und möglichst wenig autoritativ in seine Charakterentwicklung einzugreifen; im Gegenteil, es ohne Zwang, am besten auf indirekte Weise, auf den richtigen Weg zu führen. Der Erzieher hat erst seine Aufgabe wirklich erfüllt, wenn das Kind aktive Anpassungsfähigkeit, Optimismus, Mut, Selbstvertrauen, Mitmenschlichkeit zeigt und freudig kooperiert und beiträgt.

Die besten Erzieher sind die, die nichts für sich selbst erhoffen, keinen Dank, keine Rückgabe ihrer Sorgfalt. Das Bild der unbedingten „Verläßlichkeit“, das der Erzieher dem Kinde in die Seele pflanzt, wird von dem Herangewachsenen in neue Generationen hineingetragen werden.

Nach einem Vortrag *Adlers* über Erziehung wurde in der Diskussion eingeworfen, daß man erst die sozialen Verhältnisse ändern müsse, ehe man mit dieser neuen Erziehung beginnen könne. Darauf antwortete *Adler*, es sei natürlich wünschenswert, die sozialen Verhältnisse zu verbessern; aber daran würden nur Menschen arbeiten, die bereits zu Mitmenschen erzogen worden sind. Da stand eine einfache Frau aus dem Volke auf und ich hörte sie sagen: „Die sozialen Verhältnisse kann man so schnell nicht ändern, aber was der Vortragende uns gesagt hat, das kann ich ändern und morgen schon fange ich an."

Kapitel 2

TECHNIK DER BERATUNG

Von allen Seiten wird natürlich der Technik der Beratung ein sehr großes Interesse entgegengebracht. Auch hier gibt die Individualpsychologie keine starren Regeln, sondern nur Anleitungen und Ratschläge, die der Berater je nach dem Menschen, den er vor sich hat, verwenden kann. Viele Ärzte haben mir gesagt, sie würden die Individualpsychologie gerne anwenden, aber *Adler* hatte nie ein festes Schema gegeben, nach dem man sich richten kann. Ganz absichtlich hat *Adler* sich gehütet, ein festes Schema aufzustellen; denn er war der Überzeugung, daß auch der Lebensstil des Beraters die Art und Weise seines Vorgehens bestimmt. Er hat aber sowohl in seinen Kursen für Ärzte, Studenten usw., die ich wiederholt mitgehört habe, wie auch in mehreren Büchern Richtlinien für die Beratung gegeben.

In jedem Falle hat der Berater vier Aufgaben zu erfüllen. Er muß Kontakt mit dem Patienten gewinnen, seinen Irrtum im Lebensstil aufdecken, ihn ermutigen und seine Mitmenschlichkeit entwickeln. Manchmal ist der Kontakt sofort hergestellt. — Ein zehnjähriger Junge aus gutem Hause, der niemand seine dauernden Diebstähle eingestehen wollte, erzählte mir gleich in der ersten Beratung ganz offen, wo und was er alles gestohlen hatte. — Öfters aber ist es sehr schwer, gleich Kontakt mit dem Patienten zu gewinnen, da dieser häufig feindselig gegen den Berater eingestellt ist und sich ihm nicht anvertrauen will. Hier ist die ganze Kunst des Beraters erforderlich, um diesen Widerstand zu überwinden und das Vertrauen des Patienten zu gewinnen. Am besten ist es, wenn man nicht voll Autorität, sondern kameradschaftlich mit dem Ratsuchenden spricht und ihm klarmacht, daß die Heilung nur durch die Mitarbeit des Patienten selbst erfolgen kann. Um sich das Vertrauen zu erhalten, muß man Verschwiegenheit versprechen und sein Versprechen auch unbedingt halten. Dem Patienten steht es aber selbstverständlich frei, mit anderen Menschen über seine Beratung zu sprechen. *Adler* warnte stets davor, mit „tierischem Ernst“ in der Beratung vorzugehen, sondern riet, mit Heiterkeit und gleichbleibender Freundlichkeit den Patienten zu gewinnen. So gelingt auch das Aufdecken des Lebensstils besser, wenn man nicht theoretisch und trocken die Zusammenhänge erklärt, sondern manchmal in Bildern spricht und scherzt, kurz, den anderen verlockt, mitzudeuten.

Die Aufdeckung des Lebensstils ist für den geschulten Individualpsychologen sehr leicht und kann ihm schon bei der ersten Beratung gelingen. Schon bevor der Patient spricht, kann man aus der Art seines Hereinkommens, seines Händedrucks, seines Blicks Schlüsse auf seinen Lebensstil ziehen. Man weist ihm keinen bestimmten Stuhl an, sondern läßt ihn frei wählen. Aus der Entfernung, in der er sich hinsetzt, kann man den Grad seiner Kontaktfähigkeit erkennen. Für sein Verhalten während der Beratung wird ihm keinerlei Vorschrift gemacht. Meist setzt er sich, er kann aber auch auf- und abgehen, sich hinlegen, kann rauchen, ist also ganz unbehindert. Hat der Berater den Lebensstil auch schnell erkannt, so dauert es doch oft lange Zeit, bis man den Patienten zur Einsicht in seinen Lebensstil bringt. Man darf ihm nie auf den Kopf zusagen: „Sie haben einen Minderwertigkeitskomplex.“ Es ist viel besser, wenn man auf indirekte Weise den Patienten dahin führt, daß er selber seine Zielsetzung, seinen Lebensstil und seine irrtümliche Meinung vom Leben erkennt. Zuerst lassen wir uns seine Beschwerden berichten und die Situation, in der sie zum erstenmal aufgetreten sind. Aus diesen Angaben können wir uns ein Bild machen, auf welche Situation der Patient nicht richtig vorbereitet war. Dann lassen wir uns seine Lebensgeschichte von frühester Kindheit an erzählen. Hierbei läßt man den Patienten ganz unbehindert sprechen und hilft nur mit Fragen nach, wenn er nicht reden will. Hat er erzählt, was ihm in seiner Lebensgeschichte wesentlich erscheint, so fragen wir dann nach seiner Stellung in der Geschwisterreihe, seinen ersten Kindheitserinnerungen und seinen Träumen. Unsere Folgerungen behalten wir aber anfänglich für uns, bis der Patient soweit vorbereitet ist, mit uns an die Deutung zu gehen. Auf Grund dieser Folgerungen entwerfen wir uns ein Bild des Lebensstils des Patienten. Doch sind wir häufig genötigt, es im Laufe der Beratung zu ändern, wenn es sich zeigt, daß der eine oder der andere Zug sich nicht harmonisch in das Gesamtbild einfügt, sich nicht mit der Einheit der Persönlichkeit in Einklang bringen läßt. Gleichzeitig mit der Aufdeckung des Lebensstiles machen wir den Patienten mit den Grundzügen der Individualpsychologie bekannt, damit er in der Lage ist, selber mitzuarbeiten. Wir legen nämlich großen Wert darauf, unsere Deutung dem Patienten nicht aufzuzwingen; denn wir sind fest davon überzeugt, daß jede von außen herangebrachte Erkenntnis dem Patienten nichts hilft, sondern daß er sie sich selbst erarbeiten muß. Allmählich kommt er im Laufe der Beratung zur Einsicht, daß er alle Lebensprobleme — oder einen Teil von ihnen — bisher nicht lösen konnte, weil er eine falsche Zielsetzung und eine irrtümliche Meinung vom Leben hatte. Manchmal sieht ein Patient schon nach wenigen Besprechungen den ganzen Zusammenhang. Andere, die nicht auf eigenen Wunsch in die Beratung kamen, sondern nur auf das dringende Bitten von Angehörigen, brauchen längere Zeit, um den Irrtum im Lebensstil zu erkennen. Man kann sich daher nie zu Beginn der Beratung auf eine bestimmte Zeit festlegen, weil der Erfolg ja von der Mitarbeit des Patienten abhängt.

Schon während wir den Lebensstil aufdecken, ermutigen wir den Ratsuchenden. Nachdem wir sein Interessengebiet herausgefunden haben, regen wir ihn an, auf diesem Gebiet zu trainieren. Sieht er, daß er hier etwas leistet, so hebt sich auch sein Selbstvertrauen, und er überwindet sein Minderwertigkeitsgefühl. Von schwierigen Aufgaben aber, die er nicht gleich lösen kann, raten wir ihm ab, weil er sonst noch tiefer in die Entmutigung getrieben würde. Mit steigendem Selbstvertrauen wächst auch die Fähigkeit des Patienten, Kontakt mit anderen Menschen zu bekommen. Ich glaube, daß es für den Berater die schwierigste Aufgabe ist, isolierte Menschen kontaktfähig zu machen. Wer die Kunst des Einfühlens am besten beherrscht, wird am schnellsten den richtigen Weg finden. Wir versuchen, die Ratsuchenden in Situationen zu bringen, die ihnen den Anschluß an andere erleichtern. Doch genügt es nicht, ihn einfach unter Menschen zu bringen; denn er würde auch dort isoliert bleiben, wenn wir nicht gleichzeitig in ihm den Wunsch erwecken, den Kontakt mit der Mitwelt zu finden und sein Interesse für andere zu entwickeln. Ein kleiner Fortschritt in der Mitmenschlichkeit ist es schon, wenn ein verzärteltes Kind versucht, dem Berater eine Freude zu machen. So brachte mir ein neunjähriger Junge, der bisher ganz asozial war und tätlich gegen andere vorging, eines Tages strahlend ein Kästchen mit einem selbstgefangenen lebendigen Maikäfer. Nachdem er so zum erstenmal ein Interesse für einen anderen Menschen gezeigt hatte, war es leicht, sein Interesse auf einen weiteren Kreis auszubreiten.

Wir betrachten einen Patienten noch nicht als geheilt, wenn er sein Symptom verloren hat, sondern sprechen erst dann von Heilung, wenn er darangeht, mutig die Lebensfragen zu lösen und selber Verantwortung übernimmt. Wir dürfen dem Patienten die Verantwortung nicht abnehmen, wie er es gerne möchte, und daher hüten wir uns, ihm einen Rat zu geben. Kommt zum Beispiel jemand zu uns und fragt, ob er sich scheiden lassen soll, so sagen wir ihm, daß er diese Frage nur alleine beantworten kann. Wir helfen ihm, seinen eigenen Lebensstil und den seines Ehepartners zu erkennen. Im Laufe der Beratung wird sich der Betreffende selbst über die Beantwortung seiner Frage klarwerden und wird nun entscheiden, ob er durch Änderung seines Lebensstiles seine Ehe glücklich gestalten kann, oder ob er falsch gewählt hat und die Scheidung der einzige Ausweg ist. Oft werden ihm aber auch die Scheidung und eine eventuelle neue Ehe nicht das ersehnte Glück bringen. Behält er nämlich seine falsche Einstellung bei, so kann er auch fernerhin das Eheproblem nicht richtig lösen.

Adler erzählte mir von einer Frau, die zum vierten Male verheiratet war, als er sie auf einer Gesellschaft kennenlernte. Von zwei Männern hatte sie sich scheiden lassen, ein dritter hatte Selbstmord begangen. Die Schuld an diesen unglücklichen Ehen schob sie immer den Männern zu. Als man ihr klarzumachen suchte, daß ihre eigne falsche Einstellung von vornherein eine glückliche Ehe unmöglich machte, wies sie diese Ansicht entrüstet ab. — Oh, nein, gerade jetzt habe sie den richtigen Mann gefunden, mit dem sie glücklich zusammenlebe. — Nach mehreren Jahren hörte *Adler* zufällig, daß sie sich von dem fünften Mann scheiden ließ.

Hier sieht man ganz deutlich, daß manche Menschen sich gar nicht selbst erkennen wollen und stets die Verantwortung für einen Mißerfolg im Leben anderen zuschieben.

Wie wir bei der Beratung in der Praxis vorgehen, läßt sich am besten an einem Bericht aufzeigen, den ich Professor *Oskar Spiel* verdanke, dem Direktor der Wiener Versuchsschule.

„1. Rudolf D. muß oft zur Aufmerksamkeit ermahnt werden. Er beschäftigt sich immer wieder mit anderen Dingen. Es ist Rechenstunde. Rudolf stopft einen langen Papierstreifen in den Mund. Die Nachbarn beginnen zu lachen. Der Unterricht wird unterbrochen. Alle Blicke richten sich auf Rudolf. Er zieht den endlosen Papierstreifen aus dem Mund. Lachsturm. Der Unterricht ist empfindlich gestört: die Strafsituation ist gegeben.

2. Die Aufgaben werden kontrolliert. Die Kinder weisen die Reinschrift ihres Aufsatzes vor, den sie am Vortag in der Schule gemacht haben. Rudolf hat die Reinschrift nicht, obwohl sein Aufsatz gut war. Begründung: ‚Ich hab' vergessen!' Ein Kamerad teilt mit, er habe Rudolf gelegentlich eines Besuches an die Aufgabe erinnert. Faulheit und Lüge: Strafsituation.

3. Ein Junge der Klasse hat einen neuen Füllfederhalter mit sehr feiner Spitze bekommen. Am nächsten Tag ist sein Füllfederhalter verschwunden. Nach einigen Tagen hat Rudolf ihn in seinem Besitz. Er hatte versucht, ihn durch Aufschrauben eines andersfarbigen Verschlußstückes unkenntlich zu machen. Kameradschaftsdiebstahl: Strafsituation.

4. Rudolfs Nachbar hat ihm im Handwerksunterricht eine selbstverfertigte Mappe unabsichtlich mit Kleister beschmiert. In der folgenden Pause geht Rudolf auf den Jungen los und verletzt ihn durch einen Faustschlag, so daß Zahnblutung und starke Schwellung der Unterlippe eintreten. Raufen und Körperverletzung ergeben abermals die Strafsituation.

Rudolf ist fast 12 Jahre alt. Er war ein Flaschenkind und zeigt heute noch Spuren von englischer Krankheit an den Unterschenkeln. Mit 14 Monaten lernte er gehen und sprach erst mit zwei Jahren. Sein Vater ist schwer lungenkrank und beschäftigungslos. Die Mutter ist Aufwartefrau und tagsüber beschäftigt. Rudolf kommt mit zwei Jahren zur Großmutter aufs Land in Pflege, weil der Vater spitalsbedürftig wird und so keine Beaufsichtigung des Kindes möglich ist. Von der Großmutter wird er nun ungeheuer verzärtelt. Bis zum sechsten Jahr wird er bei allen Mahlzeiten auf den Schoß genommen und gefüttert. Des Nachts muß ihn die Großmutter, in deren Bett er schläft, mit der Hand umschlingen. ‚Wenn er wach wurde und die Hand nicht spürte, schrie er jämmerlich', erzählt die Mutter. So wird er durchaus schlecht vorbereitet für die Lösung der Aufgabe richtiger menschlicher Beziehungen, die ja nicht bloß ein Nehmen, sondern auch ein Geben sind. Er ‚wird entwickelt' zum ichhaften Tyrannen.

Aus dieser überhitzten Atmosphäre von Zärtlichkeit kommt Rudolf mit sechs Jahren wieder zu seinen Eltern. Vom Vater wird er wegen der gesundheitlichen Gefährdung ferngehalten. Er ist den ganzen Tag sich selbst überlassen. Kommt die Mutter aus der Arbeit, so hält er sie durch allen möglichen Unfug, namentlich durch Eßschwierigkeiten, in Atem. Die Antwort der Mutter sind strenge Strafen. Rudolfs Herrschertum ist jetzt bedroht. Die innere Spannung führt das Kind an jenen verhängnisvollen Punkt, an dem sich die Wendung aus der Realität in die Fiktion vollzieht. Der Kampf um die dominierende Stellung beginnt.

In der Schule offenbart sich seine geringe Konzentrationsfähigkeit. Er ist unruhig, verspielt, zwingt den Lehrer zu fortwährender Beschäftigung mit ihm. Er ist überdies noch Linkshänder, zeigt wenig Handgeschicklichkeit und hat große Schwierigkeit beim Schreiben. Als er in die zweite Klasse versetzt wird, kommt eine Schwester zur Welt. Alle Ausdrucksformen seines Kampfes um die Macht verstärken sich. ‚Nun war es zu Hause mit ihm überhaupt nicht mehr auszuhalten', stellt die Mutter fest. Er begnügt sich mit dem Schein der Geltung im Felde mitmenschlicher Beziehungen, ist zufrieden mit der bloßen Beachtung, die er sich durch sein Schlimmsein erzwingt.

Die Erfahrung, daß in frühester Jugend verzärtelte Kinder vor allem im Rechnen versagen, bestätigt sich auch bei Rudolf. Er zeigt entschiedene Abneigung gegen Rechnen, und in der Volksschule (in Österreich 1.—4. Schuljahr) wird des öftern festgestellt, daß er in der Vorstellung lebe, er könne im Rechnen nichts, er zeige in der Rechenstunde geradezu Angst. Der durchaus entwertende und dadurch entmutigende Einfluß der Mutter — ‚Du wirst dein Lebetag nichts können in der Schule, weil du auf nichts anderes denkst als auf Dummheitenmachen und Leuteärgern!' — sowie das wiederholte Erlebnis von Mißerfolgen, bedingt durch die organische Disposition der Linkshändigkeit und durch mangelhafte Vorbereitung auf die Schule durch Vernachlässigung des Trainings eigener Kräfte lassen das Kind auch an der Möglichkeit einer positiven Lösung des Problems ‚Schule' verzweifeln. Also gilt es für Rudolf auch hier, wo ihm Geltung nicht möglich erscheint, Beachtung für Geltung zu nehmen. Sein Streben geht dahin, sich auf billige Weise zum Mittelpunkt des Interesses zu machen.

Sehen wir uns nun die oben angeführten Strafsituationen näher an!

1. Wir verstehen jetzt: Der in den Mund gestopfte Papierstreifen ist ihm Mittel, zu einem billigen Erfolg zu kommen. Er hat ja wirklich die Lacher auf seiner Seite. Einen Augenblick lang erlebt er das Triumphgefühl, seine Schwierigkeiten ausgeschaltet zu haben, Herr der Situation zu sein, bestaunt, bewundert zu werden, ‚Oben' zu sein, ‚König' zu sein in seiner Welt der Fiktion. Wie deutlich enthüllt diesen seinen geheimen Lebensplan ein Aufsatz:

Ein Traum

Einmal hatte ich einen besonderen Traum. Ich lag auf einem Königsthron und schlief. Auf einmal hörte ich Musik, ich erwachte. Da sah ich viele Diener zu mir kommen. Ich schaute deutlicher und sah einen Diener zu mir kommen, der trug eine goldene Krone. Da dachte ich mir, gehört die Krone mir. Der Diener ging auf mich zu und sagte: ‚Sei gegrüßt, König!' Dann setzte er mir die Krone auf mein Haupt. Nun stand ich auf und ging mit ihnen hinunter. Plötzlich stolperte ich und fiel. Ich erwachte und lag auf der Erde. Schade, das es nicht wirklich war.

2. Wir erinnern uns seiner Schreibschwierigkeiten infolge seiner Linkshändigkeit. Rudolf ‚flüchtet' vor der Aufgabe, der er sich nicht gewachsen glaubt. Die Individualpsychologie kennt dieses ‚unbewußt absichtliche Vergessen', dieses Ausschalten einer unangenehmen — weil dem ganzen Lebensstil zuwideren — Aufgabe. Sie kennt diesen Trick, der das Unangenehme zwar ungetan sein läßt und doch vor sich selbst entschuldigt und so das Persönlichkeitsgefühl unangetastet läßt. ‚Ich bin ja gar nicht so feig, Schwierigkeiten anzupacken! Ich habe bloß vergessen! Litte ich nicht an diesem »Vergessen«, würdet ihr erst sehen, was ich zu leisten imstande bin ...' Solange Rudolf dieses ‚Vergessen' braucht, sein Selbstwertgefühl zu sichern, werden

ihn Erinnerungen seitens seiner Umwelt kaum dazu bringen, nicht zu ‚vergessen'.

Rudolf hat auch kaum gelogen. Er hat wirklich trotz der Erinnerung ‚vergessen', hat vielleicht schon im nächsten Augenblick die Mahnung des Freundes vergessen.

Oder hätte Rudolf gar nicht ‚vergessen'? Wäre seine Handlungsweise nur Faulheit gewesen? Bei dieser Annahme stünden wir wieder dort, wo wir gestanden haben. Ist ‚Faulheit' etwas anderes als ein Verhalten, das das Selbstwertgefühl sichert, ohne etwas Positives tun zu müssen? So sehen wir hinter dem Sympton die Krankheit: Entmutigung vor den Aufgaben, die das Leben stellt.

3. Rudolf hat gestohlen. Er sagt bei der Feststellung des Diebstahles:

‚Ich habe einmal die Feder probiert und da konnte ich so schön schreiben damit!' So spricht der Diebstahl eine beredte Sprache: ‚Mein Kamerad schreibt so schön! Er hat aber auch eine Füllfeder mit so feiner Spitze! Auf die feine Feder kommt es an! Wenn ich eine solche hätte, dann würdet ihr erst sehen ... Nur meine schlechte Feder ist schuld! Ihr sagt immer, daß ich nicht schön schreiben will! Seht, sogar zum Diebstahl greife ich, um nur endlich zu einer schönen Schrift zu kommen! Und nehmt ihr mir die Feder wieder weg, dann bin ich jeder Verantwortung entbunden. Dann traget ihr die Schuld für meine schlechte Schrift ...'

4. Der geschlagene Schüler ist körperlich bedeutend schwächer als Rudolf, dessen Ausbruch deutlich den ‚Appell an die Gewalt' erkennen läßt. Hier, wo er glaubt, durch die Beschädigung seines Werkes eine Niederlage erlitten zu haben, offenbart sich wieder seine Kampfeinstellung. Wieder glaubt er seine Ichhaftigkeit bedroht.

Flucht und Angriff! Beides dient Rudolf zur Sicherung seines Selbstwertgefühles, seines ‚Ichs', das er sich durch sachliche positive Bewältigung der Aufgaben des Lebens nicht zu erhalten oder gar zu steigern können glaubt. So verstehen wir den Lebensstil des Kindes und damit erst sein Verhalten in den gegebenen vier Situationen.

1. Vor allem gilt es, mit Rudolf Kontakt zu finden. Das gelingt leicht, da durch des Lehrers ruhige, sachliche, aber durchaus freundliche Haltung schon eine kontaktgünstige Atmosphäre in der Klasse

herrscht. Der Lehrer übersieht bewußt manche Entgleisungen Rudolfs, anerkennt aber gelegentlich kleine positive Leistungen, etwa ein strammes Stehen und ähnliches.

2. Aufdeckung des Lebensstils. Sie geschieht in einer Unterredung unter vier Augen. Wir sprechen mit dem Kinde über die Zeit, in der es bei seiner Großmutter war, und wie es ihm da erging. Wir zeigen ihm, wie die Großmutter alle seine Wünsche erfüllte und wie er dazu kam zu denken, daß die Großen nur dazu da seien, ihn zu bedienen. Wir heben ihm ins Bewußtsein, wie er seine Beziehungen zu den Mitmenschen dahin gestaltete, daß er sich in die Rolle eines Herrschers, eines ‚Königs' einspielte. ‚Und da hast du getrachtet, es immer so einzurichten, daß die Großmutter immer alles tun mußte, was du gewollt hast. Du hast schon gewußt, wie du das machen mußt. Einmal mit Schmeicheln, ein anderes Mal mit Weinen, dann wieder mit Strampeln. Und da hat die Großmutter eben immer nachgegeben. Sie war der Besiegte, und du der Sieger. In der Zeit, wo du noch gar nicht in die Schule gegangen bist, da hast du geglaubt, die Großmutter und alle anderen Menschen seien nur für dich da und alle müßten tun, was du willst. Mich wundert es gar nicht, daß du so gedacht hast. Vielleicht hätte ich an deiner Stelle auch so gedacht. (Entlastung!) Aber ein Irrtum war es doch! Und in dem Irrtum steckst du heute noch drin.' Wir zeigen Rudolf weiter, wie das ‚König-Sein' auch heute noch sein innerster Wunsch ist, und deuten ihm seinen Traum. Wir machen ihm verständlich, wie er seinem verlorenen Königtum nachtrauert — ‚Schade, daß es nicht wirklich war!' — und wie er nun in der rauhen Wirklichkeit einer strengen Mutter und einer Leistung fordernden Schule versucht, den Schein des ‚Oben-Seins' sich zu erhalten. ‚Rechnen kannst du heute noch nicht gut, das ist ja wahr. Und eben weil du es spürst, daß du da im Rechnen kein Sieger bist, nicht oben bist, drum machst du solche Geschichten mit dem Papierstreifen. Wenn da alle lachen, alle dich bestaunen, was du dich zu machen getraust, dann sieht es aus, als ob du ein Held wärst. Es sieht aber nur so aus! In Wirklichkeit läufst du ja vor dem Rechnen davon. Ich weiß auch, warum du das tust. Weil du glaubst, daß das Rechnen für dich zu schwer ist! Das ist ein großer Irrtum, daß du glaubst, du brächtest im Rechnen nichts zusammen. Aber so ist es doch nicht. Jeder Mensch kann das Rechnen lernen!' (Ermutigung.) Wir decken Rudolf den eigentlichen

Zweck seiner Unaufmerksamkeit auf und sprechen über seine Schreibschwierigkeiten. Wir zeigen ihm auch hier seine Fluchtbewegung. Bei der Besprechung der Diebstahlaffäre lernt er sich selbst in seinen Motiven durchschauen. Wir wissen: Nur wer sich selbst durchschaut, in allen seinen Tricks und Arrangements den positiven Aufgaben des Lebens zu entschlüpfen, kann sich selbst erziehen und nur diese Selbstdurchschauung kann Grundlage der Selbsterziehung sein, die anzubahnen letztes Ziel jeder Erziehung sein muß.

3. und 4. Ermutigung und Entwicklung der Mitmenschlichkeit. Aus dem Grau der Schulleistungen Rudolfs strahlt ein Lichtpunkt: sein gutes Lesen. Hier haken wir ein. Er wird zum Helfer eines schwachen Lesers bestimmt. Dieser, ein guter Schreiber, sitzt nun neben ihm als Helfer im Schreiben. Rudolf nimmt sich zunächst sehr zusammen. Einige aus dem Schularbeitenheft wiedergegebene Bemerkungen des Lehrers sollen zeigen, wie versucht wird, Rudolf sein Handeln immer bewußter zu machen.

a) ‚Warum willst du mir immer beweisen, daß du doch nicht imstande bist, eine ganze Stunde lang dich zusammenzunehmen? Die erste Seite ist wunderschön geschrieben. Diese Seite sagt: »Schau, wie schön ich schreiben kann, wenn ich will!« Dann beginnst du zu schmieren. Die anderen Seiten sagen: »Ich könnte, wenn ich wollte. Aber ich leide an der Krankheit ‚Ungeduld‘ und da kann man nichts machen!« Aber ich glaube das nicht, was die geschmierten Seiten sagen! Eine Krankheit Ungeduld gibt es nicht. Das sagt der Mensch nur, damit er sich wieder entschuldigen kann. Die Wahrheit ist, daß du noch immer versuchst, vor etwas Schwerem davonzurennen. Und weißt du, warum du das tust? Weil du dir zuwenig zutraust. Ich habe wohl eine bessere Meinung von dir, als du sie selbst hast. Wenn du auch noch so oft mir zu beweisen suchst, daß du nicht ausdauernd sein kannst, so ist das doch nicht wahr. Ich glaube doch an deine Tüchtigkeit.‘

b) ‚Was man alles in einer einzigen Stunde leisten kann! Ich glaube fast, daß du selbst erstaunt bist, wie fein du arbeiten kannst. Spürst du das, wie du wächst? Ich glaube, diese Änderung kommt daher, weil der St. jetzt dir hilft und du wieder dem St. Er liest jetzt viel schöner und du schreibst viel schöner. Das nenne ich eine Freundschaft. Die besteht nicht darin, daß einer den anderen zu

Dummheiten verleitet, sondern, daß einer dem anderen wirklich hilft. Und jeder freut sich, wenn der andere etwas gut macht.'

Rudolfs Schrift besserte sich in kurzer Zeit erstaunlich. Im Rechnen kam er auf eigenen Wunsch in einen Nachholunterricht und auch da zeigten sich bald deutliche Fortschritte. So hoben wir — bei gleichzeitiger Beeinflussung des Elternhauses — seinen Mut und bahnten gemeinschaftsfreundliche Beziehungen zwischen Rudolf und einigen seiner Kameraden an. Seine Unaufmerksamkeit ist nach einem Jahr fast ganz verschwunden und auch sonst ergaben sich kaum mehr Schwierigkeiten."

Da die Individualpsychologie von der Leib-Seele-Einheit überzeugt ist, beraten wir nicht, ohne den organischen Befund zu kennen. Ein Berater, der nicht selber Arzt ist, sollte daher nur in Verbindung mit einem Arzt arbeiten. Oft muß eine ärztliche Behandlung gleichzeitig erfolgen. *Adler* verlangte von den ausübenden Individualpsychologen eine gründliche Kenntnis der übrigen psychologischen Schulen, der Philosophie und der Pädagogik. Wenn auch der Berater sich nicht auf das Wissensgebiet der Patienten locken lassen soll, so sollte er doch eine möglichst umfassende Bildung und einen weiten Horizont besitzen, um die Probleme des Patienten besser zu verstehen. Vor allen Dingen sollten die Berater in der Kunst des Erratens sehr geübt sein. Er fand als Berater alle Menschen, die eine medizinische oder pädagogische Vorbildung haben, mit Ausnahme der Selbstgerechten, geeignet. Nach meiner Erfahrung in vielen Ländern eignen sich als individualpsychologische Berater Menschen, die selber sehr kontaktfähig sind, optimistisch, heiter, tolerant, aktiv und mit großer Einfühlungsgabe. Besonders wichtig ist es, daß der Patient in dem Berater einen zuverlässigen, wohlwollenden Kameraden findet, der seine eigene Person ganz in den Hintergrund stellt.

Adler selbst war hierfür das leuchtendste Beispiel. Es machte auf uns alle, die wir das Glück hatten, seine Beratungen mit Menschen jeden Alters mitzuerleben, den tiefsten Eindruck, mit welcher Güte und Wärme er den Patienten gegenübertrat. Nie habe ich ihn kritisieren oder tadeln gehört. Mit einem Wort, ja manchmal mit einer Gebärde, verstand er, dem Patienten seine Situation aufzuklären. Seine einzigartige Menschenkenntnis ließ ihn blitzartig die schwierigsten Zusammenhänge aufhellen. Sein großer Humor gewann ihm die Herzen selbst widerstrebender Patienten. Bei ihm konnte man sehen, zu welcher Meisterschaft die Technik der Beratung entwickelt werden kann.

Wie *Adler* als Berater wirkte, geht deutlich aus folgenden Brief einer Wiener Lehrerin hervor:

Wien, 5. I. 1938.

Sehr geehrte Frau Orgler!

Endlich komme ich dazu, aus meinem Material bzw. aus meiner Erinnerung *Adler* als Erziehungsberater darzustellen.

Ich lernte *Adler* in der Beratungsstelle kennen. Vor 16 Jahren hatte ich in einer 2.-kl. Bürgerschule (7. Schuljahr Pflichtschule) eine 12jährige Schülerin, die mir schon in den ersten Schultagen durch ihr schlechtes Aussehen auffällig war. Sie war während der Unterrichtsstunden sehr ruhig, in den Pausen von toller Ausgelassenheit. Bald nach Schulbeginn fehlte sie an drei aufeinanderfolgenden Tagen. Als sie wieder auftauchte, teilte uns die Schulfürsorgerin mit, daß das Kind auch nicht zu Hause gewesen sei, es sei vor drei Tagen „durchgebrannt“ und in der dritten Nacht nach Hause zurückgekehrt. — Ich wußte dunkel, daß im Schuljahre vorher eine Erziehungsberatungsstelle gegründet worden sei und wollte mich nun mit dem geschilderten Mädchen dorthin wenden. Da das Schuljahr eben erst angefangen hatte, war die Beratungsstelle noch nicht wieder in Tätigkeit und *Alfred Adler*s Einleitungsvortrag stand gerade bevor. Der Vortrag, der erste, den ich von *Adler* hörte, behandelte die Organisation der Beratungsstelle und die individualpsychologische Einstellung zu den Schwierigkeiten von Kindern. *Adler* machte einen tiefen Eindruck auf mich und ich folgte seiner im Vortrag gegebenen Anweisung, eine „Vorgeschichte“ des „Falles“ vorzubereiten. Meinen genaueren Nachfragen bot sich nun folgendes Bild:

Mitsi, ein voreheliches Kind, war bald nach der Geburt (die der Mutter höchst unerwünscht war) zu Pflegeeltern gekommen und hatte die Mutter kaum gekannt. Als Mitsi noch nicht sieben Jahre alt war, starben die beiden Pflegeeltern kurz hintereinander an einer akuten ansteckenden Krankheit und — die Mutter nahm das Kind zu sich. Die Mutter war nun verheiratet — nicht mit Mitsis Vater —, und hatte einen kleinen Sohn im Alter von einigen Wochen. Die Familie lebte in großer Enge. Alles spielte sich in e i n e m kleinen Raum ab, Essen, Kochen, Schlafen..., der in einer großen Zinskaserne in Untermiete bewohnt wurde. Bald nachdem Mitsi in dieses traurige „Nach-Hause“ eingezogen war, brannte sie zum erstenmal durch. Sie wurde am gleichen Tag in den Abendstunden in dem von der Wohnung der Mutter weit entfernten Vorort aufgefunden, in dem sie bei ihren Pflegeeltern gewohnt hatte. Sie spielte in einer Anlage, nahe ihrer ehemaligen Wohnung, mit ihren seinerzeitigen Freundinnen. Sie wurde durch die Polizei (die Abgängigkeitsanzeige war erstattet worden) zurückgebracht. Bald darauf verschwand Mitsi abermals und wurde nicht weit von ihrer Wohnung auf dem Dachboden eines großen Zinshauses aufgefunden. Sie erzählte den Parteien, sie sei ein armes Kind, ihre Eltern seien tot, sie wisse nicht, wohin sie gehen solle. — In ähnlicher Weise brannte sie immer wieder durch, die Mutter, eine abgearbeitete, große, knochige, derbe und *sehr* arme Frau sagte, sie „habe eben Vagabundenblut in sich.“ Im übrigen beklagte sich die Mutter bitter über das Mädchen, das ihr, seit es bei ihr sei, nur Ungelegenheiten bereitet habe. Mitsi sei verlogen und diebisch, naschhaft usw. Der kleine Knabe hingegen sei reizend, brav und intelligent, Mitsi aber möge ihn nicht und lebe mit ihm in ständigem Unfrieden. Der Stiefvater Mitsis sei sehr gutmütig. — Diesmal nun hatte sich Mitsis Durchgehen auf folgende Weise abgespielt: Sie hatte im Auftrag der Mutter am Vormittag (es war ein schulfreier Tag) das Zimmer aufzuräumen und ein einfaches Mittagessen zu bereiten. Als die Mutter von der Arbeit nach Hause kam, hatte Mitsi die aufgetragene Arbeit nicht gemacht und wurde ausgezankt. Die Mutter schickte sie nun in die im Keller befindliche Waschküche den Waschtrog holen. Mitsi ging, stellte sodann den Trog neben die Kellertür, legte den Schlüssel daneben — und ging davon. Am Abend erstattete der heimgekehrte Stiefvater die Abgängigkeitsanzeige. Am nächsten Morgen, während die Eltern in der Arbeit waren, kam Mitsi heimlich in die Wohnung (sie kannte den Versteck des Schlüssels), kleidete sich um, damit die bei der Polizei abgegebene Beschreibung ihrer Kleidung nicht stimmte, fand Brot und Milch, nahm sich davon reichlich und ging wieder davon. Dasselbe geschah am folgenden Tag. In der darauffolgenden Nacht läutete sie nach Mitternacht beim Haustor an, die Hausbesorgerin ließ sie ein. Sie ging ins 4. Stockwerk, setzte sich auf die Bodenstiege und erwartete den Morgen. Sie wurde vom Zeitungsmann und vom Milchausträger gesehen, schließlich durch eine Nachbarin den Eltern zugeführt. — Ich hatte aus der instinktiven Erkenntnis, daß es gefährlich sei, erzieherisch einzugreifen, wenn man die seelischen Hintergründe nicht kennt, vor der Erziehungsberatung nichts Entscheidendes unternommen.

Adler analysierte nun die Vorgeschichte in der Ihnen wohl sehr geläufigen Art. Er zeigte den Lebensstil (den irrtümlichen!), den sich das Mädchen im Kampf um die Position im Elternhaus neben dem beliebteren kleinen Bruder vom Augenblick des Eintretens in dieses Elternhaus notwendig schaffen mußte. Alle psychischen Züge: das Ringen um größere Beachtung (Polizei, Hausbesorgerin ... usw.), das Stehlen, die Unverträglichkeit gegenüber dem Bruder erschienen verständlich; sie verrieten die Stellungnahme gegen die Mutter, die das Kind — unwissentlich — vom Augenblick der „Heimkehr ins Elternhaus" so schwer enttäuscht hatte. — *Adlers* sicherlich mindestens einstündige Ausführungen gipfelten in der Erklärung, die „Heilung des Kindes könne nur durch die ‚Aussöhnung' mit der Mutter angebahnt werden". — Es würde zu weit führen, den Verlauf der Beratung, die in der denkbar erfolgreichsten Weise verlief und in ihren Auswirkungen Mitsi zu einem glücklichen und nützlichen Menschen machte, wiederzugeben. Sie war die erste einer Kette von Beratungen, denen ich durch etwa fünf Jahre (bis *Adler* nach Amerika ging) jeden zweiten Freitag beiwohnte. Den Vorgang in der Arbeitsgemeinschaft für Erziehungsberatung habe ich des öfteren geschildert: Gedenkheft — 13. Jahrgang, Nr. 4, 7. Jahrgang Nr. 3. —

So will ich noch einiges Persönliches hinzufügen: *Adler* war in der Erziehungsberatungsstelle von vorbildlicher Uneigennützigkeit, Bescheidenheit, Gefälligkeit, Pünktlichkeit. Selbstverständlich waren die Beratungen unentgeltlich. In all den vielen Jahren versäumte er nicht eine Beratung. Niemals blickte er ungeduldig auf die Uhr, eilte er schnell weg. Man hätte aus seinem Gehaben schließen können, daß ihm unendlich viel Zeit zu Gebote stehe, daß er nichts zu tun habe. Wir wissen, daß das genaue Gegenteil der Fall war. Er trat so einfach auf, daß neue Zuhörer nicht ahnten, daß sie sich einem Gelehrten von Weltruf gegenüber befanden. Mit den Leuten aus dem Volke sprach er in ihrer Mundart, die er unverfälscht beherrschte. (Oft wies *Adler* auf das „Gassenbubendasein" seiner Kindheit hin.) Er wußte sich so plastisch und drastisch auszudrücken, daß selbst schwierige Erkenntnisse den einfachsten Menschen verständlich wurden.

Zu einer Frau, die vom kleinen Sohn in der schrecklichsten Weise tyrannisiert wurde, sagte *Adler* einmal: „Sö san halt all'weil ang'schirrt." (Sie sind immer eingespannt.) Sofort verstand die Mutter, daß nicht sie ihren Jungen, sondern der Junge sie lenke. Einmal fragte *Adler* eine Mutter, die wegen ihrer Tochter zur Beratung kam: „Was tramt's denn?“ (Was träumt sie...) Die sehr ärmliche Frau mochte wohl vom „Traumbüchl“ schon gehört haben und sagte mit überlegenem Lächeln „Gengen S', Herr Doktor, auf so was wern S' do nix halten!“ Da erwiderte *Adler*, gleichfalls lächelnd: „Ja, ist's denn an andre, wann's tramt?“ (Ist es denn ein anderes Mädchen, das träumt?) Es war geradezu ein Erlebnis, zu beobachten, wie der einfachen Frau mit einem Schlag die große Erkenntnis von der Einheit der Person kam. Wußte sie es auch gewißlich nicht auszudrücken, sie verstand nun, daß alle seelischen und körperlichen Ausdrucksformen, also auch der Traum, den Lebensstil des Menschen offenbaren. — *Adler* benahm sich immer äußerst taktvoll, wo es sich um heikle Sachen handelte. Als einmal ein Mädchen in die Beratung kam, das durch sexuelle Verfehlungen in eine besonders schwierige Situation geraten war, begab sich *Adler* zu dem Kind in den Warteraum, um das Gespräch mit ihm unter vier Augen abzuwickeln, trotzdem er sonst in jedem Fall aus prinzipiellen Gründen die Öffentlichkeit der Beratung durchführte. — Einmal handelte es sich um einen schwer kriminellen Vater, der im Kerker war, als das Kind zur Beratung kam. Die Fehler des Kindes standen in Beziehung zur Situation des Vaters, weshalb dessen Angelegenheiten zur Sprache kommen mußten. Sofort nahm *Adler* in seiner Besprechung die heikle Sache auf, jede Verurteilung des Vaters aufs schärfste ablehnend.

Er wies nach, daß die Verfehlungen des Mannes einem irregeleiteten, aber an und für sich lobenswerten Gemeinschaftsgefühl entsprangen. Mit dem Kinde und mit der Mutter sprach er mit äußerster Zartheit. — Als *Adler* schon in Amerika weilte, pflegte er im Mai in seine alte Heimat zu kommen. Nun war er der „große“ Mann, Ausländer begleiteten ihn auf Schritt und Tritt; aber in alter Bescheidenheit, in unveränderter „Verschwendung“ von Zeit und Geist nahm er für die wenigen Wochen, die wir ihn wieder um uns hatten, die Tätigkeit in der Beratungsstelle auf.

Hoffentlich, sehr geehrte Frau Orgler, wird Ihnen diese bescheidene Darstellung und Charakteristik für Ihre Arbeit dienlich sein.

Mit herzlichem Gruß

Ihre

gez.

Regine Seidler.

(Dieser Brief zeigt, daß Adler ein Beispiel ist, wie meisterhaft die Technik der Beratung entwickelt werden kann.)

Kapitel 3

AUSBREITUNG DER INDIVIDUALPSYCHOLOGIE

Im Jahre 1912 begründete *Adler* mit nur sieben Gleichgesinnten die Gesellschaft für Individualpsychologie. Im Jahre 1930 auf dem V. Internationalen Kongreß für Individualpsychologie in Berlin, der in Anwesenheit des Kultusministers eröffnet wurde, konnte ein großer Saal für tausend Personen die Teilnehmer des Kongresses, die aus aller Welt herbeigeströmt waren, nicht fassen; ein Teil von ihnen konnte in dem Vorraum an einem Lautsprecher den Vorträgen folgen, viele Hunderte mußten abgewiesen werden. Eine solche große Anhängerschaft hatte sich die Individualpsychologie in achtzehn Jahren erworben. Wie war es möglich, daß *Adler* in der kurzen Zeit einen so starken Widerhall für seine Lehre gefunden hatte, daß Professor *R. Siebeck* schreiben konnte: „Die Vorstellungen *Adler*s sind in weitem Umfange von der modernen Literatur übernommen worden und fließen durch diese Kanäle in recht weite Kreise. Wenn uns nun, zumal bei Gebildeten, bei der akademischen Jugend, solche Zusammenhänge entgegentreten, so kann oft kaum entschieden werden, was aus eigenem Erleben stammt und was aus Büchern aufgenommen ist *)."

Die üblichen Wege für einen Gelehrten, Schüler auszubilden, waren ihm in seiner Heimat verschlossen, da die Wiener Medizinische Fakultät seine Zulassung zur Dozentur abgelehnt hatte. Von der mächtigen *Freud*schen Schule wurde er aufs heftigste bekämpft und von vielen Wissenschaftlern wegen seiner kühnen neuen Ideen angegriffen. Auch der Krieg hinderte die Ausbreitung seiner Lehre. So erschienen von der im Jahre 1914 gegründeten Zeitschrift für Individualpsychologie nur fünf Hefte. Dann wurde ihr Erscheinen eingestellt, und erst 1916 kamen vier weitere Hefte heraus, die Arbeiten von Schweizer Individualpsychologen enthielten.

---

*) *R. Siebeck:* Neurosen. Lehrbuch der Inneren Medizin, Julius Springer, Berlin 1934.

Diese große Leistung trotz aller Widerstände konnte nur von einem Manne vollbracht werden, der felsenfest davon überzeugt war, daß seine Lehre nicht nur in der Theorie, sondern vor allem in ihrer praktischen Durchführung förderlich für die Menschheit sei. Natürlich suchte er zuerst seine Lehre in Wien zu verbreiten und hielt zahlreiche Vorträge. Seine Kurse am Volksheim und am Pädagogischen Institut der Stadt Wien erregten sehr lebhaftes Interesse.

Das starke Erlebnis des Krieges, in der er an Etappenlazaretten viele Kriegsneurotiker behandelte, bestärkte ihn in seiner Überzeugung, daß man sich nicht damit begnügen sollte, psychische Krankheiten zu heilen, sondern daß man alles daransetzen müßte, ihr Auftreten zu verhüten. Als aktiver Mensch ging er daher nach Beendigung des Krieges sofort daran, seine Ideen in die Tat umzusetzen. Da nach seinen Beobachtungen sich alle Fehlschläge aus Problemkindern entwickeln, wandte er sich vor allen Dingen der Bekämpfung der Schwererziehbarkeit zu. Zu diesem Zweck suchte er vor allem die Mitarbeit der Lehrer zu gewinnen. Er eröffnete im Wiener Volksheim eine „Beratungsstelle für Erziehung", in der er schwierige Kinder beriet und auch Lehrern und Eltern Ratschläge gab. Hiermit kam er einem Wunsche vieler Wiener Lehrer entgegen, die nach dem Kriege infolge der zunehmenden Verwahrlosung der Jugend vor schwere Erziehungsprobleme gestellt waren. Da sie durch Bücher, Vorträge und Kurse mit der Individualpsychologie vertraut waren, wandten sie sich an *Adler* um Hilfe. Der Erfolg der Beratungsstelle war so groß, daß mit Einwilligung des Wiener Magistrats nach und nach weitere Beratungsstellen errichtet wurden, so daß schließlich 28 individualpsychologische Erziehungsberatungsstellen in Wien bestanden. Um die Verbindung mit der Schule möglichst innig zu gestalten, wurden die meisten im Schulgebäude selbst eingerichtet.

Jede Beratungsstelle wurde von einem Individualpsychologen geleitet, dem, falls er nicht selbst ein Arzt war, ein Arzt zur Seite stand. Ich möchte gleich hier hervorheben, daß die Tätigkeit an der Beratungsstelle eine ehrenamtliche, also unbesoldete war. Die von *Adler* selbst geleitete Beratungsstelle diente zugleich der Ausbildung von Ärzten, Lehrern, Sozialbeamten und Studenten.

Alle Unterredungen fanden in aller Öffentlichkeit statt. Die Öffentlichkeit der Beratungen ist öfters angegriffen worden. Doch *Adler* war der Ansicht, daß gerade die Öffentlichkeit der Verhandlungen einen guten Einfluß auf das Kind habe; denn dadurch würde in ihm das Gefühl geweckt, daß es nicht isoliert dastehe, sondern mit andern Menschen verbunden sei, die Interesse an ihm hätten. Auch wurde der Einwand erhoben, daß die Öffentlichkeit der Beratungen nur bei Wiener Kindern möglich sei, da diese sich viel leichter aussprechen als Kinder in anderen Ländern. Dagegen spricht ein Erlebnis, das ich bei einer Beratung *Adler*s in Berlin hatte.

Adler hielt auf Veranlassung des Magistrats regelmäßig Beratungen vor 200 Lehrern ab. In einer solchen Beratung hatte eine Schulleiterin einen Bericht über ein siebzehnjähriges Mädchen gebracht, die ihr sehr viel zu schaffen machte. *Adler* las, wie er es gewohnt war, den Bericht vor und deutete schon beim Lesen den Lebensstil des Mädchens. Die Hauptklagen der Schuldirektorin waren, daß das Mädchen sich vollkommen isoliere, absolut verschlossen und von ungewöhnlicher Schweigsamkeit sei. Schriftlich drücke sie sich sehr gewandt aus, ihre Aufsätze seien gut. Sie wolle Schriftstellerin werden. Mit dieser Berufswahl neckten sie die Mitschülerinnen mit den Worten: „Das ist der richtige Beruf für dich, denn als Schriftstellerin brauchst du nicht zu sprechen.“ Nun wurden in der üblichen Weise die Eltern, in diesem Falle der Vater hereingerufen. *Adler* informierte sich über das Verhalten der Tochter im Hause, machte dem Vater den Lebensstil des Kindes klar und gab ihm Ratschläge, wie man sich zu Hause dem Mädchen gegenüber verhalten solle. Dann bat er den Vater um Erlaubnis, in seiner Abwesenheit mit dem Mädchen zu sprechen. Lachend sagte der Vater: „Versuchen Sie nur, mit ihr zu sprechen, Sie werden kein Wort aus ihr herausbekommen; wenn sie schon im kleinen Kreise kaum spricht, wird sie vor diesen vielen Menschen überhaupt nichts reden.“ Als das Mädel hereinkam, bot ihr *Adler* einen Stuhl an, den er mit dem Rücken zur Zuhörerschaft drehte, und fing an, sich mit ihr zu unterhalten. Und nun geschah das Wunder. Das Mädchen sprach ohne jede Hemmung mit ihm, wie mit einem alten Freunde und erzählte ihm die ersten Kindheitserinnerungen, einen Traum usw.; das Gespräch bestätigte die Deutung des Lebensstils, die *Adler* aus dem Bericht gegeben hatte. Die Wirkung auf die Zuhörer war unbeschreiblich; die Lehrer drängten von hinten nach vorn, um besser zuhören zu können, und ich hörte sie fragen: „Wie ist das möglich?“ — Wie spätere Berichte der

Schule ergaben, war durch diese einmalige Beratung das Mädchen vollkommen geändert. Sie erlangte Einsicht in ihren Irrtum und konnte so ihren Lebensstil ändern.

Außer diesen 28 Beratungsstellen, die nur für Schulkinder berechnet waren, gab es noch eine Reihe von Beratungsstellen in Wien, zum Beispiel die an der von dem verstorbenen Prof. *Moll* geleiteten Reichsanstalt für Mutter- und Säuglingsschutz, in denen Kinder jeden Alters bis zu ihrer Heilung beraten wurden. Ferner gab es eine Beratungsstelle für „richtige Lebensführung", in der Erwachsene jeden Alters sich Rat holen konnten, und eine Klinik für seelisch Erkrankte, die *Adler* selber leitete.

Die glänzenden Resultate der Beratungsstellen veranlaßten mehrere Lehrer, die Behandlung ihrer Schüler nach individualpsychologischen Grundsätzen zu gestalten. Auch hier zeigten sich ganz hervorragende Erfolge.

Das Interesse, das diese Anwendung der Individualpsychologie in der Schule auch im Ausland fand, veranlaßte die Wiener Schulbehörden, die Lehrer Herren *Birnbaum, Scharmer* und *Spiel* aufzufordern, einen Plan für eine auf individualpsychologischen Grundsätzen aufgebaute Schule auszuarbeiten. Im September 1931 wurde diese Schule in einem der ältesten Schulgebäude Wiens eröffnet, die Kinder stammten aus unbemittelten Volksschichten. Eine besondere Auswahl wurde nicht getroffen, damit nicht der Einwand gemacht werden könnte, daß es sich um ausgelesene Schüler handle.

Eine der wichtigsten Einrichtungen dieser Schule waren die Klassenbesprechungen. Hiermit wurde ein ganz neuer Weg beschritten; statt des „Einzelerziehers" sollte die ganze „Klassengemeinde" zum Erzieher des einzelnen Kindes gemacht werden. Die Schüler sollten in diesen Aussprachen unter der Leitung des Lehrers über die Vergehen einzelner Schüler nicht etwa zu Gericht sitzen, sondern sie sollten vielmehr diese Schüler verstehen lernen und ihnen durch Ermutigung und geeignetes Training helfen. Die Aufgabe des Lehrers war es, die Klassenbesprechung so zu führen, daß jede Beschämung vermieden wurde. Die große Bedeutung dieser Besprechung leuchtet ohne weiteres ein. Die Kinder, die sich in der Schule nur als Schüler fühlten, merkten, daß sie Menschen sind, von denen jeder seine Sorgen hat, mit denen er fertig werden muß. Nimmt nun die Klasse sich der Sorgen des einzelnen an, so lernt er in der Praxis die Bedeutung der Gemeinschaft kennen. Er fühlt sich weder als Schüler noch als Mensch isoliert und, wenn heute ihm geholfen wurde, so kann er in der nächsten Klassenbesprechung durch seinen Rat einem anderen Kameraden helfen. So wird das Auftreten jedes Minderwertigkeitsgefühls verhütet, der Kontakt zwischen den einzelnen Schülern wird inniger gestaltet, gegenseitiges Verständnis und gegenseitige Hilfsbereitschaft werden gefördert, und das große Erlebnis der Mitmenschlichkeit wird fest in die Seelen der Kinder verankert.

Diese in der Versuchsschule Staudingergasse in den Jahren 1920 bis 1934 ausgearbeitete Methode wurde von Professor *Oskar Spiel* auf eine vom Stadtschulrat für Wien genehmigte Versuchs- und Besuchsschule ausgedehnt. Die Schule — Wien, 15., Schweglerstraße 2 bis 4 — umfaßt gegenwärtig 27 Klassen mit rund 1000 Kindern. Von diesen sind über 100 schwer- und schwersterziehbare. Sie werden von verschiedenen Stellen — Kliniken, Institut für Erziehungshilfe, Erziehungsberatungsstellen, Jugendämtern, Polizeijugendheim und andere — zugewiesen.

Die fundierende Idee des Versuches ist, schwierige Kinder nicht wieder mit lauter schwierigen zusammenzugeben, sondern sie vielmehr in seelisch gesunde Gemeinschaften zu bringen, und diese seelisch gesunden Kinder zu verstehenden Mithelfern bei der Umerziehung zu machen.

Die Schule ist auch Besuchsschule und bisher haben über 3700 Psychiater, Psychologen, Pädagogen, Fürsorgerinnen usw. die Schule besucht, und es kann festgestellt werden, daß sie — wie ihre spontanen Bemerkungen im Gästebuch beweisen — von der von der Schule geleisteten Arbeit und deren Resultaten tief beindruckt waren. Näheres über die an dieser Schule verwendete Methode ist in dem Buch „Am Schaltbrett der Erziehung“ von Professor *Spiel* — Verlag für Jugend und Volk, Wien, I., Tiefer Graben 7 — zu finden.

Professor *Oskar Spiel* ist einer der ältesten Mitarbeiter *Alfred Adlers*, ist heute Vizepräsident der Österreichischen Gesellschaft für psychische Hygiene, Viezpräsident der Internationalen Vereinigung für Individualpsychologie und Dozent am Pädagogischen Institut der Stadt Wien.

Eine weitere Verbreitung fand *Adlers* Lehre durch seine Bücher. Während die beiden ersten größeren Werke, die „Studie über die Minderwertigkeit von Organen “ und der „Nervöse Charakter“ nur für den Wissenschaftler geschrieben wurden, wenden sich seine späteren Bücher an alle Kreise. All diese Bücher sind lebendig gestaltet. Immer führt er charakteristische Beispiele an, um an ihnen seine Lehre zu demonstrieren. Aus ihnen kann jeder Mensch tiefste Lebensweisheit schöpfen, die er im täglichen praktischen Leben verwerten kann. Die meisten sind aus dem Deutschen in viele Sprachen übersetzt worden, wie aus dem Verzeichnis im Anhang ersichtlich ist, manche sind gleich in englischer Sprache erschienen. Am verbreitetsten ist sein Buch: „Menschenkenntnis". Zahlreiche Publikationen *Adlers* und seiner Mitarbeiter aus dem Gebiete der Psychologie, Psychotherapie und Pädagogik sind in der von ihm 1923 gegründeten „Internationalen Zeitschrift für Individualpsychologie" erschienen. Auch viele der Individualpsychologie nahestehenden Wissenschaftler veröffentlichten darin Beiträge. Außerdem erscheint seit dem Jahre 1935 das „International Journal of Individual Psychology", das in Chicago unter Redaktion von Dr. *R. Dreikurs* herausgegeben wird.

Die Bücher und Vorträge *Adlers* sowohl wie die Erfolge der Beratungsstellen hatten seinen Namen auch im Ausland so bekannt gemacht, daß viele Ärzte und Pädagogen nach Wien kamen, um sich bei ihm selber auszubilden. In ihre Heimat zurückgekehrt, gründeten sie Vereine und Arbeitsgemeinschaften für Individualpsychologie und Beratungsstellen in Belgien, Dänemark, Deutschland, England, Frankreich, Griechenland, Holland, Italien, Jugoslawien, Polen, Rumänien, Schweiz, Spanien, Tschechoslowakei, Türkei, U. S. A., die die Lehre der Individualpsychologie weiter verbreiteten.

In England wurde die erste medizinische Gesellschaft für Individualpsychologie im Jahre 1928 gegründet mit *Adler* als Präsidenten. Gegenwärtig bestehen zwei *Adler*-Gesellschaften in London: die *„Alfred Adler Medical Society"* (Präsident Dr. med. *Alexander Kennedy,* Professor an der Universität Edinburgh, und die *Adlerian Society of Great Britain"* (Vorsitzender: Dr. med. *Neil R. Beattie,* ein leitender Arzt im Gesundheitsministerium). Es besteht auch ein *„Adler-Preis"*, verliehen von der *„National Association for Mental Health"*.

In den Vereinigten Staaten von Amerika bestehen zahlreiche Ortsgruppen der Individualpsychologie und viele individualpsychologische Kliniken und Institute.

Es würde zu weit führen, auf die verdienstvolle Arbeit der einzelnen Ortsgruppen in aller Welt einzugehen. Ausführlich möchte ich die Tätigkeit der Berliner Gruppe schildern, an der ich selbst mitgearbeitet habe.

Um die Ausbreitung der Individualpsychologie in Berlin haben sich besonders Dr. med. *Fritz Künkel* und seine verstorbene Frau *Ruth Künkel* verdient gemacht. Im Jahre 1924 gründete er den Verein für Individualpsychologie und trug durch Vorträge die Individualpsychologie in weite Kreise, vor allem in Kreise von evangelischen Pastoren. Das Interesse war dort so groß, daß das evangelische Hauptwohlfahrtsamt eine individualpsychologische Beratungsstelle einrichtete, an der Dr. *Künkel* jahrelang mit großem Erfolg arbeitete. Leider kam es im Jahre 1930 zu theoretischen Konflikten zwischen *Adler* und *Künkel*. *Künkel* begann eigne Wege zu gehen, mit denen *Adler* nicht übereinstimmen konnte. Anfang 1932 erfolgte eine Absage *Adler*s an Künkel und letzterer versucht seither in der „Wir-Psychologie“, die Errungenschaften *Jung*s und *Adler*s zu einer Einheit zu gestalten. Im Laufe der Jahre bildete sich eine ärztliche Gesellschaft für Individualpsychologie und mehrere andere, von der ich nur die letzte und wichtigste erwähnen möchte. Auf meine Veranlassung wurde im Jahre 1931 die „Gesellschaft zur Förderung der Individualpsychologie“ gegründet. Im Vorstand waren: der Leiter der Jugendfürsorge der Stadt Berlin, ein leitendes Mitglied des Schulwesens des Magistrats Berlin, im Komitee verschiedene Abgeordnete, hohe Magistratsbeamte, ein Jugendrichter, Vertreter der Gefangenenfürsorge, Universitätsprofessoren, namhafte Ärzte und die Leiter der evangelischen, katholischen und jüdischen Wohlfahrtseinrichtungen. Die Komiteemitglieder gaben nicht nur ihren Namen, sondern bemühten sich um die praktische Ausbreitung der Individualpsychologie; besonders waren in dieser Richtung der damalige Bürgermeister Dr. *Herz* und seine Frau, eine vorzügliche Individualpsychologin, tätig. Die erste Tagung des Komitees wurde in Professor *Orgler*s und meinem Hause durch einen Vortrag Professor *Adler*s über die individualpsychologischen Beratungsstellen eingeleitet, der auf alle Anwesenden tiefen Eindruck machte.

Von den individualpsychologischen Erziehungsberatungsstellen in Berlin verdiente die von dem Schularzt Universitätsprofessor *Arthur Keller* besonderes Interesse, weil *Keller* ursprünglich der Individualpsychologie sehr kritisch gegenüberstand. Aber durch die praktischen Erfolge, die Dr. *Alexander Neuer,* einer der ältesten Mitarbeiter *Adlers*, dort erzielte, wurde *Keller* aus einem Saulus ein Paulus; er arbeitete eine Statistik für den Magistrat aus, um zu zeigen, welche Summen in der Fürsorge für Problemkinder erspart werden könnten, wenn solche individualpsychologische Beratungsstellen in größerer Anzahl errichtet würden. Auch die guten Resultate in der von mir geleiteten Beratungsstelle in einer städtischen Schule sprechen für die Notwendigkeit solcher Schulberatungsstellen.

Die meisten Anhänger für die Individualpsychologie warb *Adler* durch seine Vorträge, die er auf Einladung von Universitäten und gelehrten Gesellschaften in Belgien, Tschechoslowakei, Deutschland, Frankreich, Großbritannien, Holland, Jugoslawien, Österreich, Schweiz, Skandinavien und U. S. A. hielt. Die klare, einleuchtende Darstellung seiner Ideen, der formvollendete Vortrag fesselten seine Zuhörer und bewiesen immer wieder, welch große Rednergabe er besaß. Obwohl ich Hunderte seiner Vorträge gehört habe, konnte ich nie mein Vorhaben ausführen, herauszufinden, worauf der kunstvolle Aufbau seiner Rede beruhte; denn sein Vortrag war in Inhalt und Form ein solch vollendetes Ganzes, daß es mir nicht möglich war, einen Teil davon gesondert zu betrachten. Da man ihn in den verschiedensten Ländern sprechen hören wollte, verbrachte er vom Jahre 1926 ab viele Monate im Jahre fern von Wien. Dabei reiste er sehr ungern. Er fühlte sich in der Eisenbahn nur wohl, wie er mir sagte, wenn eine Frau — es konnte auch eine ganz alte sein — in seinem Abteil saß. In den Jahren 1929—1932 war er regelmäßig mehrere Monate in Berlin und hielt fortlaufende Kurse an der *Lessing*-Hoch*schule, der „Diesterweg*-Schule für Lehrer“, am Institut für Erziehung und Unterricht sowie zahlreiche private Kurse für Ärzte und für Laien. In den Jahren 1931/32 hielt er auf Einladung des Magistrats Berlin gesonderte Vorlesungen von mehrmonatiger Dauer für 200 städtische Ärzte, Lehrer und Sozialbeamte. Diese Vorlesungen waren stets bis auf den letzten Platz gefüllt. Gleichzeitig fanden praktische Demonstrationen für Ärzte an einem städtischen Krankenhaus statt. Von 1926 an war er regelmäßig in New York und hielt dort und in vielen andern Städten, wie *Boston, Chicago, Detroit, San Francisco* usw., Kurse und Vorträge. Sein Erfolg war so groß, daß er im Jahre 1929 als Visiting professor an die *Columbia-*

Universität gerufen wurde. Gleichzeitig arbeitete er dort an einer Klinik. Wie arbeitsreich sein Leben war, geht aus folgendem Brief an mich hervor: „Wie ich Ihnen schrieb, arbeite ich vormittags mit zwei Assistenten an meiner Klinik, die, wie es scheint, dauernd laufen soll, später ohne mich. Nachmittag halte ich ebenfalls täglich eine zweistündige Vorlesung vor einem größeren Auditorium, zum großen Teil aus Ärzten bestehend. Abends nahezu täglich eine öffentliche Vorlesung."

Im Jahre 1932 wurde er an das *„Long Island Medical College"* berufen. Dort wurde eigens für ihn ein Lehrstuhl für Medizinische Psychologie errichtet, den er bis zu seinem Tode innehatte. Anschließend an die Vorlesungen arbeitete er in seiner Klinik, die gegenüber der Universität lag. Nun verlegte er den Schwerpunkt seiner Tätigkeit nach Amerika, fuhr aber jedes Jahr in den langen Sommerferien nach Europa zurück. Bis zum Jahre 1935 verbrachte er stets einen Teil seiner Ferien bei seiner Familie in Wien. Im Sommer 1936 kehrte er nicht mehr nach Wien zurück, sondern ließ durch seine Frau, die ihm zwei Jahre vorher nach New York gefolgt war, den Haushalt auflösen. In all den Sommerferien gönnte er sich keine Ruhe, sondern arbeitete an der Ausbreitung der Individualpsychologie. Von einer internationalen Hörerschaft war die Sommerschule besucht, die er auf dem Semmering mit mehreren Mitarbeitern im Jahre 1932 abhielt. Nicht nur die Vorträge waren dort von großem Interesse, sondern auch die Diskussionen, in denen wir die verschiedenen Ansichten eines Engländers, eines Holländers, eines Griechen, eines Inders, eines Hörers aus U. S. A. usw. kennenlernten. Auch hielt er in verschiedenen europäischen Städten Vorträge. So war er mehrmals in Kopenhagen. Auch hierhin wurde er auf Veranlassung des Magistrats im Frühling 1935 gerufen, um einen Kurs für Ärzte, Lehrer und Sozialbeamte zu halten.

Vorlesungen an Sommerschulen, Vortragsreisen und Kurse — das waren *Adler*s Ferien. Die Internationale Sommerschule, die er auf dem Semmering mit mehreren Mitarbeitern im Jahre 1932 abhielt, wurde von einer zahlreichen Hörerschaft aus aller Welt besucht.

Während seines Aufenthaltes in Europa war er auch öfters in England, und hielt Vorträge in London, Oxford, Cambridge und andern Städten. In Liverpool war der Andrang so groß, daß die Hörer in einen größeren Saal umziehen mußten. Aber auch der Saal, der zirka 1300 Menschen faßte. war überfüllt. Ganz gleich, ob er vor Ärzten, Lehrern, Studenten oder Laien sprach, immer war der Andrang so groß, daß viele abgewiesen werden mußten. Ich selbst erlebte, daß bei einem Vortrag für Lehrer, in London, die Zuhörerschaft so zahlreich war, daß sie nicht alle in den Saal zugelassen werden konnten. Diejenigen, die auf der Treppe standen, wehrten sich wegzugehen, so daß die Saaltüren geöffnet werden mußten und sie auf der Treppe stehend den Vortrag mitanhörten.

Auf seinen vielen Reisen lernte er auch eine Reihe berühmter Menschen kennen. Natürlich interessierten sich für ihn meist solche Menschen, die eine ähnliche Stellungnahme zum Leben hatten wie *Adler* selber. Immer waren es Menschen mit großem sozialem Interesse, die einen erheblichen Teil ihrer kostbaren Zeit darauf verwandten, andern zu helfen. So lud ihn der Begründer der Relativitätstheorie, Professor *Albert Einstein,* während des Berliner Kongresses für Individualpsychologie in sein schönes Haus bei Berlin. Daß beide Männer sich gut miteinander verstehen würden, wußte ich; denn *Einstein* hatte mir, als ich ihn einmal besuchte, gesagt, daß er die *Adler*sche Lehre sehr hoch schätzte. Wie *Adler* und ein anderer Nobelpreisträger, *Niels Bohr,* miteinander harmonierten, konnte ich selber bei einem Tee im Hause *Niels Bohr*s und seiner Frau beobachten. *Niels Bohr,* der in Dänemark wegen seiner Hilfsbereitschaft bekannt ist und der einen jungen Flüchtling im Alter seiner Söhne in sein Haus genommen hatte, sympathisierte sehr mit *Adler*s Anschauung über Mitmenschlichkeit. Auch *Adler*s Auffassung, daß die Vererbung nicht ausschlaggebend für die seelische Entwicklung des Menschen sei, stimmte er zu. Sie diskutierten so lebhaft, daß der sonst so pünktliche *Adler* zu spät zu seinem Vortrag kam, obwohl ihn *Niels Bohr* selbst in seinem Auto hinbrachte.

Vor vielen Jahren hatte mich *Adler* gebeten, einen Verleger in Deutschland für das Buch „Holism and Evolution" des bekannten Philosophen *J. C. Smuts* zu interessieren. Da *Adler* mir sagte, wie sehr dessen Gedankengänge in dem Buche der Individualpsychologie naheständen, wandte ich mich nach *Adler*s Tod an Feldmarschall *Smuts* mit der Bitte, mir sein Urteil über *Adler* mitzuteilen. Liebenswürdigerweise gestattete er mir, seinen Brief im Original zu veröffentlichen.

Übersetzung.

Union of South Africa
Office of the Minister of Justice,
Palace of Justice,
Pretoria.
16. Februar 1938.

Liebe Frau Orgler!

Ich habe Ihren Brief vom 11. Januar, in dem Sie mich anfragen über meinen Eindruck von dem verstorbenen Professor *Alfred Adler*, dem Begründer der Individualpsychologie. Obwohl mein Kontakt mit ihm sehr kurz war, bin ich gerne bereit, Ihrer Bitte Folge zu leisten. Ich tue dies um so lieber, da Professor *Adler* einer der ersten war, mir nach dem Erscheinen meines Buches, Holism and Evolution, zu schreiben, um seine Übereinstimmung mit meinem allgemeinen Standpunkt auszudrücken, und dem Werke seinen Segen zu geben. Er ging so weit zu sagen, daß seiner Meinung nach meine Theorie des Holismus die wissenschaftliche und philosophische Basis lieferte für den großen Fortschritt der Psychologie in den letzten Jahren. Da er das Buch für seine Kurse in Wien benutzte, machte er sich die Mühe, es auf deutsch übersetzen zu lassen, und obwohl aus finanziellen Gründen damals kein Verleger gefunden werden konnte, wird es Sie erfreuen zu hören, daß die Übersetzung jetzt fortschreitet und bald erscheinen wird.

Nach dieser Korrespondenz traf ich Professor *Adler* in Berlin und hatte die günstige Gelegenheit einer langen Unterhaltung mit ihm über philosophische Probleme von gemeinsamen Interesse. Ich hatte den günstigsten und angenehmsten Eindruck von ihm und glaube, daß sein frühes Hinscheiden ein großer Verlust für die Wissenschaft der Psychologie ist.

Wer kann in Hinblick auf seine Theorie der Individualpsychologie daran zweifeln, daß sie in Substanz gut gegründet ist und auf sehr wichtige Tatsachen hinweist, die von seinen Vorläufern unbeachtet gelassen waren?

Die ältere, mehr analytische Psychologie hatte die menschliche Persönlichkeit so in Fakultäten und Anlagen und anderes eingeteilt, daß wenig von dem individuellen Ganzen der Persönlichkeit übrig blieb. *Freud* machte einen großen Fortschritt mit seiner Erkenntnis, daß diese analytische Auffassung nicht gerecht wurde der Ganzheit, welche die Essenz des individuellen Geistes und Charakters ist. Er, jedoch, ging zu weit in der Überbetonung des sexuellen Faktors und dessen Einfluß auf die Bildung des menschlichen Charakters und aller menschlichen Motive. Die Wichtigkeit der Sexualität in der menschlichen Persönlichkeit ist selbstverständlich außer Frage, aber auf diese das ganze Gewicht der Persönlichkeit zu legen, war ein Fehler und führte zu einer einseitigen Ansicht des menschlichen Individuum als Ganzes.

Adlers bedeutender Fortschritt besteht darin, daß er klar erkannte, daß *Freud* zu weit ging betreffs des sexuellen Elements in der Formung der Persönlichkeit, und daß er die Aufmerksamkeit auf andere ebenso wichtige Aspekte der holistischen Aktivität des menschlichen Individuums zog. Es kann kein Zweifel darüber bestehen, daß er seinen Finger auf einige der wichtigsten Aspekte der menschlichen Persönlichkeit gelegt hat, und auf die Kräfte, die hinter menschlichem Betragen liegen. Ich habe keinen Zweifel, daß, hätte er länger gelebt, er seine wertvollen Theorien weiter ausgearbeitet und vervollkommnet hätte. Aber auch so, trotz seines frühzeitigen Hinscheidens, hat er einen soliden und dauernden Beitrag zur Wissenschaft der Psychologie hinter sich gelassen.

Ich bin interessiert zu hören, daß Sie beabsichtigen, ein Buch über *Adler* und sein Werk zu veröffentlichen, und ich hoffe, es wird helfen, seinen Einfluß zu verbreiten und Ansichten zu popularisieren, die, meiner Meinung nach, einen sehr wichtigen Beitrag zur Wissenschaft liefern.

Ihr ergebener
J. C. Smuts.

Natürlich wurden seine größeren Verdienste auch durch äußere Ehrungen anerkannt. Von seiner Vaterstadt Wien wurde ihm bei einer Feier im Rathaus das Bürgerdiplom überreicht „in Anerkennung der großen Verdienste, die er sich um die Wissenschaft erworben“, die höchste Ehre, die eine Stadt einem ihrer Söhne erweisen kann. *Springfield College, Ohio,* verlieh ihm den Ehrendoktor. Die Psychagogische Gesellschaft in Genf und die Psychologische Gesellschaft in Leningrad ernannten ihn zum Ehrenmitglied. Bei seiner letzten Anwesenheit in Berlin fand ihm zu Ehren ein großer Empfang im Hause des damaligen Staatssekretärs im Ministerium des Innern Dr. *Weismann* und seiner Frau statt, bei dem eine Reihe von Ministern, Diplomaten, Abgeordnete, der Rektor der Universität, prominente Ärzte, hohe Beamte des Magistrats und auf dem sozialen Gebiet führende Persönlichkeiten eingeladen waren. Auch für seine letzte Vortragsreise 1937 in England war eine Reihe von Ehrungen geplant.

Im April 1937 kam *Adler* nach einem arbeitsreichen Winter wieder nach Europa. Er hatte ein großes Programm vor sich. Im ersten Monat hatte er 56 Vorträge in vier verschiedenen Ländern zu halten! Er sprach in Paris, hielt mehrere Vorträge an der Universität in Brüssel und fuhr dann nach Holland, wo die Individualpsychologie durch die Tätigkeit von Professor *Casimir*-den Haag und Dr. med. *Ronge*-Utrecht und durch *Adlers* Vorträge in früheren Jahren eine große Anhängerschaft besaß. Hier, wo er sich seiner Muttersprache bedienen konnte, fand ich in seinen Vorträgen den überquellenden Reichtum und den wundervollen Glanz seiner Sprache wieder. So war es kein Wunder, daß bei seinem Vortrag an der Universität Leiden viele Hörer in dem überfüllten Hörsaal nur auf den Stufen Platz fanden. Infolge der wenigen Wochen, die ihm für Holland zur Verfügung standen, mußte er manchmal an einem Tage in zwei Städten sprechen. Trotz dieser Überbürdung klagte der Siebenundsechzigjährige nie über Müdigkeit. Pfingsten verlebte er in Paris, fuhr dann nach London, wo er einen Tag blieb, und nach Aberdeen. Dort hielt er an der Universität Vorlesungen für Studenten, die für die Dauer einer Woche geplant waren.

Nachdem er am 27. Mai noch bis spät in die Nacht gearbeitet hatte, brach er am 28. bei einem Morgenspaziergang auf der Straße zusammen. Ein Herzschlag hatte seinem Leben ein Ende gemacht.

Die Begräbnisfeier in der Aberdeen-Universität, die unter Teilnahme der Delegierten von vielen Ländern stattfand, und die Nachrufe aus aller Welt zeugten für den Weltruhm *Adlers*.

Kapitel 4

ADLERS PERSÖNLICHKEIT IM LICHTE DER INDIVIDUALPSYCHOLOGIE

Bewußt hat bisher *Adlers* Werk im Vordergrund gestanden; denn man kann nur dann eine Persönlichkeit voll und ganz verstehen, wenn man auch mit ihrem Werk vertraut ist. Überblickt man *Adlers* großes Arbeitsgebiet, das Pädagogik, Psychologie und Psychotherapie umfaßt, erkennt man, daß es ihm gelungen ist, Menschenkenntnis lehrbar zu machen, so versteht man, daß die einen ihn als hervorragenden Pädagogen, andere als einen der größten Psychologen, wieder andere ihn als bedeutenden Arzt feiern. So weist auf einem Kongreß für innere Medizin in seinem Referat *Gaupp,* einer der prominentesten Psychiater Deutschlands, darauf hin, daß der Arzt, wenn er den Patienten führen will, vor allen Dingen wissen muß, worin das Ziel besteht, und zitiert dabei wörtlich *Adler*: „Die wichtigste Frage des gesunden und kranken Lebens lautet nicht: woher? sondern: wohin?" — und später sagt er: „*Adlers* großer Heilgedanke, der in dem Lebendigwerden eines neuen Gemeinschaftsgefühls gipfelt, verdient volle Anerkennung." Einige englische Gelehrte sehen in ihm den großen Philosophen. *Mairet* nennt ihn den „Konfuzius des Westens" und *Crookshank* bemerkt in Betrachtung seines Buches „Menschenkenntnis": „*Adler* erscheint uns nicht nur als der Neurologe, Psychotherapeut, Charakterologe, Psychologe, sondern als der wohlwollende und mitmenschliche Philosoph, der freundlichere Sokrates, der eher humorvolle Konfuzius, der in leichten, angenehmen, einfachen Sätzen uns hilft, das wichtigste und größte aller Probleme zu lösen, das der ‚Menschenkenntnis'."

Adlers vielseitige Persönlichkeit kann wohl am besten ganz erfaßt werden, wenn man sie mit der von ihm geschaffenen Methodik der Individualpsychologie erforscht.

Den lebendigsten Eindruck bekam man von *Adler* als Redner. Da erschien auf dem Podium eine mittelgroße Gestalt. Er hatte nichts von autoritativem Gehaben an sich, im Gegenteil, ganz anspruchslos stand er da. Seiner sorglosen Kleidung, seiner zwanglosen Haltung sah man deutlich an, daß ihm nichts daran lag, welchen Eindruck seine Person hervorrief. So wenig sein Äußeres beim ersten Eindruck wirkte, so sehr wirkte seine Persönlichkeit, sobald er zu reden begann. Ein Wandel kam über ihn. Er entfaltete sich als eine warme, bezwingende, große Persönlichkeit. Er sprach nicht mit großem Pathos und leeren Gesten, er gebrauchte keine unverständlichen Ausdrücke, sondern einfach und schlicht war seine Rede. Jedes Wort, das er sagte, kam aus tiefster Überzeugung. Über welches Thema er auch sprach, stets vermittelte er seinen Hörern tiefste Menschenkenntnis. Seine leise, warme, wohlklingende Stimme drang deutlich durch den Saal. Mit Humor und kleinen Anekdoten wußte er seine Rede zu würzen. An Hand von praktischen Fällen erläuterte er seine Thesen, und durch eine Fülle von Bildern und Gleichnissen prägte er seine Ideen seinen Hörern ein. Obwohl er immer frei sprach, zeichneten sich seine Vorträge durch ihren künstlerischen Aufbau aus. Er war ein wahrer Meister des Wortes. Besonders zeigte sich das in seinen Diskussionen, die seinen Vorträgen folgten. Da meisterte er jede Situation durch seine Geistesgegenwart, seine Schlagfertigkeit und seinen Humor. Der große Erfolg seiner Vorträge bewies die Richtigkeit seiner Auffassung, daß das gesprochene Wort für die Ausbreitung seiner Lehre von unschätzbarem Werte sei.

Sogar manche seiner Bücher enthalten das gesprochene Wort. Sie sind bloße Wiedergaben von seinen Vorlesungen und Beratungen. In den Büchern: "The Case of Mrs. A." und „Technik der Individualpsychologie, I. Teil", die eine Niederschrift der Deutung einer ihm vorher unbekannten Krankengeschichte vor Hörern enthalten, tritt uns besonders klar seine wunderbare Deutungskunst entgegen. Diese außergewöhnliche Deutungskunst war eine seiner größten Fähigkeiten. Immer wieder wurden seine Hörer gepackt, wenn er ihnen in seinen Lehrberatungen einen Bericht vorlas und dabei deutete. Aus einem bloßen Stück Papier zauberte er einen Menschen hervor, ließ ihn leben, zeigte ihn in seiner Einheit. Es war ein wirklicher Schöpfungsakt. Durch *Adler* sah man den Patienten vor sich, lebte mit ihm, verstand ihn. Wenn *Adler* plötzlich endete, war man wie aus einem Traum gerissen. Nun wurde der

Patient selber vor *Adler* geführt. Alle Vermutungen, die *Adler* vorher über diesen Menschen ausgesprochen hatte, wurden jetzt durch seine Unterhaltung mit ihm bestätigt.

Ob er Kinder in diesen öffentlichen Lehrberatungen vor sich hatte, ob erwachsene Patienten in seiner Privatpraxis, immer stellte er sich mit ihnen auf eine Stufe. Ob Verbrecher, Süchtige oder Neurotiker, er versetzte sich durch seine große Einfühlungsgabe ganz in ihre Person. „Wenn ich genau die irrige Meinung vom Leben hätte wie dieser Mensch, ich würde genau so handeln!" Er betrachtete selbst die schlimmsten Fehlschläge nicht als Abschaum der Menschheit, sondern als irrende Menschen, die aus falscher Ansicht vom Leben falsche Wege im Leben gingen. Sie selbst ihren Irrtum herausfinden zu lassen und sie in richtige Bahnen zu lenken, war sein Ziel. Während der Behandlung schaltete er seine Person völlig aus. Mit seiner großen Kunst, seiner unsäglichen Geduld, seinem nie versagenden Optimismus, seinem unerschütterlichen Glauben an das Gute im Menschen und mit dem Rüstzeug der Individualpsychologie gelang es ihm, für unheilbar angesehene Verbrecher und Patienten zu retten. Aus der ganzen Welt kamen Patienten zu ihm, um sich von ihm heilen zu lassen. *Adlers* Erfolg lag teilweise darin, daß auch die isoliertesten Menschen allmählich fühlten: hier ist ein Mensch, dessen äußerstes Bestreben ist, uns zu helfen; hier ist ein Mensch, dem wir vertrauen können; hier ist ein verläßlicher Mitmensch!

Ein Mitmensch! Das ist das Charakteristische an seiner Persönlichkeit. Von früheren großen Psychologen unterscheidet es ihn, daß er nicht nur Erkenntnisse sammelte, sondern eine Lehre warmer Mitmenschlichkeit begründete und selber als Mitmensch lebte. Unzählige Beispiele könnte ich für seine Mitmenschlichkeit anführen. Minderbemittelten stand er mit Rat und Tat zur Seite. Einst wurde er von Fürsorgern gefragt, ob man einem Menschen, der in tiefster Armut lebte, beraten sollte. Er antwortete: „Das wäre so, als ob Sie einem Ertrinkenden ein Lehrbuch der Schwimmkunst nachwerfen würden. Erst müssen Sie ihm aus seinem Elend heraushelfen, dann beraten!" Vielen seiner Mitarbeiter verschaffte er Stellungen und bemühte sich ohne ihr Wissen um ihr Fortkommen. Diejenigen Mitarbeiter, die neue Wege beschritten, lehnte *Adler* oft ab. Viele Menschen faßten das so auf, als ob er in dem Glauben, schon genug

Ideen in seiner Lehre niedergelegt zu haben, argwöhnisch sei gegen jeden, der eine Weiterentwicklung anregte. Er hatte aber andere Beweggründe. Er sah in seinem Lehrgebäude ein harmonisches Ganzes und konnte daher keine Änderung ertragen, die ihm diese Harmonie zu zerstören schien. Nie konnte er, der alles in zielgerichteter Bewegung sah, die Entwicklung seiner Lehre für abgeschlossen halten! Im Gegenteil brachte er in seinen Kursen Anregungen zur Weiterentwicklung der Individualpsychologie. Nur zu gut kannte er seine Grenzen und war daher stets bestrebt, „vom größeren Irrtum zum kleineren" zu gelangen. — „Wir glauben nicht, daß wir die letzten Dinge erforscht, die letzte Wahrheit ausgesprochen haben, sondern daß dies alles nur ein Bestandteil der heutigen Kultur sein kann. Wir freuen uns auf die, die nach uns kommen."

Es war auch nicht Intoleranz, die ihn die Forderung aufstellen ließ, daß seine Anhänger nicht unter dem Deckmantel der Individualpsychologie Politik treiben sollten. *Adler* war der Ansicht, daß Politik und Religion nur von Menschen verbreitet werden sollte, die auf diesem Gebiete ausgebildet seien. Es sei jedem unbenommen, als Politiker an die Vorderfront zu gehen. Ein Individualpsychologe müßte aber ein Mensch sein, der in seinem Beruf Politik völlig auszuschalten hätte. „Die Individualpsychologie ist und bleibt unpolitisch. Wir können uns nicht im Rahmen irgendwelcher Partei bewegen", schrieb er mir 1928. Er betrachtete es als wichtigste Aufgabe eines Individualpsychologen, zu heilen und zu bilden, allen Menschen ohne Unterschied mit seinem Rat zur Verfügung zu stehen. Er selber war auch stets bereit, dem einzelnen zu helfen.

Es war in London kurz vor seinem Tod. *Adler* hielt sich auf der Durchreise zu seinen Vorlesungen in Schottland für einen Tag dort auf. Er hatte Weisung gegeben, keine Patienten anzunehmen. Ein Emigrant, der seine Adresse herausgefunden hatte, suchte ihn auf und erreichte es, daß *Adler* ihm eine Unterredung bewilligte. Am Ende der Beratung fragte der Besucher ihn, was er zu zahlen hätte. Als *Adler* lächelnd erwiderte: „Ich nehme nie Geld von Emigranten", entgegnete der Patient: „Auf diese Weise werden Sie kein reicher Mann werden." „Das weiß ich!" war *Adler*s Antwort. — In der Tat gab er den größten Teil seiner Einnahmen für andere aus. Für sich war er sehr anspruchslos. Wie wenig er für Geld Interesse hatte, zeigt folgender Brief an mich nach Vorträgen in Berlin: „Sie wissen, daß ich in Geldsachen sehr liederlich bin, und deshalb bitte ich Sie, Ihre Güte vollzumachen und zu eruieren, wieviel ich noch zu bekommen habe, damit Sie dann für mich die Quittung einreichen können. Ich lege zu diesem Zweck ein von mir unterschriebenes Blatt bei, das Sie nach Gutdünken ausfüllen können." Gerne gab er Geld für Geschenke aus. Sein Interesse daran, dem Beschenkten eine Freude zu machen, kann man daraus entnehmen, daß er sich meist vorher nach den Wünschen erkundigte und trotz Arbeitsüberlastung lange suchte, bis er den gewünschten Gegenstand gefunden hatte. Ganz erstaunlich war seine große Arbeitskraft und unermüdlich sein Fleiß. Um seine umfangreiche Arbeit zu bewältigen, pflegte er morgens sehr früh aufzustehen. Viele seiner Bücher sind in den frühen Morgenstunden entstanden. Er arbeitete von früh bis spät ohne Pause, auf seinen zahlreichen Vortragsreisen sogar in der Eisenbahn ... — „Ich fahre jetzt nach Karlsbad für einige Stunden, dann nach Wildungen und Prag, immer für kurze Zeit, und arbeite im Eisenbahnwaggon", schrieb er mir.

Trotz seiner Arbeit machte er nie den Eindruck eines vielbeschäftigten Mannes. Im Gegenteil, wer *Adler* im Café Siller, Wien, das erstemal sah, hatte den Eindruck, einen der gemütlichen Wiener kennenzulernen, die einen großen Teil des Tages im Café bei einer Tasse Kaffee verbrachten. Das Café Siller, von dessen Fenstern man einen schönen Blick auf den Donaukanal hatte, war das Stammcafé der Individualpsychologen. Hier tagte *Adler*s Tafelrunde. Man hatte kein besonderes Zimmer für sich, sondern kam in einem der großen Caféräume zusammen. Da *Adler* es liebte, seinen Kreis um sich zu haben, so wurden die Marmortische zu einer langen Tafel zusammengeschoben.

Hier an *Adler*s Tafelrunde lernte man den wahren Geist der Individualpsychologie kennen. Über dem Ganzen lag eine heitere, warme, herzliche Stimmung. Scherzworte schwirrten. Da saß *Adler* mit seiner nie fehlenden Zigarre und erzählte manchmal heitere Anekdoten. Oft wurde er in dieser behaglichen Haltung vom Nachbartisch aus unbemerkt gezeichnet, denn hier konnte ihn der Zeichner in Ruhe betrachten. Es war schwer, seinen pyknischen Typ richtig zu skizzieren. Zwar hatte er ein markantes, vorspringendes Kinn mit tiefem Grübchen, aber seine Nase war die Schwierigkeit. Von vorne breit, im Profil schmal, gab sie je nach der Position des

Zeichners dem Gesicht ein anderes Aussehen. Er hatte eine volle Unterlippe, eine schön geschweifte Oberlippe, die von einem dunklen kleinen Schnurrbart etwas verdeckt wurde, enganliegende, gut geformte Ohren, eine hohe Stirne, einen für sein Alter erstaunlich üppigen Haarwuchs. Am schwersten war es, die Augen gut wiederzugeben. Fast alle Zeichnungen treffen die langen gebogenen Wimpern richtig, aber nicht den Ausdruck der Augen, der ständig wechselte. Gerade die Augen waren für ihn charakteristisch. Ob tiefernst, ob heiter, ob sinnend oder forschend, immer hatte sein Blick etwas Warmes, Verbindendes, immer erkannte man schon an diesem Blick den Mitmenschen.

Als Mitmensch lernte man ihn auch hier an seiner Tafelrunde kennen. Er interessierte sich für das Schicksal jedes einzelnen, für alle hatte er ein ermutigendes Wort. Fälle von Beratungsstellen, an denen die Individualpsychologen ehrenamtlich arbeiteten, wurden berichtet und der „Meister“ wurde manchmal um Rat gebeten. Da war ein Kind, das schlecht in der Schule war, große Lücken hatte und Nachhilfestunden brauchte, sofort fanden sich Schüler der Individualpsychologie bereit, umsonst Unterricht zu geben. Einmal hörte man, daß ein musikalisches Kind sich brennend eine Geige wünschte, doch die Eltern zu arm waren, um die Ausgabe zu ermöglichen. Sofort veranstaltete die Tafelrunde, von denen die meisten selber einfach lebten, eine Sammlung, von deren Erträgnis eine Geige gekauft wurde. Von Zeit zu Zeit tauchte der Schriftleiter der Internationalen Zeitschrift für Individualpsychologie, O. Zilahi, auf, um mit *Adler* redaktionelle Angelegenheiten zu besprechen. Oft erschienen auch Leiter von andern Ortsgruppen, wie zum Beispiel der Ungar Dr. med. Stephan von Maday, der die Gesellschaft für Individualpsychologie mitbegründet hatte. Jeder Individualpsychologe, der nach Wien kam, suchte als erstes die Tafelrunde auf, um dort mit den Wienern Fühlung zu nehmen. Dinge, die in andern Ortsgruppen in ernsten, langen Sitzungen besprochen wurden, erledigte man in Wien an dieser Tafelrunde voll Unbeschwertheit nebenbei. Nicht nur Mitarbeiter und Anhänger bildeten *Adlers* Kreis, sondern oft brachte er auch Freunde und ausländische Gäste mit sich. Es konnte geschehen, daß er noch nach dem Ende der Oper mit ein paar amerikanischen Besuchern bei der Tafelrunde erschien, um zu hören, ob es noch irgend etwas zu erledigen gäbe.

Es war ein ständiges Kommen und Gehen. Jeder wurde herzlich empfangen und fühlte sich dort willkommen. Bevor *Adler* aufbrach, spielte er manchmal noch eine Partie Billard, ein Spiel, das er sehr liebte. Sehr häufig brachten ihn einige Mitglieder der Tafelrunde nach Hause, denn er ging gerne gemütlich untergefaßt in Gesellschaft anderer.

So lebendig er in kleinem Kreise war, so sehr hielt er sich bei offiziellen Gelegenheiten zurück. Der temperamentvolle Redner, der seine Hörer durch den Elan seiner Rede mitriß, war bei großen Gesellschaften ein ruhiger Gast. Bei dem wichtigen Empfang, der ihm zu Ehren von dem Staatssekretär *Weismann* im preußischen Ministerium des Innern gegeben wurde, hielt *Adler* einen hinreißenden Vortrag vor führenden Persönlichkeiten der Wissenschaft, Politik und Gesellschaft. Statt nun im persönlichen Gespräch den großen Eindruck seiner Rede zu verstärken, schwächte er ihn eher durch seine zu große Zurückhaltung ab. Er benahm sich so aus Furcht, daß die einflußreichen Leute denken könnten, er suche nach persönlichem Vorteil. Nie knüpfte er vorteilhafte Beziehungen an, war vielmehr stets bemüht, Interesse für seine Lehre zu erwecken, aber nicht für seine Person. Da er von der Bedeutung der Individualpsychologie so ganz durchdrungen war — („Vielleicht gibt es ehrwürdigere Lehren einer älteren Schulwissenschaft. Vielleicht neuere ausgeklügeltere. Sicherlich aber keine, die der Allgemeinheit größeren Nutzen brächte") —, widmete er den größten Teil seiner Arbeitskraft der Ausbreitung seiner Ideen. Daher die zahllosen Reisen, die zahlreichen Vorträge, die große Anzahl seiner Bücher.

Seine intensive Arbeit geht deutlich aus umseitigem Brief hervor, den *Adler* mir von einer Vortragsreise schrieb, als ich den V. Internationalen Kongreß für Individualpsychologie als Vorstandsmitglied vorbereitete.

Erstaunlich war es, daß er trotz der umfangreichen Arbeit in Klinik, Poliklinik, Privatpraxis, trotz Vorlesungen, Vorträgen, wissenschaftlicher Arbeit, immer noch Zeit für seine Kinder fand.

An seinen vier Kindern hing er mit großer Liebe. Als drei von ihnen einmal an einer uncharakteristischen Halsentzündung erkrankten, konnte *Adler* vor Unruhe darüber nicht schlafen. Mitten in der Nacht kam ihm der Gedanke, es könnte Diphtherie sein. Sofort

23/VIII 1930

Lieber Bannerträger,

danke für alle Ihre Bemühungen wenn die Indps. Orden zu verleihen hätte, Ihnen würde der schönste gebühren.

Leider kann ich erst am 24/IX abends in Berlin sein, da ich vorher in Copenhagen bin. In Berlin habe ich außer Kongress noch einen Radiovortrag u. vielleicht(?) am 28. einen Vortrag bei Zahnärzten. Einige Zeit dürfte ich wohl während der 3 Kongresstage haben. Freilich nicht viel.

Ich freue mich sehr, dass Sie u. Ihr Gemahl so schöne Tage verbracht haben.

Herzliche Grüße an Sie u. alle Freunde.

Ihr ergebener

Adler.

sprang er auf, um einen Abstrich zu machen. Sein Verdacht fand sich bestätigt. — Glücklich schrieb er mir 1929 aus New York, wie wohl er sich in der Begleitung seiner jüngsten Tochter fände. In den Jahren, in denen er in Berlin Vorträge hielt, lebte seine älteste Tochter dort. Obwohl sein ganzer Tag voll mit Arbeit ausgefüllt war, kam er täglich mit ihr zusammen. Er wollte dieses Zusammensein möglichst eng gestalten. So schrieb er mir im September 1931, als ich für ihn eine möblierte Wohnung suchte: „Wegen der Wohnung würde ich Sie dringend bitten, mit Vali zu sprechen, ob sie und ihr Mann mit mir dort wohnen möchten.“ Wie oft habe ich gesehen, daß er dieser erwachsenen Tochter zärtlich den Kopf streichelte. Dies war um so auffallender, als aus seinen Büchern hervorgeht, daß er gegen jede Äußerung von Zärtlichkeit trainiert hatte. „Auch bei einem Rückblick in unser eignes Leben wird es uns nicht entgehen können, daß jede Zärtlichkeitsregung von einer Art Schamgefühl begleitet wird und von dem Eindruck, als würde man dadurch schwächer werden oder im Werte sinken *).“ — Noch kurz vor seinem Tod sagte er mir in Holland, wie sehr er sich darauf freue, seine Tochter Vali in England wiederzusehen. Sein letztes Wort war „Kurt“, der Name seines Sohnes. — Natürlich interessiert es uns, ob *Adler* seine Erziehungsgrundsätze auch bei seinen Kindern anwandte. Seine Art und Weise als Vater wird am besten durch eine kleine Episode beleuchtet.

Wie aus einer Kindheitserinnerung seiner zweiten Tochter hervorgeht, die er mir erzählte, war er mit ihr und ihrer älteren Schwester einmal auf Reisen, als sie noch kleine Kinder waren. In dem Hotel, in dem sie übernachteten, hatten sie Betten von verschiedener Größe. Sie fürchtete, sie sollte das kleine Bett bekommen, und fragte deshalb, welches Bett sie nehmen sollte. „Welches du willst“, antwortete ihr Vater, der sofort erriet, was sich in ihr abspielte. Begeistert wählte sie das große.

Da er von der Gleichwertigkeit von Mann und Frau überzeugt war, ermutigte er alle seine Töchter, einen Beruf auszuüben. Am besten konnte man das herzliche Verhältnis zwischen Vater und Kindern sehen, wenn man *Adler* in seinem Haus in Salmannsdorf besuchte. Er hatte mir schon öfters von seinem Häuschen und dem

*) Liebesbeziehungen und deren Störungen, Wien und Leipzig 1926, Moritz Perles.

Garten in der Umgebung Wiens erzählt und mich sehr neugierig darauf gemacht. Als ich das erstemal nach Salmannsdorf hinauskam, war ich ganz entzückt von seinem Garten. *Adler* lächelte amüsiert, denn ich hatte nur den vor seinem Hause gelegenen Garten gesehen, und zeigte mir den eigentlichen Garten, ein herrliches Grundstück hinter seinem Haus. Es war voller Bäume, Blumen und mit zahlreichen Gemüsen. Dort ging er von seinem schönen Schäferhund begleitet umher und beschnitt seine Rosen fachkundig. Es war eine Freude, ihn sich als Gärtner betätigen zu sehen. In seinem Treibhaus zeigte er uns stolz seine Kakteensammlung und seltene Pflanzen, die er sich aus U. S. A. mitgebracht hatte. Er, der so sehr frische Luft und Blumen liebte, gönnte sich aber nicht, den ganzen Sommer draußen zu leben. Meistens blieb er in seiner Stadtwohnung und fuhr nur über Wochenende nach Salmannsdorf. Gerne nahm er Gäste in seinem Auto mit, das er selber chauffierte, nachdem er noch mit 60 Jahren Autofahren gelernt hatte. Oben in seiner Villa wurden seine Gäste von seiner Frau und seinen Kindern empfangen. Sein „Häuschen" war eine wunderschöne Villa, ganz modern und sehr geschmackvoll eingerichtet.

In dem Wohnzimmer stand ein Flügel, auf dem eine seiner Töchter ihn begleitete, wenn er mit seiner schönen Stimme sang. Hatte er einmal zu singen angefangen, so hörte er so bald nicht wieder auf. Seine Zuhörer ließen ihn nicht ruhen und baten immer noch um eine Zugabe. Er ließ sich auch nicht lange bitten. Am liebsten trug er Schubert vor. Je mehr Gäste er hatte, desto wohler fühlte er sich. Seine Kinder unterstützten die Eltern darin, es den Besuchern so angenehm wie möglich zu machen. Die Stunden verliefen dort immer in bester Stimmung.

Zur Zeit des Heurigen lud *Adler* öfters seine Gäste ein, mit ihm zum Heurigen zu gehen. Man fuhr in die Wiener Vorstadt, um irgendein kleines Lokal aufzusuchen. Kaum war man eingetreten, als man sofort von der warmen vergnügten Atmosphäre des Heurigen umgeben und gefangen war. Je nach dem Wetter und dem Lokal konnte man im Freien oder im Raume sitzen. Draußen waren lange Holztische aufgeschlagen und Lauben oder Nischen, wo man ungestört sein konnte. Drinnen saß man auf Holzbänken an ungedeckten Holztischen, trank den herben Most und lauschte der Schrammelmusik. Einen Heurigen ohne Musik, den gab es nicht!

Meistens bestand die Musik aus drei Mann, die keine moderne Tanzmusik, sondern schöne alte Wiener Weisen spielten und dazu sangen. Dort saßen Pärchen in sich versunken und hatten nur Augen für sich und keine für die Umgebung. Klassenunterschiede gab es nicht; einfach Gekleidete saßen neben reich Gekleideten und sangen zusammen. Alle waren in seligster Stimmung. Scherzworte flogen hin und her. Hier in dieser warmen, herzlichen Atmosphäre fühlte sich *Adler* wohl, Er, der immer nach Wärme und Heiterkeit suchte, fand beides in den Herzen seiner Wiener.

Wie tief er auch in Wien verwurzelt war, so gelang es ihm doch durch seine Anpassungsfähigkeit, sich in der Fremde schnell einzuleben. — Überall trugen seine Freunde dazu bei, es ihm im Ausland heimisch zu machen. Das zeigte sich am besten bei der Feier seines 60. Geburtstages. *Adler* wollte seinen 60. Geburtstag in seiner Bescheidenheit nicht feiern. Daher erschien keine Notiz in der Presse und niemand von seiner Familie kam nach New York. Seine Freunde und Anhänger aber wollten diesen Tag nicht ungefeiert vorübergehen lassen. Die Leiter aller Ortsgruppen des Internationalen Vereines für Individualpsychologie veranstalteten auf meine Anregung hin eine Sammlung, und ich brachte diese „*Adler*-Spende“ nach New York. Am Morgen seines Geburtstages suchten eine New Yorker Ärztin und ich ihn in seinem Hotel auf, um ihn zum Frühstück abzuholen. Er empfing uns erfreut und lud uns ein, das Frühstück gleich an Ort und Stelle einzunehmen. Dabei zeigte er seine kleine Küche mit Frigidaire, in der er sich morgens selber sein Frühstück zubereitete. Voller Stolz setzte er uns selbstgebrauten Kaffee vor. Auch beim Lunch wurde nichts von seinem Geburtstag erwähnt. Scheinbar ganz harmlos fragte Dr. *Knopf*, eine Wiener Mitarbeiterin, ihn, ob man echten Rheinwein trinken könnte. — Es war ja 1930, die Zeit der Prohibition, und voller Mühe hatte sie echten Rheinwein aufgetrieben, den wir zwei Stunden zuvor gekostet hatten. Ahnungslos erwiderte *Adler*, daß er zwar an der Echtheit der Flaschen nicht zweifle, der Inhalt aber könnte so verfälscht sein, daß man zwei Stunden nach Genuß dieses Rheinweins erblinden könne. Er würde keinen Wein anrühren. Dr. *Knopf* sah sofort auf ihre Uhr und warf mir einen entsetzten Blick zu. Unruhig saß sie auf ihrem Stuhl und drängte bald zum Aufbruch. Dann eilte sie zu ihrem Bootlegger. Kurze Zeit darauf suchte sie mich freudig auf. Der Mann hatte vor ihren Augen mehrere Glas dieses Weines getrunken, so könnte man ohne Sorge den Wein abends bei der Feier anbieten, die *Adlers* Freunde ohne sein Wissen in ihrem Heim arrangiert hatten. — *Adler*, der immer sein Werk in den Vordergrund stellte, hielt abends einen seiner Vorträge über Verbrechen. Er mußte sich am Eingang erst als Redner ausweisen, um hereingelassen zu werden, da der Saal, obwohl er einige Tausend Menschen faßte, so überfüllt war, daß eine halbe Stunde vor Beginn die Polizei den Eingang absperren mußte. Nach dem Vortrag fuhr *Adler* mit seinen Freunden im Auto davon, ohne zu fragen, wohin es ging. Zu seinem großen Erstaunen fand er sich plötzlich in Dr. *Knopfs* Wohnung, festlich gekleideten Freunden und einer schön gedeckten Tafel gegenüber. Und nun wurde doch gefeiert! In bester Stimmung hörte er unsere Toaste an und trank den Wein, über den er sich so ablehnend geäußert hatte, um seine Freunde nicht zu enttäuschen. Nach dem Mahl gab es noch eine Überraschung für ihn. Er wurde an einen Geburtstagstisch geführt, auf dem Dr. *Knopf* die Geschenke, die von überall eingetroffen waren, aufgebaut hatte. Am meisten freute er sich über die *Adler*-Spende. Er gab sie an eine Stelle in New York, an der schon ein Stiftung für Individualpsychologie bestand, mit der Weisung, daß sie zur Förderung der Individualpsychologie verwandt werden sollte, und zwar stets in dem Lande, in dem es am nötigsten sei.

Wie seine Freunde zu ihm hielten, so hielt er auch zu ihnen. Als *Adler* einen wichtigen Vortrag in New York halten sollte, wurde er plötzlich benachrichtigt, daß sein alter Freund, Mr. *Davis*, schwer erkrankt sei. Sofort ließ er sich für den Vortrag vertreten und eilte an das Krankenlager seines Freundes.

Als ein begeisterter Verehrer der schönen Künste wies er immer wieder darauf hin, wieviel die Welt den großen Künstlern zu verdanken hätte. Die Maler hätten uns erst die verschiedenen Farben sehen gelehrt, die Musiker die feinere Unterscheidung der Töne, die Schriftsteller Sprachschönheit und Menschenkenntnis. Besonders liebte er Musik und Bücher. Die Lektüre diente ihm vor allem zur Herausarbeitung menschlicher Probleme. Sehr verehrte er die Bibel, *Homer, Goethe* und *Shakespeare*. Letzteren pries er als größten Psychologien unter den Schriftstellern. *Dostojewskij*, „der uns ein teurer und großer Lehrer geworden ist“, widmet er ein ganzes

Kapitel in „Praxis und Theorie der Individualpsychologie". Darin betonte er, daß die Wirksamkeit von *Dostojewksijs* Gestalten wesentlich auf ihrer geschlossenen Einheit beruht. Raskolnikow, als er im Bett liegend über den Mord nachbrütet, sei derselbe, der den Trunkenbold unter den Rädern des Wagens hervorholt. Er bewundert *Dostojewskij* als Künstler, Ethiker und Psychologen. Nachfolgende herrliche Worte, die er *Dostojewksij* widmet, können wir wohl auf ihn selbst beziehen:

„Wer solche Gegensätze in sich birgt und solche Gegensätze zu überbrücken genötigt ist, der muß tief schürfen, um einen Ruhepunkt zu gewinnen. Ihm bleibt keine Mühe, keine Pein des Lebens erspart, er kann am kleinsten Wesen nicht vorübergehen, ohne es auf seine Formel zu prüfen. Alles in ihm drängt zu einer einheitlichen Auffassung des Lebens, damit er in seinem ewigen Schwanken, in dieser Zwiespältigkeit, in seiner Unrast Sicherheit und Ruhe finden kann. Die Wahrheit, das war es, was sich ihm erschließen mußte, wenn er zur Ruhe kommen sollte. Der Weg aber ist dornenvoll, bringt große Arbeit, große Mühe, ein gewaltiges Training des Geistes und der Gefühle. Kein Wunder, daß dieser rastlose Sucher der Natur dem wahren Leben, der Logik des Lebens, des Zusammenlebens erheblich näher kam als andere, denen Stellung zu nehmen viel leichter geworden war."

Die Einheit des rastlosen Suchers *Adler*, sein Lebensstil läßt sich nur herausfinden, wenn wir sein Ziel erkennen. Als Ziel gibt er uns selbst an: „den Tod überwinden." Er schreibt darüber: „Das heißt ich habe ein Ziel festgesetzt, von dem ich erwarten durfte, daß es meiner kindlichen Not, meiner Furcht vor dem Tode ein Ende machen konnte. Es ist klar, daß ich von dieser Berufswahl mehr erwartet habe, als sie leisten konnte: den Tod, die Todesfurcht überwinden, das hätte ich eigentlich von menschlichen Leistungen nicht erwarten dürfen, bloß von göttlichen. Die Realität aber gebietet zu handeln. Und so war ich gezwungen, im Formenwechsel der leitenden Fiktion, im Bewußten so weit mein Ziel abzuwandeln, bis es der Realität zu genügen schien. Da kam ich zur ärztlichen Berufswahl, um den Tod und die Todesfurcht zu überwinden."

Diese Zielsetzung gibt uns schon wichtige Aufschlüsse über ihn. Hier finden wir Optimismus, Aktivität und Mitmenschlichkeit.

Er hatte einen schlechten Start im Leben, denn er war gehandikapt durch Rachitis, die ihn als Kind plump und unbeweglich machte, und durch eine leichte Form von Stimmritzenkrampf, die in ihm ein Gefühl der Unsicherheit hervorrief. Dazu kam noch Kränklichkeit in den ersten Jahren und dadurch bedingte Verzärtelung durch die Mutter. Durch die Geburt eines Bruders fühlte er sich vernachlässigt und zurückgesetzt, da nun sein jüngerer Bruder die Aufmerksamkeit seiner Mutter auf sich zog. Außerdem hielt er sich für häßlich und zu klein, worunter er sehr litt. — Organminderwertigkeit, Verzärtelung, Vernachlässigung, alle Möglichkeiten, die zu einem Minderwertigkeitskomplex führen können, waren bei ihm vereint zu finden. Er selber aber ist ein schönes Beispiel für die Kompensation des Minderwertigkeitsgefühls. Frühzeitig wurde durch seine gütigen Eltern sein Interesse für andere ausgebreitet, frühzeitig spielte er gerne mit Kameraden und sagt zurückblickend: „Ich muß schon ein sehr selbstgenügsames unabhängiges Kind gewesen sein. Ich wußte genau, wie ich meinen eignen Weg sichern konnte ‚mit aller Freundlichkeit zu allen Menschen'." Gefördert von seinem Vater ging er mutig an die Überwindung seiner Schwierigkeiten. Er kämpfte gegen seine Ungeschicklichkeit und Unbeweglichkeit und hatte noch später Freude an der Bewegung, besonders am Bergsteigen, Schwimmen und Reiten. — Auch beim Reiten zeigte sich sein Lebensstil. So höre ich von Dr. *Maximilian von Rogister,* dem Verfasser von „Momella", der oft mit ihm in den Wiener Prateraueu spazieren ritt, wie *Adler* selbstsicher Hindernisse überwand, denen andere gewöhnlich auswichen. — Die quälenden Spasmen, die durch Zusammenziehung der Stimmbänder bei Ärger verursacht wurden, bekämpfte er, indem er mit drei Jahren beschloß, das Ärgern aufzugeben. „Ich hatte ein Mittel gegen das Leiden, vielleicht auch gegen die Todesfurcht gefunden." Mit 3 Jahren taucht also zum erstenmal die Todesfurcht auf, deren Überwindung in seinem Leben solch große Rolle spielte. Nachdem er als Fünfjähriger in schwerer Krankheit knapp dem Tod entronnen war, setzte er sich dann das Ziel, als Arzt gegen den Tod vorzugehen. In dieser Zielsetzung findet sich das Leitmotiv, das sein Leben durchzieht: Ein Menschenleben ist heilig! — Zum erstenmal erklingt es, als er dreijährig tief erschüttert über den Tod seines Bruders ist. Aus all seinen Büchern und Vorträgen tönt es hervor. Erschütternd war es, ihn erzählen zu hören, wie ihn beim Tode zuckerkranker Patienten das Gefühl seiner Ohnmacht gegen den Tod überwältigte, und er deswegen die allgemeine Praxis aufgab. Als Nervenarzt bemühte er sich aufs äußerste, Selbstmord in seiner Praxis zu verhindern. Sogar in seinen Träumen finden wir dies Leitmotiv wieder, wie man aus dem bereits gedeuteten Mördertraum entnehmen kann. Der Untergang der Titanic beeindruckt ihn so sehr, daß er ständig darüber nachdenkt, ob der Tod dieser unglücklichen Passagiere nicht zu verhindern gewesen wäre, und mehrmals in den folgenden Nächten zur Stunde des Unglücks erwachte. Er fand, daß Kriege und Todesstrafe eine Gefahr für die gute seelische Entwicklung der Kinder seien, da sie dadurch den Eindruck bekommen konnten, ein Menschenleben sei wertlos. Wie tief der Tod eines völlig Fremden auf ihn wirkte, sah ich selber.

Adler hielt in Berlin einen Vortrag, als plötzlich in der Mitte seiner Vorlesung einer seiner Zuhörer zusammenstürzte. Sofort unterbrach er und eilte hinaus, um Erste Hilfe zu leisten. Ich sah, wie er auf dem Hofe bei dem Mann niederkniete und sich bemühte, ihn wiederzubeleben. Doch leider konnte weder er noch ein herbeigeholter Arzt von der Rettungsstelle helfen, da der Mann einem Herzschlag erlegen war. *Adler* kehrte in den Vortragssaal zurück und führte seinen Vortrag zu Ende, ohne den Todesfall zu erwähnen. Beim Herausgehen hörte ich, wie viele Hörer sich beschwerten, daß sein Vortrag auf einmal schlecht und unkonzentriert geworden wäre. In der Tat sprach *Adler,* der vor dem Vorfall so glänzend geredet hatte, danach ganz geistesabwesend. Man spürte, wie er mühselig nach Worten suchte, seine Ideen schwerfällig ausdrückte. Der Tod des Fremden hatte ihn so erschüttert, daß er während des Abends sein Gleichgewicht nicht wiederfinden konnte.

Diese Übersensitivität, die von so großem Vorteil für seine Mitmenschen war, war für ihn selber von großem Nachteil. So konnte er nie überwinden, daß er von seiner Mutter zurückgesetzt worden war und erwartete sein Leben lang, daß ein anderer ihm vorgezogen würde. Dies hat sich in all seinen Lebensbeziehungen, besonders in der Liebe, ausgewirkt. Verschärft wurde dieses Gefühl der Zurücksetzung durch die Ablehnung seiner Dozentur bei der Universität Wien. Der wissenschaftlichen Bedeutung *Adler*s ist dadurch kein Abbruch getan. Wir finden ihn überall in den Lehrbüchern in den Kapiteln über Neurose an erster Stelle zitiert. Studenten ausländischer Universitäten erhielten Stipendien, um *Adlers* Kurse über Individualpsychologie zu besuchen. Bei seinen Privatkursen in meinem Haus in Berlin, die nirgends öffentlich angekündigt waren, erschienen Professoren von japanischen und anderen ausländischen Universitäten. Er konnte an anderen Universitäten seine außergewöhnlichen Fähigkeiten als Dozent zeigen. Ich selber war unter seinen Hörern und konnte mich davon überzeugen, wie begeistert seine Studenten an der *Columbia*-Universität und am *Long Island Medical College New York* waren. Er verstand es, den ungenießbaren Stoff schmackhaft zu machen. Professor *Butler*, Präsident der Columbia-Universität, Nobelpreisträger, eine in der Weltöffentlichkeit sehr bekannte Persönlichkeit, sagte mir, wie beeindruckt er von *Adlers* Vorlesungen war, und folgende Briefe der *Columbia University* bestätigen seinen Erfolg als Universitätslehrer.

Columbia University
in the City of New York

Dr. Alfred Adler April 29, 1930
88, Morningside Drive
New York City

My dear Dr. Adler

Before we close the year, I want to express to you my deep appreciation of the fine manner in which you have handled the work in the courses which have been given under my supervision in Columbia University. The spirit which you have shown in your contact with the University has been so delightful that I regard my contact with you as one of great privilege.

I sincerely hope that you will be with us for another year as your influence has certainly been very salutary and your devotion to your profession is so marked that I look forward to the renewal of your connection with University Classes and with the Institute with great satisfaction.

Very sincerely yours
sg. James C. Egbert,
Director.

Columbia University
in the City of New York

April 29, 1930

Dr. Alfred Adler
400 West, 119th Street
New York, New York

My dear Dr. Adler:

I want to express my deep appreciation on behalf of the Institute and Columbia University for your fine contribution to our work this season.

Your large audiences, which, incidentally broke all of our attendance records for both afternoon and evening, are significant testimonies of the interest of our members in Individual Psychology.

I hope that you will find it possible to be with us again next season to carry on the valuable work you have begun here.

With warmest personal regards I am

sincerely yours
sg. George V. Denny, Jr.
In charge of the Institute.

Trotz aller wissenschaftlichen Anerkennungen, trotzdem er zum Bürger der Stadt Wien ernannt wurde, „in Würdigung der großen Verdienste, die er sich um die Wissenschaft erworben", hat er die Ablehnung der Wiener Universität nie verwunden. Durch den anfänglichen Widerstand der Wissenschaftler wurde *Adler*, dieser weiche Mensch, dazu gedrängt, für seine Ideen zu kämpfen, und in seiner Dünnhäutigkeit fand er oft Kritiken so verwundend, daß er durch zu heftige Polemik reagierte. Im Hinblick auf einige Kritiken schreibt er mir 1932: „Während die einen in der Individualpsychologie eine Tendenz zur Gleichmacherei, die andern einen Willen zur Macht finden, kommen wieder andere zu der Auffassung, die Individualpsychologie verlange die Unterordnung. Dabei sehen letztere nicht einmal, daß Unterordnung ein schielender Begriff ist. Das einemal die größte menschliche Leistung (Unterordnung unter die Wahrheit), das andere Mal egoistisches kriecherisches Interesse bedeuten kann. Und dabei gibt es tausend Varianten."

Seine Einstellung, nicht willkommen zu sein, hielt ihn auch davon zurück, Gelehrte in andern Ländern unaufgefordert aufzusuchen.

Dies wurde oft als Hochmut gedeutet. Nichts wäre törichter, als bei einem Manne, der stets die Gleichwertigkeit von allem, was Menschenantlitz trägt, betonte, an Hochmut zu denken. Wie fern ihm Hochmut lag, sieht man deutlich aus folgender Episode.

Nach einer Teegesellschaft, zu der ein junger Mann seine Freundin, eine Kabarettänzerin mitgebracht hatte, nahm uns *Adler* alle in seinem Wagen mit auf die Heimfahrt. Da die Tänzerin pünktlich bei ihrer Nachmittagvorführung sein mußte, hielt er vor dem Café, stieg selber aus und nahm ihr ein Tanzröckchen, das sie beim Aussteigen beschwerte, ab. Da stand er auf einer der belebtesten Straßen Berlins am hellen Nachmittag, das uneingepackte Tanzröckchen aus Goldstoff in einer Hand, während er ihr mit der andern beim Aussteigen behilflich war! Auch erwies er sich bei dieser Gelegenheit wieder als guter Diagnostiker. Obwohl er die Tänzerin nur kurz gesehen hatte, riet er dem jungen Mann auf der Weiterfahrt, sie ihre Tanzlaufbahn nicht fortsetzen zu lassen, da sie körperlich dem Beruf nicht gewachsen sei. Leider hörte er nicht auf *Adlers* Warnung, und kurze Zeit darauf starb das reizende Mädchen an einer leichten Erkrankung, weil ihr Herz, durch den Beruf überanstrengt, versagte.

Anderen Menschen riet er zur Schonung, für sich selber kannte er das Wort „Schonung“ nicht. Nie dachte er an sein Behagen oder an seine Gesundheit. Trotz fieberhafter Bronchitis las er zwei- oder dreimal täglich vor seiner Berliner Hörerschaft. Selbst eine fieberhafte Grippe hielt ihn nicht von seinen Kursen in New York fern. Erholungsferien machte er nicht, obwohl in den letzten Jahren sein Herz ihm schon Beschwerden gemacht haben muß: „Die kurze Zeit, die ich noch zu leben habe“, schrieb er mir im Herbst 1935, und wohl gerade der Gedanke an den nahen Tod trieb ihn an, Übermenschliches zu leisten. Wer las nicht mit Erschütterung, daß der Siebenundsechzigjährige in vier verschiedenen Ländern sechsundfünfzig Vorträge im letzten Monat vor seinem Tod hielt. Unaufhörlich trieb es ihn vorwärts, seine Ideen, seine Lehre noch selber zu verbreiten. Hindernisse kannte er nicht, da er dem Grundsatz huldigte: Hindernisse sind dazu da, um überwunden zu werden. Je mehr sich die Schwierigkeiten vor ihm auftürmten, um ihn zu überwältigen, um so mehr zeigte er sich ihnen gewachsen. Von Kindheit an hatte er ja darauf trainiert, sie zu überwinden. Er war keiner von den robusten Menschen, die sich freuen, ihre Kräfte an Widerständen zu erproben, oder die einfach keine Schwierigkeiten sehen. Im Gegenteil, seine reiche Phantasie malte ihm die Hindernisse noch viel größer vor, als sie tatsächlich waren, aber sein unerschütterlicher Mut und sein Streben nach dem Ziel ließen sie ihn überwinden.

Wie alle seine Züge, so formte sich auch sein Ehrgeiz in Bezogenheit auf sein Ziel. Dieser Ehrgeiz, sicher in seiner Kindheit durch sein Gefühl der Kleinheit angestachelt, wurde verstärkt durch seine Position als zweites Kind — das ja nach *Adler* meist den Wunsch hat, den ersten zu überholen — und durch die Einstellung des Vaters, der Großes von diesem Sohn erwartete. Seine eigne Auffassung darüber war: „Mein Ehrgeiz ist so sehr durch diese leitende Fiktion, den Tod zu überwinden, festgelegt, daß ihn andere Ziele wenig aufstacheln können. Es kann vielmehr leicht der Eindruck erweckt werden, als ob mir in den meisten Beziehungen des Lebens der Ehrgeiz fehlte. Die Erklärung für dieses double vie, für diese Spaltung der Persönlichkeit, wie es die Autoren nennen würden, liegt darin, daß der Ehrgeiz ja nur ein Mittel darstellt, keinen Zweck, so daß er bald benützt, bald beiseite geschoben wird, je nachdem das vorschwebende Ziel bald mit diesem Charakterzug, bald ohne ihn leichter zu erreichen ist."

Wie den Ehrgeiz, so dämmte er auch seine Leidenschaften in Hinblick auf sein Ziel ein. Er, der eine so sensitive Künstlernatur hatte, empfänglich für das Schöne, der das Leben in seinen Höhen und Tiefen bejahte, der nicht „nein" sagen konnte, muß durch tiefe Leidenschaften gegangen sein, sonst wäre er schwerlich zu der Erkenntnis gekommen:

„Der beste Menschenkenner wird aber sicher der sein, der all diese Leidenschaften selbst durchgemacht hat. Der reuige Sünder scheint nicht nur für unsere Zeit, sondern auch für die Zeit der Entwicklung aller Religionen jener Typus zu sein, dem der höchste Wert zugebilligt wird, der viel höher steht als tausend Gerechte." (Menschenkenntnis.)

Mit seiner Weiterentwicklung im Leben hielt auch die Weiterentwicklung seiner Lehre Schritt. Spiegelt sich nicht sein Leben in seiner Lehre wider? Ist nicht sein Leben und seine Lehre eins? Die wichtigsten Punkte dieser Lehre: Kompensation des Minderwertigkeitsgefühls, Streben nach erfolgreicher Bewältigung der Lebensprobleme, frühzeitige Entwicklung des Interesses für andere finden wir in seinem Lebensstil. Solange er selber noch nach wissenschaftlicher Anerkennung strebte, hob er in seiner Lehre das Geltungsstreben hervor. Seine spätere Erkenntnis: eine große Leistung sei nicht möglich zu vollbringen, wenn man gleichzeitig an Anerkennung denke, der Sinn des Lebens sei: mitzuarbeiten an der Höherentwicklung der Menschheit — wurde das Ziel seiner Lehre und seines Lebens. Andere mögen die Individualpsychologie weiterentwickeln und ausbauen, die Konzeption der Idee konnte aber nur aus *Adler*s Persönlichkeit hervorgehen. Für immer ist die Individualpsychologie mit dem Namen ihres Schöpfers unlöslich verbunden.

Das Schöpferische in *Adler* läßt sich nicht erklären. Wie es zu seinem blitzartigen Erfassen sinnvoller Zusammenhänge kam, ist noch unlösbar. Nach *Adlers* eigner Auffassung läßt sich das Wesen des Genies nicht deuten. *Adler*s Größe zeigt sich in seiner Leistung, eine Lehre aufgebaut zu haben, die, wissenschaftlich begründet in der Theorie und darüber hinaus in ihrer Praxis, von ungeheurem Werte für die gesamte Menschheit ist. Sein konstruktiver Geist hat die Brücke gebaut von der Psychologie zur Medizin, zur Pädagogik, zur Theologie und zur Kriminologie.

Er hat den Tod überwunden. Sein Werk und sein Name sind unvergänglich. Zur Passivität von Natur aus geneigt, zur Aktivität durch Erkenntnis durchgerungen, richtete er das große Lehrgebäude der Individualpsychologie auf. Als Forscher und Arzt, als Lehrer und Erzieher, als Redner und Autor wirkte er voller Optimismus, allen Stürmen und Anfeindungen trotzend, auf das eine Ziel hin: den Menschen zu helfen, sie zu fördern, ein Menschenhelfer, ein Menschenförderer, ein Menschheitsförderer zu sein!

EPILOG

ADLERS PSYCHOLOGIE HEUTE

Adlers Theorien werden auch heute immer wieder bestätigt. Seine Ideen werden auf vielen Gebieten praktisch angewandt, viele anerkannt, manche stillschweigend übernommen.

Um *Adlers* Theorien über die Organminderwertigkeit zu prüfen, stellten *Hans Hoff* und *Erwin Ringel* von der psychosomatischen Station der Psychiatrisch-Neurologischen Universitätsklinik in Wien Forschungen an 100 Patienten an. Die Ergebnisse bestätigten *Adlers* Entdeckungen. Sie berichteten darüber in ihrem Vortrag „Eine moderne Psychosomatische Ansicht über die Theorie von Organminderwertigkeit von *Alfred Adler*"*) beim Symposium der 4. Europäischen Konferenz über Psychosomatische Forschung, Hamburg, April 1959.

..." „*Adler* erlebte nicht mehr, daß seine Theorien ihn als einen der Väter der modernen psychosomatischen Medizin etablierten. Seine Ideen waren einzig in seiner Zeit."

..." „Die Theorie der Organminderwertigkeit von *Alfred Adler* stellt nicht nur eine nützliche Kontribution dar, sondern kann auch als unerläßlicher Zusatz bei der Behandlung psychosomatischer Krankheiten angesehen werden."

Schon 1970 wies *Adler* in seinem Buch: „Studie über die Minderwertigkeit von Organen und ihre seelische Kompensation"*) darauf hin, daß eine Organminderwertigkeit Einfluß auf die Psyche haben kann. In späteren Jahren betonte er nachdrücklich, daß Körper und Seele ein unteilbares Ganzes sind und psychischer Streß den Körper beeinflussen kann und umgekehrt.

---

*) in: Advances in Psychosomatic Medicine, Vol. I., pp 120—127. Basel/New York 1960.

*) *Adler, Alfred:* Studie über die Minderwertigkeit von Organen und ihre seelische Kompensation. Wien 1907.

Darauf aufbauend, entwickelte ich selbst die Überlegung, daß viele schwere Erkrankungen auf einen unzulänglichen körperlichen Widerstand des Individuums infolge einer falschen psychischen Einstellung zurückgeführt werden könnten. Vor 20 Jahren postulierte ich, daß psychischer Streß einen zusätzlichen ursächlichen Faktor bei der Krebsentstehung darstellen könnte. So könnten der Lungenkrebs und übermäßiges Zigarettenrauchen, die allgemein in ursächliche Verbindung gebracht werden, psychischen Streß als gemeinsame primäre Ursache haben. Diese Idee der psychischen Mitverursachung des Krebses wird heute durch Forschung auf vielen Gebieten bestätigt. *Adler* lehrte, daß die Psyche auch die Drüsenfunktion beeinflussen kann. Inzwischen hat intensive Forschung in vielen Zentren gezeigt, daß die Sekretion der endokrinen Drüsen das Auftreten von Krebs in bestimmten Organen beeinflussen kann. In jüngerer Zeit hat sich die Aufmerksamkeit auf die übergeordnete Steuerung des endokrinen Systems durch vom Hypothalamus abgegebene releasing factors gerichtet. Durch die Verwendung von Radioisotopen hat die Forschung auf diesem äußerst schwierigen Gebiet bedeutende Fortschritte gemacht (*Ian Sommerville*, 1970)*). Es ist also möglich, daß die Auswirkungen psychischer Spannungen durch Hormone vermittelt werden. Was *Adler* lehrte, wird somit durch die moderne Forschung bestätigt. Meiner Meinung nach sollte man die heutigen Krebsforschungen fortsetzen, aber auch Krebsforschung auf *Adler*scher Grundlage beginnen.

Das Beispiel eines mir bekannten jungen Australiers demonstriert, welche wichtige Rolle der Lebensstil bei der erfolgreichen Kompensation einer ernsten Organminderwertigkeit spielt. Der Australier *Pierre Gorman* wurde taub geboren. Anstatt ihn aus diesem Grund eine Sonderschule besuchen zu lassen, schickte man ihn nach Frankreich zu der Pädagogin *Herietta Hoffer*, die ihn sprechen und lippenlesen lehrte; er wurde darin so bewandert, daß er eine gewöhnliche Schule und später die Universität in Melbourne besuchen konnte. Er interessierte sich für das Studium der Soziologie, insbesondere für die Probleme der körperlich Behinderten. Voraussetzung für seine Promotion war ein Lehrdiplom, für das er an verschiedenen Schulen unterrichten mußte. Er löste diese für ihn schwierige Aufgabe und erhielt sein Diplom mit Auszeichnung. Im Anschluß daran ging er zu Forschungsarbeiten nach England und schrieb an der Universität Cambridge eine Ph.D. Dissertation über „Some social and psychological difficulties facing the deaf person in the English community“.

---

*) *Sommerville, I. F.:* „Determination of steroid hormones“. UKAEA Medical Monograph, England 7 (1970).

Heute ist er der Leiter der Bibliothek und des Auskunftsdienstes des Nationalen Instituts für Taube in London. Daneben setzt er, in Verbindung mit der Universität London, seine Forschungen über verschiedene Aspekte von Taubheit und Kommunikation fort. Er hat es sich zum Ziel gesetzt, das Los der Behinderten zu verbessern. Statt sich von seiner Organminderwertigkeit hindern zu lassen, benutzt er sie als Ansporn dafür, all seine anderen Fähigkeiten auf das Äußerste zu entwickeln, mit dem Ziel, zahllosen Leidenden zu helfen. Was auch immer *Pierre Gorman* in Zukunft leisten mag, seine bisherigen Errungenschaften sollten Hoffnung und Ermutigung für alle bringen, die unter einer Organminderwertigkeit leiden. Er ist ein Beweis für *Adler*s These, daß trotz eines solchen „Handicaps" ein Mensch die ihm gestellten Hindernisse überwinden kann. Auch bei einer leichten Sprachstörung, wie beim Stottern, spielt der Lebensstil die entscheidende Rolle (s. Seite 27f.). Das wird bestätigt durch die Arbeit von *Else Trübswetter*, die in München als Logopädin mit der Individualpsychologie gute Erfolge erzielt.

Viktor Frankl, Professor für Neurologie und Psychiatrie an der Universität Wien und Professor für Logotherapie an der International University San Diego, Kalifornien, kommt ebenfalls aus *Adler*s Kreis. Seine „Existenzanalyse" oder auch „Logotherapie" basiert auf *Adler*s Ansicht, daß das Individuum nicht ein Bündel von Trieben und Instinkten ist, nicht ein Produkt von Vererbung und Umgebung, sondern daß es Entscheidungsfreiheit hat und imstande ist, seine Anlagen mit seiner eigenen, schöpferischen Kraft zu entwickeln und Verantwortung zu übernehmen. *Viktor Frankl* schrieb in seinem Buch „Theorie und Therapie der Neurosen"*): „Existenzanalyse nenne ich nun jene psychotherapeutische Behandlungsmethode, die ihm (dem Individuum; d. Verf.) helfen möchte, in seinem Dasein Sinnmomente zu entdecken, Wertmöglichkeiten aufzuspüren. Freilich setzt eine solche Existenzanalyse ein Menschenbild voraus, in dessen Rahmen so etwas wie Sinn und Wert und Geist überhaupt Platz hat, jenen Platz, der ihm in Wirklichkeit zukommt. Mit einem Wort, vorausgesetzt ist jeweils das Bild des Menschen als eines geistigen, freien und verantwortlichen — verantwortlich eben für die Verwirklichung von Werten und für die Erfüllung von Sinn: das Bild des sinnorientierten Menschen! Die Logotherapie geht selbstverständlich nicht darauf aus, die *Psychotherapie* im engeren und bisherigen Wortsinn zu *ersetzen*, sondern sie möchte sie nur *ergänzen*."

Joshua Bierer, der Begründer der Sozialpsychiatrie, nannte *Adler* den

---

*) *Frankl, V.:* Theorie und Therapie der Neurosen, 3. Aufl., S. 119. München/Basel 1970.

„Großvater der Sozialpsychiatrie", weil *Adler* der erste war, der die Wichtigkeit des sozialen Elements in der Psychopathologie hervorhob. *Joshua Bierer* ist Professor für Sozialmedizin und Öffentliche Gesundheit an der South Eastern University in Florida und Vorsitzender der „Internationalen Gesellschaft für Soziale Psychiatrie". „Social Psychiatry is not a unidisciplinary science, but a multidisciplinary science*)."

Aufgrund meiner Studien bei *Wolfgang Köhler*, *Max Wertheimer* und *Kurt Lewin* weiß ich, daß die von ihnen, zusammen mit *Kurt Koffka*, gegründete Schule der Gestaltpsychologie der Individualpsychologie immer sehr nahestand. *Adler* schrieb mir nach einem Treffen mit *Köhler* und *Wertheimer* im Jahr 1929 von der „Übereinstimmung in der Anschauung" der Gestaltpsychologie und der Individualpsychologie. *Köhler* bestätigte mir noch einmal im Jahr 1958, daß er diese Meinung teilte.

*Adler*s Auffassung richtete sich wie die der Gestaltpsychologen gegen das „stückhafte Denken". Er betonte die Ganzheit. Die Gestaltpsychologen betonen die Wichtigkeit der „Rolle des Teils im Ganzen".

In seinem Buch „Produktives Denken"*) berichtet *Max Wertheimer*, wie er von seinem Fenster aus zwei Knaben beobachtete, die im Garten Federball spielten. Die beiden Knaben von 12 und 10 Jahren spielten ungleich gut, und A nutzte B's schwaches Spiel aus. B wurde in allen Spielen geschlagen und gab auf. Als A sah, daß B darüber sehr unglücklich war, schlug er eine mehr kooperative Methode des Spieles vor, und beide nahmen sehr glücklich das Spiel wieder zu gleicheren Bedingungen auf. *Wertheimer* deutete die Gefühle des A, der die ganze Situation erst auf sich konzentriert sah und danach auf B: „Ein bißchen später wurde das *Spiel* selbst, seine Ganzeigenschaften und Forderungen, zum Mittelpunkt. Weder er noch der andere war nun der Mittelpunkt; beide wurden im Hinblick auf das Spiel gesehen." *Wertheimer* schreibt weiter:

„Um es allgemein zu sagen, es ist eine künstliche und enge Auffassung, die das Denken als eine lediglich intellektuelle Operation ansieht und es völlig abtrennt von Fragen der menschlichen Haltung, des Fühlens und der Gemütserregungen. ... Weder Verschlagenheit, noch der Geist der Gewalt, scheinen die ratsamste Haltung für das produktive Denken zu sein." Auch *Kurt Müller*, Ordinarius für Psychologie in München, erwähnt in seinem

---

*) *Bierer, Joshua,* and *Evans, Richard:* Innovations in Social Psychiatry. London 1970.

*) *Wertheimer, Max:* Produktives Denken. S. 154 und 157. Frankfurt/M. 1964.

Artikel „Denken und Lernen als Organisieren"**) die Rolle des „Ich" in der Gestaltpsychologie.

Beide psychologischen Richtungen haben sehr intensiv auf dem Gebiet der Erziehung gearbeitet. *Adler* sagte: „Es ist die heilige Pflicht des Erziehers, das Kind zu ermutigen." Wie wichtig Ermutigung ist, wurde kürzlich bei Untersuchungen in England wieder bestätigt. Unter der Leitung von Dr. *J. W. B. Douglas* vom Medical Research Council, London, wurden in ganz England die familiären Einflüsse auf Kinder von der Geburt bis zum Alter von 11 Jahren untersucht, und man fand hier einen direkten Zusammenhang zwischen der Ermutigung, die ein Kind im Elternhaus erhält und seinen Schulleistungen*). Auch die Untersuchungen von *Lilly Kemmler* in Münster über Erfolg und Mißerfolg in der Grundschule haben bestätigt, welch wichtige Rolle die Ermutigung spielt**).

*Adler*s Forderung, daß ein Lehrer helfen muß, die Schüler für die psychologischen Probleme von Liebe und Ehe vorzubereiten, wird heute in Amerika weitgehend Rechnung getragen und in vielen Ländern propagiert. Besonders sollte der Jugendliche in die Gleichwertigkeit der beiden Geschlechter Einsicht gewinnen.

Leistungen von Frauen auf allen Gebieten haben überall *Adler*s Meinung bestätigt, daß Mann und Frau gleichwertig sind. Heute halten Frauen hohe Stellungen im öffentlichen Leben als Ministerpräsidentinnen, Minister, Diplomaten, Richter, Beamte, Universitätsprofessorinnen, Verleger, Redakteure an Zeitungen, Rundfunk und Fernsehen. In Kunst und Wissenschaft, als Ärztin, Lehrerin, Rechtsanwältin, in Theologie, in der Wirtschaft usw. nehmen Frauen einen immer wichtigeren Platz ein. Dies gilt auch für Frauen in anderen Tätigkeiten. In Gegenwart und Vergangenheit haben Frauen Nobelpreise erhalten. Unter ihnen waren die Amerikanerinnen *Jane Addams*, *Emely Greene-Balch*, die Schriftstellerin *Pearl S. Buck* und die amerikanisch-tschechische *Gertie Theresa Corri*, geb. *Radnitz*; die chilenische Dichterin *Gabriela Mistral*; die französisch-polnische Radiumentdeckerin *Marie Curie*; die italienische Novellistin *Grazia Deledda*; die norwegische Schriftstellerin *Sigrid Undset*; die österreichische Baronin *Bertha von Suttner* und die schwedische Schriftstellerin *Selma Lagerlöf*. Es mangelt nicht an anderen hervorragenden Frauen. Um nur einige herauszugreifen: in Australien *Mary*

**) *Müller, Kurt:* Denken und Lernen als Organisieren. In: Handbuch der Psychologie. Herausgeber: *Bergius*. Göttingen 1964.

*) *Douglas, J. W. B.:* The Home and the School. London 1964.

**) *Kemmler, Lilly:* Erfolg und Versagen in der Grundschule. Göttingen 1967.

Gilmore, Dichterin; in Dänemark *Inger M. Pedersen*, Oberhaupt im dänischen Justizministerium und Richter am Stadtgericht in Kopenhagen; in Deutschland *Hildegard Hamm-Brücher*, Staatssekretärin im Bundesministerium für Wissenschaft und Bildung und Landtagsabgeordnete; in England Dr. *M. Burbidge*, Astronomin, Direktor der Königl. Greenwich Sternwarte; in Holland Richterin *Hudig*; in Indien *Indira Gandhi*, Ministerpräsidentin; in Japan *Mas Makayama*, Wohlfahrtsministerin; in Mexiko *Maria Christian Salmoran de Tamajo*, Minister of the Supreme Court of Justice; in New Zealand *Zenocrate Graham*, Vortragende, auch am Radio, und Kritikerin; in Schottland Dr. *Mary Esslemont*, Mitglied vom Court of Aberdeen University, Vizepräsidentin der Internationalen Gesellschaft von Ärztinnen; in der Schweiz *Raymonde Schweizer*, Grand Council of Neuchâtel; in der Türkei Dr. *Inan Afet*, Professor für Geschichte an der Universität in Ankara.

Ich glaube, daß die biologische Rolle der Frau, Leben zu geben, sie am besten befähigt, alles zu verhüten, was Leben beeinträchtigt oder zerstört, wie Unwissenheit, falsche Erziehung, schlechte Hygiene, Krankheit, Neurose, Grausamkeit und Verbrechen.

*Adler*s Forschungen auf dem Gebiet der Kriminalität erwecken heute überall großes Interesse. Er hob hervor, daß konstruktive Erziehung im Elternhaus und in der Schule zur Verhütung von Verbrechen beitragen würde. *Adler* wurde in diesem Punkt immer wieder angegriffen. Diese Einwände richteten sich in erster Linie darauf aus, daß nur eine Änderung der sozialen Verhältnisse und nur die Beseitigung von Not die Kriminalität verhindern könnten. Heute findet *Adler*s These Bestätigungen. Der deutsche Richter *W. Middendorff* schreibt in seinem Buch „Jugendkriminologie"*) von einer „Kriminalität, die man als Wohlstandskriminalität bezeichnen kann". Er bringt Berichte aus der Schweiz und Schweden über jugendliche Verbrecher, die aus sicheren sozialen und finanziellen Verhältnissen kommen. Auch in Deutschland lasse sich die Wohlstandskriminalität finden. — Wir wissen, daß die sogenannte Wohlstandskriminalität auch in vielen anderen Ländern heute verbreitet ist.

Ein anderer Faktor, der neuerdings ausführlich erforscht wird, ist die genetische Konstitution des Verbrechers. So wurden Beziehungen gesucht zwischen Kriminalität und einem XYY-Karyotyp, nachdem bei einer Anzahl von Verbrechern ein zusätzliches Y-Chromosom gefunden war. Die Ergebnisse waren widersprechend; aber übereinstimmend wurde in vielen Ländern festgestellt, daß stets die XYY-Konstitution mit überdurchschnittlicher

*) *Middendorff, W.*: Jugendkriminologie. Rattingen 1956.

Körpergröße verbunden ist. Meiner Meinung nach*) ist mit diesen Forschungsergebnissen eine neue Bestätigung von *Adler*s Lehre über die Minderwertigkeit von Organen und ihre psychische Kompensation gegeben. Ein *psychologischer* Faktor mag zum verbrecherischen Verhalten des Menschen mit XYY-Chromosomen führen, nämlich seine eigene Meinung über seine ungewöhnliche Größe. Außergewöhnliche Größe, ebenso wie sehr kleiner Wuchs, bringen viele Menschen dazu, sich minderwertig zu fühlen. Es scheint verständlich, daß zu kleine Menschen unter dieser eingebildeten „Verkürztheit" leiden, aber man kann nur schwer glauben, daß ein zu *großer* Mensch auch einen Minderwertigkeitskomplex entwickeln kann.

Der Betreffende kann sich als Außenseiter betrachten, weil er physisch verschieden von anderen ist, oder er mag als Kind wegen seiner Größe für älter gehalten werden, so daß von ihm mehr Leistungen erwartet werden als objektiv möglich sind. Solche Kinder fürchten, daß sie diesen Erwartungen nicht entsprechen können und verallgemeinern fälschlich, daß sie niemals die an sie gestellten Anforderungen erfüllen können. Diese Entmutigungen führen dann leicht zu einem Minderwertigkeitskomplex und als Folge daraus zu einer „Überkompensation". Das Streben nach persönlicher Überlegenheit kann zur Kriminalität führen, wenn die Mitmenschlichkeit nicht entwickelt wird.

H. J. Eysenck folgert aus den Ergebnissen seiner Forschung, daß die Verbindung zwischen Kriminalität und dem XYY-Karyotyp höchstens marginal ist; eine wissenschaftliche Basis für diese Vermutung gibt es seiner Ansicht nach nicht.

Forschungen, besonders in Schottland, England, Skandinavien und den USA, zeigen, daß einige Geschwister von XYY-Verbrechern ein ähnliches Betragen aufweisen, obwohl sie eine normale Zahl von Chromosomen hatten und andererseits XYY-Chromosome in ausgeglichenen Menschen gefunden wurden.

Inzwischen haben neuere Forschungen ergeben, daß keine direkte Beziehung zwischen dem extra Y-Chromosom und Anlage zur Kriminalität besteht.

Im März 1933 schrieb mir *Adler* aus New York, daß man in Amerika sehr großes Interesse für die Individualpsychologie zeigt. Heute wird die *Adler*sche Psychologie in Amerika noch sehr viel höher geschätzt; das zeigen nicht zuletzt die Würdigungen anläßlich seines hundertsten Geburtstages.

---

*) *Orgler, H.:* Adlerian psychology a help in solving the current crime problem. In: The Individual Psychologist, Vol. VI, No. 2. Publ. West Virginia University, Morgantown, USA, 1969.

Auch in Australien finden, veranstaltet von der Adlerian Study Group of Individual Psychology, regelmäßige Tagungen statt. Die Individualpsychologie wird heute in Australien an den Universitäten gelehrt, und *Adlers* Methode wird in Psychiatrischen Kliniken angewandt.

In Deutschland wurde die Individualpsychologie nach dem 1. Weltkrieg vor allem durch *Fritz Künkel* (s. Seite 222) und *Leonhard Seif* verbreitet. Nach dem 2. Weltkrieg kam es dank der vereinten Initiative von Professor *Oliver Brachfeld* und Professor *Wolfgang Metzger* zur Gründung der Deutschen Gesellschaft für Individualpsychologie. Die DGIP entwickelte sich zu einer Organisation, die ihre Tätigkeit über das ganze Bundesgebiet erstreckt. Spezielle Ausbildungsmöglichkeiten für die Individualpsychologie gibt es zur Zeit in Aachen, Delmenhorst, Düsseldorf und München. *Kurt Weinmann* und *Kurt Seelmann*, beide Schüler von *Alfred Adler*, die durch ihre praktische Arbeit und ihre Publikationen viel für die Verbreitung der Individualpsychologie getan haben, sind an der Ausbildungsstätte in München tätig.

Die 20. Wiederkehr von *Adlers* Todestag war in vielen Ländern der Anlaß für öffentliche Würdigungen. In Wien wurde eine Gedenktafel an *Adlers* Haus in der Dominikanerbastei 10 enthüllt. Anläßlich dieser Feier sprachen der damalige Bürgermeister der Stadt Wien, *Franz Jonas*, jetzt Bundespräsident von Österreich; Bundesminister Dr. *Heinrich Drimmel*, Bundesministerium für Unterricht; Bundesminister *Anton Proksch*, Bundesministerium für Soziale Verwaltung; seine Magnifizenz Universitätsprofessor Dr. *Hans Schima*, Rektor der Universität Wien; Universitätsprofessor Dr. *Hans Hoff*, Vorstand der Universitätsklinik für Psychiatrie und Neurologie, Präsident der österreichischen Gesellschaft für Psychische Hygiene; Hofrat Dr. *Leopold Zechner*, Präsident des Wiener Stadtschulrates; Professor Dr. *Wolfgang Speiser*, Zentralsekretär des Verbandes der Wiener Volksbildung. Dr. *Alexander Müller*, Generalsekretär der Internationalen Vereinigung für Individualpsychologie, Zürich, hielt die Gedenkrede, und Dr. *Friederike Friedmann* sprach die Begrüßungs- und Schlußworte. Am Vorabend fand eine Gedenkstunde in der Universität Wien statt, bei der Professor Dr. *Hans Hoff* und Oberschulrat Professor *Oskar Spiel* sprachen. Auch der Rundfunk vieler Länder würdigte *Adlers* Verdienste. In den USA fand die Feier in der New York Academy of Medicine unter dem Vorsitz von Professor *Frank Babbot* statt. Professor *R. W. White*, Department of Social Relations, Harvard University, sprach über „Adler and the future of ego psychology“.

In London veranstalteten beide Adler-Gesellschaften gemeinsam die Feier unter dem Vorsitz von Dr. *Neil R. Beattie*, leitender Arzt im Ministerium für

Gesundheit, der in seiner Gedenkrede *Adler* den folgenden Tribut zollte: „*Adler*s großer Beitrag zur Welt — und ich sage dies nach reiflicher Überlegung — war seine klare Erkenntnis, wie eine sozial gesunde Lebensweise geschöpft, gegründet und aufrechterhalten werden könnte. Seine Konzeption, daß das gesunde und in der Tat das *einzig* vernünftige *Lebensziel* und dessen begleitender Lebensstil das Ziel von sozialer Kooperation sei, ist der Schlüssel zur sozialen oder psychischen Gesundheit. Seine wesentlich praktische Theorie vom Minderwertigkeitskomplex mit all seinen Kompensationen und asozialen Überkompensationen liegt an der Wurzel von mehr psychischen Krankheiten, als viele Psychiater zuzugeben scheinen. Die Familienkonstellation oder die Reaktion des Kindes zu seinem familiären Hintergrund ist so offenkundig wahr, daß kein weiterer Kommentar nötig ist. Und hinter all dem gibt uns die fortlaufende Betonung von der grundlegenden Wichtigkeit der *Mitmenschlichkeit* einen Schlüssel zu vielem, was sich im täglichen Leben ereignet, wenn dieses Interesse für andere aus diesem oder jenem Grund sich nicht entwickelt. Gestatten Sie mir, hier eine persönliche Note einzuführen: Mein eigenes spezielles Interesse für Medizin richtet sich, wie viele von Ihnen wissen werden, nicht auf die Behandlung, sondern auf die Verhütung von Krankheit, und dies schließt sowohl psychische Hygiene als auch körperliche Hygiene ein, denn Hygiene oder öffentliche Gesundheit müssen sich um den *ganzen* Menschen kümmern, wenn sie von vollem und richtigem Wert sein sollen.

Es ist meine wohlüberlegte Meinung in dieser Beziehung, daß die Prinzipien und Praxis psychischer Hygiene, wie ich sie sehe und verstehe, notwendigerweise auf den Grundprinzipien von *Alfred Adler*s Individualpsychologie aufbauen müssen. Ich kann mir keine Alternative denken ...“.

*Adler*s Methode zeigt im Bereich der Behandlung, wie in dem der Verhütung dieselben guten Resultate. Dies läßt sich am deutlichsten an zwei früher erwähnten Beispielen zeigen, bei denen die positive Umstellung nun für mehr als 30 Jahre fortbestanden hat:

Ich habe inzwischen wieder von B. T. (siehe S. 49—52) gehört. Er ist ein erfolgreicher Lehrer, glücklich verheiratet, und hat mit Mut, Tatkraft, Mitmenschlichkeit und Klugheit die größten objektiven Schwierigkeiten überwunden. Der Erfolg der Behandlung wird durch folgendes positives Zeugnis bestätigt, das ihm sein Schuldirektor als Empfehlung für ein Stipendium gab, und das in außerordentlichem Kontrast steht zu dem negativen Schulbericht, mit dem B. T. mir überwiesen wurden:

„B. T. ist ein intellektuell sehr begabter junger Mensch, geistig gerichtet, im schriftlichen und mündlichen Ausdruck sehr gewandt. Mir ist noch heute nach einem Jahr deutlich, wie er in der Reifeprüfung ein Gedicht von *Hofmannsthal* feinsinnig und ergreifend vorlas und es aus dem Stegreif selbständig und tief interpretierte. Vorher hatte er eine Jahresarbeit abgeschlossen, die ein für Schüler auffälliges pädagogisches Interesse an den Tag legte; in dem Urteil des Philosophielehrers wurde hervorgehoben, wie der Abiturient in dieser umfassenden Abschlußarbeit bewiesen habe, daß „er sich mit Fleiß und hingebendem Verständnis dem Studium der Individualpsychologie gewidmet und im Rahmen seiner Kräfte eine beträchtliche Denkarbeit geleistet hat". Diese Abiturientenarbeit kommt in der Teilnahme an pädagogischen Fragen und in dem Abwägen der *Adler*schen und *Freud*schen Methoden durchaus einer pädagogischen Prüfungsarbeit gleich. B. T. hat sich in dem Jahr nach bestandenem Abiturientenexamen bemüht, sich in den ihm weniger liegenden praktischen Tätigkeiten mit großer Energie auszubilden; jetzt sucht er die Elemente der Tischlerei zu erlernen. Sein brennendes pädagogisches Interesse, seine geistige Versalität, sein erfolgreiches Bemühen, auch das Manuelle sich zu eigen zu machen, lassen ihn zum Lehrerberuf prädestiniert erscheinen."

Der ehemalige „unheilbare Verbrecher", welcher von *Adler* geheilt wurde (s. S. 135—151), ist bis zum Tod nie rückfällig geworden.

Die Notwendigkeit der Kooperation und besserer zwischenmenschlicher Beziehungen wird heute überall hervorgehoben. Ich glaube, daß *Adlers* Psychologie den besten Weg zu diesem Ziel weist.

ADLER-INSTITUTE

EUROPA

Dänemark

Dänische Gesellschaft für Individualpsychologie
Präsident: *Ruth Holger Nielsen*, Firrelund, Stavnsholt, 3460

Deutschland

Deutsche Gesellschaft für Individualpsychologie
Präsident: *Erik Blumenthal*
Sekretär: *Franz-Josef Mohr*, 8 München 19, Kindermannstraße 7

Frankreich

Société Française de Psychologie Adlérienne
Präsident: Dr. med. *Herbert Schaffer*, 28, rue des Archives, Paris IV

Griechenland

Griechische Gesellschaft von Adlerschem Studium
Präsident: *Frosso Keni*, 42, Vasseleos Koustoution, Athen 516

England

Adlerian Society of Great Britain
Präsident: *Neil R. Beattie*, M. D.
Chairman: *E. Weissmann*, M. D., Broadhurst Gardens, London NW 6

Holland

Nederlandse Werkgemeenschap voor Individualpsychologie
Präsident: *G. H. van Asperen*, Langenhorst 72, Ede

Israel

Agunda-Individual-Psychologith be' Israel
Präsident: Dr. *Wera Mahler*, 185 Dizengoff St., Tel Aviv

Italien

Società Italiana di Psicologia Individuale
Präsident: Prof. Dr. *Francesco Parenti*, 2, Piazza Irnerio, 20146 Milano

Österreich

Verein für Individualpsychologie Wien
Professor Dr. med. *Erwin Ringel*, Universität Wien,
Lazarettgasse 14, A-1090 Wien

Schweiz

Schweizerische Gesellschaft für Individualpsychologie
Präsident: *Erik Blumenthal*, Kleffenhorn 3, 7759 Immenstaad

USA

International Association of Individual Psychology
Präsident: *Bernard H. Shulman*, M. D., Chicago/Illinois
Gen. Sekretär: *Marven Nelson*, Ed. D., 8 Valley Terrace, Suffern, N. Y. 10901
American Society of Adlerian Psychology (ASAP)
Präsident: Dr. *Walter O'Connel*, P.O. Box 17097, Houston, Texas 77031
Historiker: Dr. med. *Joseph Meiers*, 601 W 115 St., New York, N. Y. 10025
Alfred Adler Institute of Chicago, Inc.
Präsident: Prof. Dr. med. *Rudolf Dreikurs*, 110 S. Dearborn St., Chicago/Illinois 60603
Institute for Individual Psychology of Los Angeles
Präsident: *F. L. Strong*
Sekretärin: Mrs. *E. Maecherlein*, 2786 Mandeville Canyon Rd., Los Angeles/California
Alfred Adler Institute of New York
Präsident: *Halfdan Gregersen*, Ph. D., 30 Park Avenue, New York, N. Y. 10016
Ärztl. Direktion: Dr. med. *Kurt Adler*
Dean: *Helene Papanek*, M. D.
Alfred Adler Mental Hygiene Clinic
Exec. Direktor: *Danica Deutsch*, 333 Central Park West, New York 24
Individual Psychology Association of New York Inc.
Präsidentin: *Alexandra Adler*, M. D.
Sekretärin: *Lucia Radl*, M. D., 246 West End Ave., New York, N. Y. 10023
Individual Psychology Association of Chicago
Präsident: Prof. *Harold Mosak*, 6 N. Michigan Ave., Chicago, 111, 60602
San Francisco Society for Adlerian Society
Sekretärin: *Marie Grubbe*, 27398 Fairview Avenue, Hayward/California 94542
Minnesota Society of Individual Psychology
Präsident: *F. Clifford Williams*
Sekretär: *John Willhite*, 462 Diamond Drive, St. Paul/Minnesota 55122
Oregon Society of Individual Psychology
Präsident: Dr. *Stephan Swenson*, 1320 N. W. 13th St., Corvallis/Oregon 97 330
Texas Society of Adlerian Psychology, 1927 Bolsover, Houston 77 005
Individual Psychology Association of Greater Washington and IPA News, Box 11, Garrett Park, Md. 20766

Kanada

Toronto Association of Individual Psychology, 2, Beaufield Avenue, Toronto 350, Ontario/Canada

AUSTRALIEN

Adlerian Study Group of Individual Psychology
Präsident: *F. Ray*, 1 Cambridge Road, Bentley, Victoria/Australien
Sekretär: Dr. *M. Balson*, Senior Lecturer, Education Faculty, Monash University, Clayton, Victoria/Australien

ZEITSCHRIFTEN

USA

„Journal of Individual Psychology“
Herausgeber: Dr. *H. L. Ansbacher*, Professor für Psychologie, University of Vermont, Burlington, Vt.

„The Individual Psychologist“
Herausgeber: Professor *Manford A. Sonstegard*, Clinical Studies Division, 504 Forestry Towers Building, West Virginia University, Morgantown, West Virginia 26506

„Directory of The International Association of Individual Psychology“
Herausgeber: *Nahum E. Shoobs*, 145 Hicks Street, Brooklyn, N. Y. 11201

England

„Individual Psychology News Letter“ der IAIP
Herausgeber: *Paul Rom*, The Bungalow, 6 Vale Rise, London N. W. 11

Kanada

„Newsletter, Toronto Association of Individual Psychology“
Herausgeber: *H. Hayes*, 2, Beaufield Av., Toronto 350, Ont.

Frankreich

„Bulletin, Société Française de Psychologie Adlérienne“
Herausgeber: Dr. *H. Schaffer*, 28, rue des Archives, Paris IV

Holland

„IP Medelingenblad van de Nederlandse Werkgemeenschap voor Individualpsychologie“
Herausgeber: Mevr. *Richard*, Pippelingstraat 60, Den Haag

Schweiz

„Mitteilungsblatt Schweizerische Gesellschaft für Individualpsychologie“
Herausgeber: Frau *Edith Graber*, Wotan Straße 10, 8032 Zürich

NAMENSVERZEICHNIS

7-1-10-8-4